AUTORITARISMO LÍQUIDO E ANTICORRUPÇÃO

medidas de exceção à espreita em discursos e normas de combate à corrupção

Guilherme Lobo Marchioni

AUTORITARISMO LÍQUIDO E ANTICORRUPÇÃO

medidas de exceção à espreita em discursos e normas de combate à corrupção

SÃO PAULO

2024

Copyright © EDITORA CONTRACORRENTE
Alameda Itu, 852 | 1º andar |
CEP 01421 002
www.loja-editoracontracorrente.com.br
contato@editoracontracorrente.com.br

EDITORES
Camila Almeida Janela Valim
Gustavo Marinho de Carvalho
Rafael Valim
Walfrido Warde
Silvio Almeida

EQUIPE EDITORIAL
COORDENAÇÃO DE PROJETO: Erick Facioli
REVISÃO: Carla Maria Carreiro
PREPARAÇÃO DE TEXTO E REVISÃO TÉCNICA: Amanda Dorth
DIAGRAMAÇÃO: Gisely Fernandes
CAPA: Maikon Nery

EQUIPE DE APOIO
Fabiana Celli
Carla Vasconcelos
Regina Gomes
Nathalia Oliveira

Dados Internacionais de Catalogação na Publicação (CIP)
(Câmara Brasileira do Livro, SP, Brasil)

Marchioni, Guilherme Lobo
Autoritarismo líquido e anticorrupção : medidas de exceção à espreita
em discursos e normas de combate à corrupção / Guilherme Lobo
Marchioni. -- São Paulo : Editora Contracorrente, 2024.

Bibliografia.
ISBN 978-65-5396-158-6

1. Anticorrupção - Leis e legislação
2. Autoritarismo 3. Democracia 4. Estado de Direito 5. Política - Brasil
I. Título.

23-182520   CDU-343(81)

Índices para catálogo sistemático:

1. Brasil : Lei : Anticorrupção : Compliance :
Direito penal   343(81)
Tábata Alves da Silva - Bibliotecária - CRB-8/9253

@ @editoracontracorrente
f Editora Contracorrente
🐦 @ContraEditora
in Editora Contracorrente

Ah! Segurem-me, o tempo de fanatismo e das perseguições passou. Incorruptíveis e orgulhosos de sê-lo, não somos nem inquisidores, nem justiceiros. Há muito não acreditamos mais no diabo. Providos da sabedoria de nossas leis, limitamo-nos a defender nossos princípios democráticos e a proteger da corrupção nossas instituições e nossa juventude. Certo. No século XXI, é evidente que somos (Que milagre! Que progresso!) seres de pura razão.

Marie-Laure Susini

How anyone could ever imagine unquiet slumbers for the sleepers in that quiet earth.

Emily Brontë

SUMÁRIO

AGRADECIMENTOS ... 11

PREFÁCIO ... 13

APRESENTAÇÃO ... 17

INTRODUÇÃO ... 23

CAPÍTULO I – AUTORITARISMO E ESTADO DE EXCEÇÃO ... 27

1.1 Desenvolvimento do Estado de Direito ... 27

1.2 Premissas para compreensão do autoritarismo ... 44

1.3 Formas políticas do autoritarismo ... 49

    1.3.1 Populismo ... 49

    1.3.2 Neoliberalismo ... 55

    1.3.3 Estado de exceção ... 58

    1.3.4 Legalidade extraordinária como realização do Estado Constitucional ... 62

1.4 Mito da concretização do Estado Democrático de Direito ... 66

1.5 Autoritarismo contemporâneo ... 70

1.5.1 *Dual State* em Ernst Fraenkel 77

1.5.2 Estado de exceção permanente em Walter Benjamin .. 80

1.5.3 *Homo sacer* e estado de exceção em Giorgio
Agamben 81

1.5.4 Poder desconstituinte em Luigi Ferrajoli 84

1.5.5 Os novos despotismos em Norberto Bobbio 87

1.5.6 Democracia de baixa intensidade em Boaventura
de Sousa Santos 90

1.5.7 Perda do *common ground* em Ronald Dworkin 92

1.5.8 Subversão sub-reptícia da democracia em Adam
Przeworski 96

1.5.9 Autoritarismo *cool* do século XXI em Eugenio
Raúl Zaffaroni 101

1.5.10 Normalização do estado de exceção em Günter
Frankenberg 103

1.5.11 Pós-democracia em Rubens Casara 105

1.5.12 Estados de exceção em
Luis Manuel Fonseca Pires 109

1.6 Definição pelo termo "autoritarismo líquido" 112

1.7 Medidas de exceção no autoritarismo líquido 115

CAPÍTULO II – LEI ANTICORRUPÇÃO 123

2.1 Esboços do passado e do presente 123

2.2 Prolegômenos da crítica à lei anticorrupção 134

2.3 Do projeto de lei à norma anticorrupção brasileira 139

2.4 A (in)definição do significado de corrupção na
legislação brasileira 145

2.5 Pressão internacional pelo combate à corrupção 147

2.6 Um olhar às normas anticorrupção internacionais 150

2.7 Entre a terminologia *compliance* e programa de
integridade 155

2.8 Programa de integridade na lei anticorrupção 159

2.9 O necessário enfrentamento da corrupção ... 162

2.10 Cuidados com o combate à corrupção ... 166

CAPÍTULO III – A EXCEÇÃO À ESPREITA NAS FÓRMULAS ANTICORRUPÇÃO ... 171

3.1 O corrupto como inimigo da nação ... 171

3.2 O problema da hipernomia e vagueza conceitual ... 179

3.3 Perfil autoritário da responsabilidade objetiva na Lei Anticorrupção ... 192

3.4 A personalidade autoritária e discursos anticorrupção ... 214

3.5 Manipulação política da legislação em processos de exceção ... 222

3.6 Interpretações autoritárias do Direito anticorrupção como degeneração ... 227

3.7 Elementos autoritários na prática da Operação Lava Jato ... 238

3.7.1 Conduções coercitivas ... 241

3.7.2 Prisões para obtenção de confissões e acordos de delação ... 247

3.7.3 Restrição de recursos e *habeas corpus* em acordos de delação ... 256

3.7.4 Cumprimento de pena de prisão sem trânsito em julgado ... 260

3.7.5 Perseguição de advogados ... 266

3.7.6 Competência da justiça federal em casos eleitorais ... 273

3.7.7 O autoritarismo da operação nas conclusões do STF e da ONU ... 279

CONSIDERAÇÕES FINAIS: LIÇÕES APREENDIDAS ... 291

REFERÊNCIAS BIBLIOGRÁFICAS ... 297

AGRADECIMENTOS

É enorme a satisfação de compartilhar o presente livro com o leitor, fruto de esforço de pesquisa, reflexão e diálogo, na esperança de que o conteúdo possa ser útil e inspirador.

Felizmente, ao tempo de dedicação solitária à leitura e escrita somam-se horas de diálogo e debate profícuo sobre o tema enfrentado com aqueles colegas e estudiosos queridos que contribuíram de maneira significativa para o sucesso desse projeto, cada um à sua maneira. Agradeço-os na certeza de que foi a participação destes verdadeiros coautores que permitiu a idealização e realização do livro *Autoritarismo Líquido e Anticorrupção*.

Agradeço, em especial, aos meus pais Dirce Maria Lobo Marchioni e Osmar Marchioni. À Mariana Bassanello Affonso Marchioni, cujo companheirismo foi fundamental para o desenvolvimento deste estudo, agradeço por trilhar comigo o caminho acadêmico em suas alegrias e frustrações e dedico o livro que dele resultou.

Não poderia deixar de tecer agradecimentos, em destaque, ao grande jurista e professor Pedro Estevam Alves Pinto Serrano, que foi orientador durante a realização do mestrado em Direito na PUC/SP e aceitou com responsabilidade ímpar a incumbência de instruir no ousado campo de pesquisa elegido e direcionar os estudos empreendidos, culminando na edição deste livro.

Meu efusivo agradecimento ao professor Fernando Augusto Henriques Fernandes, dono de arrojada postura em defesa dos direitos humanos e da democracia, que gentilmente dedicou inspirações e contribuições a esta obra durante seu desenvolvimento, e com quem tenho o privilégio de vivenciar as trincheiras da advocacia.

Pelos profundos ensinamentos, inspirações e incentivos, agradeço aos professores Claudio José Langroiva Pereira, Renata Possi Magane, André Karam Trindade, Anderson Medeiros Bonfim, Georges Abboud, Luis Manuel Fonseca Pires e José Roberto Batochio. Expresso agradecimentos especiais ao estimado professor Lenio Luiz Streck, jurista que ostenta das mais afiadas mentes no campo da crítica ao Direito contemporâneo e com quem tive a distinta oportunidade de dialogar nesta obra.

Agradeço, igualmente, aos colegas e amigos Bruno Andrade Pellaro, Felipe Capucho Rossi, Eduardo Henrique Annize Liron, Matheus Akira Funayama, Maria Luiza Gorga, Nattasha Queiroz Lacerda, Pedro Augusto Simões da Conceição, Otávio Espires Bazaglia e Thais Cortellazzi, os quais me honraram com suas ideias, perspectivas e experiências.

Por fim, é oportuno agradecer aos corajosos leitores deste livro. Boa leitura!

PREFÁCIO

O antirrepublicanismo lavajatista desnudado!

À guisa de prefácio.

Diante de nossa insistente cotidianidade, constantemente flertando com a predação do Direito em nome do combate às apropriações públicas como se privadas fossem, a obra que prefacio, *Autoritarismo Líquido e Anticorrupção: medidas de exceção à espreita em discursos e normas de combate à corrupção*, de Guilherme Lobo Marchioni, vem, a toda evidência, em bom momento.

O livro é a contribuição acadêmica de Marchioni. Nela, desnuda um arbitrário uso da força a partir de uma bem situada (re) construção de sua estrutura – que vai do *Dual State* de Ernst Fraenkel à subversão sub-reptícia da democracia em Adam Przeworski.

Primeiro, projeta assentar as premissas de que o autoritarismo evolui junto ao aperfeiçoamento do Estado de Direito e do fortalecimento da universalização de Direitos Fundamentais. Na contemporaneidade, o autoritarismo é líquido – como bem vai demonstrar Marchioni – e o estado de exceção é permanente.

Mostra também que o sequenciamento dessa espécie de condição forja as medidas de exceção, como um certo instrumental pelo qual o próprio autoritarismo se manifesta, paradoxalmente, no ambiente democrático. A figura do soberano – alerta-nos – fica, assim, diluída entre o Executivo, o Legislativo e o Sistema de Justiça, este último fagocitado pelas contingências autoritárias.

Sem perder a historicidade que alinha as sempre perigosas tentativas de submeter o Direito a uma metafísica voz das ruas, como também venho referindo ao longo de minhas obras, o autor de *Autoritarismo Líquido e Anticorrupção* bem demonstra que os discursos de combate à corrupção, em um sem-número de episódios no fio do tempo, funcionaram como não mais que para-raios para metamorfosear os movimentos políticos em eventos de perfil tipicamente autoritário.

Assim, como já se pôde até aqui perceber, o autor assinala significativo catálogo de déficits de republicanismo, ancorado nas práticas recentemente observadas no lavajatismo, por exemplo, tendente a corromper as regras do jogo em nome de uma finalidade bem orientada no privatismo de suas ideias.

Foi, no mais, o que insistentemente a sucessão de quadros não cansou de demonstrar na recente história brasileira. Afinal, como bem conclui Marchioni, os discursos anticorrupção, alicerce de apoio à aplicação de legislação sancionatória, funcionaram como a substituição do Direito por elementos morais. O resultado? A própria interpretação do Direito, presa ao velho e insustentável paradigma da modernidade filosófica, preda-o na sua linguagem pública, servindo tão somente à adequação de determinados interesses, claramente orientados a objetivos autoritários.

Esse é o ponto. A obra que o leitor tem em mãos não apenas identifica esse latente estado de coisas, como desvela seu caráter sistêmico, reticente com direitos civis, políticos e garantias fundamentais – em tese, observados nessas lentes como uma espécie de privilégio indevido a limitar o próprio combate à corrupção.

Por isso, diante desse brevíssimo introito, é que *Autoritarismo Líquido e Anticorrupção: medidas de exceção à espreita em discursos*

PREFÁCIO

e normas de combate à corrupção, a partir da exitosa análise a que se propõe, oferece oportuna leitura a todos aqueles preocupados com as contemporâneas questões envolvendo a corrupção e seu combate em nossa República.

Com votos de boa leitura.

LENIO LUIZ STRECK

Do bucolismo da Dacha de São José do Herval à Pauliceia Desvairada, no outono entrante de 2023.

APRESENTAÇÃO

A presente obra é fruto da dissertação de Mestrado defendida pelo autor na Faculdade de Direito da Pontifícia Universidade Católica de São Paulo (PUC/SP). Imbuído do propósito científico de pesquisar medidas de exceção no propalado combate à corrupção lavajatista, o autor realizou, sob minha orientação, uma incursão na Lei Anticorrupção brasileira para tratar, na perspectiva dogmática, do perfil autoritário da responsabilidade objetiva e dos problemas decorrentes da hipernomia no referido subsistema sancionatório e, na dimensão zetética, da manipulação extrajurídica do Direito Administrativo em processos de exceção e, ainda, das interpretações autoritárias, da personalidade autoritária e dos discursos anticorrupção performáticos.

A obra que ora chega ao público leitor em geral após transcender o circuito acadêmico contribui, de forma absolutamente relevante, para a evolução da compreensão das feições autoritárias no chamado combate à corrupção e, em especial, dentro do regime jurídico da Lei Anticorrupção brasileira, norma esta que foi utilizada pelos agentes do autoritarismo lavajatista para obter a capitulação das empresas brasileiras de infraestrutura. Compromissos pecuniários estratosféricos foram assumidos e, atualmente, prejudicam o desempenho e colocam em risco a própria sobrevivência das companhias brasileiras.

O olhar para o futuro pressupõe, efetivamente, o reconhecimento dos nossos fracassos e o desfazimento de heranças malditas. Assim considerando, a presente obra é comprometida com o desnudamento de farsas recentes. Com efeito, o avanço na prevenção, na investigação e na repressão da corrupção no Brasil requer que olhemos para o passado e, reconhecendo a falibilidade das nossas instituições e dos efeitos deletérios da oportunista substituição do código próprio do Direito para outro de exceção. Eis o eixo temático da presente obra.

A Operação Lava Jato não se valeu apenas dos instrumentos de persecução penal, mas também da Lei Anticorrupção brasileira como meio de exceção e de autoritarismo. Para além das diversas violações aos direitos fundamentais, ao devido processo legal, ao princípio da imparcialidade da jurisdição e dos deveres impostos aos membros do Ministério Público, a Operação Lava Jato orquestrou, em detrimento da própria democracia brasileira, da estabilidade das nossas instituições e das empresas nacionais, um projeto de domínio político e de ascensão messiânica de agentes públicos. Foi nesse contexto que a Lei Anticorrupção, e não apenas o subsistema de responsabilidade penal, serviu aos anseios momentâneos.

Muito além de mero erro hermenêutico, solipsismo, ativismo ou de qualquer manifestação de decisionismo voluntarista, fulminou-se, através de táticas de estado de exceção, o próprio pacto civilizatório que se estabelece entre o Estado e os indivíduos. Consciente do referido cenário, inéditas e desafiadoras formas e discursos de exceção e autoritarismo são analisadas na presente obra, que coteja, em especial, a elevada indeterminabilidade do conceito de corrupção, a farsa envolta na eleição do corrupto como inimigo da nação e, dentre muitos outros temas de significativa relevância, constata que

APRESENTAÇÃO

o combate à corrupção serviu, historicamente, como argumentação precedente à instalação de regimes de exceção.

Elementos de conformação política e social do período anterior podem ser – e comumente são – identificados nos subsequentes. Inexistem, inclusive, garantias contra retrocessos e involuções civilizatórias. Por todas essas razões, é preciso rememorar, incessantemente, as desgraças do tal combate à corrupção no Brasil nos últimos anos. Nesse mister, a presente obra cumpre, de forma inovadora, comprometida e destemida, elevada missão que transcende aos propósitos meramente científicos.

O Estado Democrático de Direito ampara-se em determinadas dimensões materiais e formais que podemos, em linhas gerais, resumir em supremacia da Constituição, juridicidade, democracia, república, separação das funções estatais e garantia dos direitos fundamentais. A conformação do poder político e a organização da sociedade pelo Estado Democrático de Direito é, nesses termos, condição de realização da justiça em sua acepção plena.

Ocorre que diversos espaços civilizatórios foram, em diversos períodos históricos, minados pelo agir soberano, consoante concepção schmittiana daquele que decide sobre a exceção e suspende direitos. A lógica do lícito-ilícito, própria do Direito, foi superada por uma lógica absolutamente distinta. Referida exceção caracteriza-se, ainda, pela simplificação da decisão, a qual é desprovida de qualquer mediação real pelo Direito e, ainda, marcada por uma provisoriedade inerente. Não se trata de extinguir o Direito, mas de suspendê-lo em situações específicas.

A análise da referida questão requer aprofundada compreensão e desnudamento dos fatores de desestabilização e de subversão dos direitos fundamentais e da democracia contemporaneamente. O Estado de Direito e a democracia sucumbem ao agir soberano em decorrência, dentre outros fatores, da forte influência do positivismo analítico que, lastreado no paradigma subjetivo-idealista e na pureza metodológica, alargou os limites da discricionariedade do agente estatal dotado do poder decisório.

Os mais recentes mecanismos de degeneração da decisão jurídica possuem uma lógica distinta dos Estados totalitários de outrora. Consoante acurada análise de Ernst Fraenkel do totalitarismo do século XX, a emergência do por ele intitulado de *Estado dual* pressupunha a coexistência de *Estado-norma* e de um *Estado de prerrogativas:* de um lado, normas relativas às relações privadas e ao sistema de justiça visavam, essencialmente, garantir previsibilidade e continuidade do sistema capitalista, ao passo que, no campo dos direitos fundamentais, prevalecia a exceção pela suspensão do Direito e da Constituição.

Hoje em dia nos deparamos com perfis distintos de exceção. Por inexistir uma expressa suspensão dos direitos, há uma liquidez. As medidas de exceção são fragmentadas no sistema e convivem com medidas legítimas. Os direitos são suspensos fraudulentamente e não de forma declarada. A decisão jurídica ocorrida nessas bases é Direito no plano estrutural, mas não é Direito no plano funcional.

Identificamos, em manifestações dessa natureza, um poder que se apresenta de forma bruta e, por consequência, por sua não autolimitação, nem mesmo por qualquer regra de racionalidade ou coerência. Referidas medidas, muito além de representarem uma mera violação a um determinado direito subjetivo, fulminam a própria relação que se estabelece entre o Estado e os indivíduos em termos civilizatórios e, por essa razão, subvertem o próprio Estado de Direito e a democracia constitucional.

Realizado referido diálogo com a obra ora apresentada, resta-nos consignar que o autor, do qual tive o privilégio de ser Professor Orientador no Mestrado da Faculdade de Direito da Pontifícia Universidade Católica de São Paulo (PUC/SP), é um jurista jovem e muito promissor. Sem favor algum, trata-se de uma feliz revelação no meio jurídico brasileiro. Por essas razões, é com grande entusiasmo que convidamos o público leitor a apreciar, a seguir, um poderoso antídoto contra a gradual fragilização dos direitos fundamentais, dos espaços e dos sentidos da democracia.

São Paulo, abril de 2023.

PEDRO ESTEVAM ALVES PINTO SERRANO

Bacharel, Mestre e Doutor em Direito do Estado pela Pontifícia Universidade Católica de São Paulo – PUC-/SP, com Pós-Doutoramento em Teoria Geral do Direito pela Faculdade de Direito da Universidade de Lisboa e em Direito Público pela Université Paris Nanterre. Professor de Direito Constitucional e de Teoria do Direito na Graduação, no Mestrado e no Doutorado da Faculdade de Direito da PUC/SP.

INTRODUÇÃO

Aquilo em torno do que giram os raciocínios são os problemas, razão pela qual o propósito do raciocínio neste estudo é orientar o pensamento a um problema[1] – a degeneração do Direito destinado ao combate à corrupção –, se não à sua solução, ao menos à sua identificação. Tem-se, assim, como circunscrição a uma pergunta fundante, a investigação sobre qual a relação entre as normas e discursos anticorrupção e os desafios de uma democracia ameaçada por práticas autoritárias? Ou, caso se pretenda uma ponderação ainda mais estrita; questiona-se se medidas de combate à corrupção realizadas sob a égide do Estado Democrático de Direito, mesmo quando baseadas na legislação positivada, contemplam traços de autoritarismo?

Em vista da tópica apontada, a proposta encaminha-se para a análise das normas que tratam sobre o delito de corrupção, como

---

[1] A definição de problema aos fins propostos é aquela assinalada por Viehweg em *Tópica e jurisprudência* (VIEHWEG, Theodor. *Tópica e jurisprudência*. Trad. Tércio Sampaio Ferraz Jr. Brasília: Imprensa Nacional, 1979, p. 34); toda questão que aparentemente permite mais de uma resposta e que requer necessariamente um entendimento preliminar, de acordo com o qual toma o aspecto de questão que há que levar a sério e para a qual há que buscar uma resposta.

instrumentos legais para conformar agentes políticos e entidades privadas a uma almejada moralidade administrativa.

Dentre as normas que se ocupam da corrupção, ocupa posição especial a Lei n. 12.846/2013, conhecida como Lei Anticorrupção e percebida como um marco no chamado "combate à corrupção", tendo sido a partir de seu texto que o Brasil estabeleceu sanções dirigidas a pessoas jurídicas por diversos atos identificados como práticas corruptas pelo campo do Direito Administrativo sancionador, embora a lógica se assemelhe ao Direito Penal. Junto às disposições sobre a responsabilidade objetiva da pessoa jurídica em âmbito administrativo e civil, e a menção à responsabilização penal de pessoas físicas envolvidas pelos atos ilícitos correspondentes, a lei também trouxe parâmetros definidos para delimitar a atividade de *compliance*, sob a denominação de Programas de Integridade.

O enfrentamento do crime e o controle pelo Estado de condutas corruptas é absolutamente necessário. A luta anticorrupção, entretanto, não pode ser uma festa[2] em que tudo é possível para satisfazer uma caçada sob a bandeira do que alguns bradam se tratar

---

[2] A evocar festas da antiguidade (e atuais) descritas por Giorgio Agamben para refletir sobre a relação entre anomia (isto é, um espaço em que as leis rotineiras estão desativadas) e o Direito. Estas festas são repentinas explosões anômicas em que se interrompe e subverte a ordem social mantida pelo Direito. De acordo com o autor: "há muito tempo, folcloristas e antropólogos estão familiarizados com aquelas festas periódicas – como as Antestérias e as Saturnais do mundo clássico e *chauvari* e o carnaval do mundo medieval moderno – caracterizadas por permissividade desenfreada e pela suspensão da quebra das hierarquias jurídicas e sociais. Durante essas festas, que são encontradas com características semelhantes em épocas e culturas distintas, os homens se fantasiam e se comportam como animais, os senhores servem os escravos, homens e mulheres trocam seus papéis e comportamentos delituosos são considerados lícitos ou, em todo caso, não passíveis de punição. Elas inauguram, portanto, um período de anomia que interrompe e, temporariamente, subverte, a ordem social" (AGAMBEN, Giorgio. *Estado de exceção*: Homo sacer, II. Trad. Iraci Poleti. 2ª ed. São Paulo: Boitempo, 2004, p. 109).

INTRODUÇÃO

de ideais morais. Que a corrupção causa severos danos ao erário público e, portanto, à sociedade, é um ponto inquestionável, assim como o é a observância de princípios democráticos e observância de direitos fundamentais na persecução destes delitos, ou, como bem ressaltou Gilmar Mendes, em voto vista no *habeas corpus* n. 164.493 julgado no Supremo Tribunal Federal (STF), não se pode combater a corrupção cometendo crimes.

No Estado Democrático de Direito, a sanha pelo combate ao crime, inclusive o de corrupção, não significa atropelar direitos fundamentais, não permite conduções coercitivas ilegais, a eliminação do direito à não autoincriminação, investigações ou julgamento por órgãos sem competência para tanto, afastamento de membros do governo por *impeachment* sem justificativa legal efetiva, prisões provisórias alongadas com o propósito de obter acordos de colaboração, entre tantos outros exemplos que podem ser classificados como medidas que, apesar de realizadas na vigência do Estado de Direito, são tipicamente produzidas em estado de exceção.

Um olhar cauteloso ao discurso de combate à corrupção irá revelar que, sob o signo da moralidade, o alarde contra a corrupção foi, ao longo da história, instrumentalizado como pretexto de diminuir direitos de toda sociedade, servindo como justificativa que degenera direitos fundamentais e principiou regimes autoritários.

A guerra contra o corruptor faz deste o inimigo do Estado, embora toda a sociedade sofra a diminuição de direitos que resulta do combate antidemocrático à corrupção. Ao caminhar do discurso inocentemente moralista para a prática persecutória, ficam pelo caminho valores democráticos e, no destino, os rigores da lei e a punição alcança os grupos já marginalizados.

O autoritarismo, tanto aquele que marcou os regimes autocráticos do século XX, quanto a formatação mais moderna do fenômeno, vale-se do estigma mítico do inimigo para se fortalecer. Daí a relevância de compreender como a autoridade legítima se degenera para tornar-se tirania, identificar como se apresenta o autoritarismo na política e os mecanismos empregados para sua realização.

Assim, este livro é composto por três capítulos. No primeiro capítulo, são tecidos comentários a respeito da evolução da demanda por garantir direitos naturais até a formulação do Estado de Direito e a investigação das noções de autoritarismo, a partir da ideia de autoridade à sua disfunção. Apresentar-se-ão as formas políticas do autoritarismo e a sua relação com o Estado Democrático de Direito, para alcançar a percepção do fenômeno no século XXI, sob a denominação de autoritarismo líquido, bem como demonstrar a percepção do fenômeno pela literatura jurídica preocupada com a decadência do Estado Constitucional.

No segundo capítulo, propõe-se um aprofundamento sobre os elementos da Lei Anticorrupção que serão essenciais a um olhar ao "combate" à corrupção perseguido pela legislação. É questão central a verificação da intenção manifestada pela legislação, seus elementos constitutivos e as disposições que concretizam novidades no sistema, especialmente a responsabilização da pessoa jurídica e o estimula à iniciativa privada para instaurar mecanismos e procedimentos internos de integridade e incentivo à denúncia.

E, por último, no terceiro capítulo, reservou-se a demonstração de evidências que aproximam a ideologia propalada na norma anticorrupção brasileira e práticas que estão consignadas no texto legal, o que se pode reconhecer como medidas de exceção no interior da democracia. Isto é, a expressão do autoritarismo difundido na norma de combate e prevenção à corrupção, nos discursos que a apoiam, e nas interpretações autoritárias do Direito, com especial observação ao fenômeno nas práticas da Operação Lava Jato, as quais ilustram a realidade de processos sancionatórios de exceção e a sobreposição de interesses políticos em detrimento do Direito.

CAPÍTULO I

AUTORITARISMO E ESTADO DE EXCEÇÃO

No presente capítulo, como foi dito na Introdução desta pesquisa, serão tecidos comentários a respeito da evolução da demanda por garantir direitos naturais até a formulação do Estado de Direito e investigadas as noções de autoritarismo, a partir da ideia de autoridade à sua disfunção. Serão apresentadas as formas políticas do autoritarismo e a sua relação com o Estado Democrático de Direito, para alcançar a percepção do fenômeno no século XXI, sob a denominação de autoritarismo líquido, bem como demonstrar a percepção do fenômeno pela literatura jurídica preocupada com a decadência do Estado Constitucional.

1.1 Desenvolvimento do Estado de Direito

A evolução ao Estado de Direito contemporâneo não se identifica com um caminho linear. Isto é, diferentemente do que possa parecer numa simplificação didática da História, o trajeto histórico é mais complexo do que a substituição de uma forma de governo por outra mais avançada. A mera enunciação de um ponto de partida de Estado medieval, seguido da monarquia absolutista, que evolui ao

Estado de Direito e alcança o Estado Democrático de Direito, deixa de considerar que o autoritarismo, por meio de regimes totalitários e ditaduras,[3] sempre fez parte da vida moderna.

Em oposição à garantia de direitos na modernidade, o autoritarismo representa a sobreposição de poder político aos direitos do cidadão. É com base nessa noção a afirmação de que o soberano que não observa direitos naturais é considerado um tirano, e é assim que, no início da Modernidade, a partir do século XV, é compreendida a tirania e construída a crítica pela qual o poder político deve se subordinar a direitos naturais, gerando o liberalismo[4] político e

---

[3] No sentido ora empregado, totalitarismo e ditadura são espécies do gênero de regimes autoritários. O totalitarismo é organização de governo que possui como características um Estado forte e idealizado, que afirme o nacionalismo ressignificado pela ausência de pluralismo e debate democráticos, que romantiza um passado místico glorioso, empregue o terror como forma de controle social e atuação de milícias contra críticos do governo, sustentado por um partido único que define o conjunto limitado de ideias admitidas a representar a ação, e que promove um culto ao líder como mediador exclusivo do interesse da nação. Por sua vez, a ditadura compreende uma experiência autoritária sem o componente específico do totalitarismo de buscar a construção de um homem novo e de um mundo perfeito, que são características presentes nos regimes autoritários fascistas e socialistas do início do século XX (PIRES, Luis Manuel Fonseca. *Estados de exceção*: a usurpação da soberania popular. São Paulo: Contracorrente, 2021, p. 105).

[4] O liberalismo, conforme sintética descrição de Bobbio (cf. BOBBIO, Norberto. *Contra os novos despotismos*: escritos sobre o berlusconismo. Trad. Erica Salatini; César Mortari Barreira. São Paulo: Unesp, 2016, p. 15), é um universo de muralhas, cada uma das quais cria uma nova liberdade. Exemplificando que as muralhas erguidas entre a Igreja e o Estado permitiram a liberdade religiosa; o muro elevado entre Igreja e Estado de um lado, e universidade, de outro, permitiu a liberdade de pesquisa e de pensamento em geral; a separação entre sociedade civil e poder político cria a esfera da liberdade econômica e da livre iniciativa e; a separação entre vida privada e pública cria a esfera da liberdade pessoal. E conclui que "a natureza específica do liberalismo pode ser compreendida apenas quando se considera este como um instrumento apto a prevenir o uso tirânico do poder".

CAPÍTULO I – AUTORITARISMO E ESTADO DE EXCEÇÃO

produzindo o início do raciocínio que se desenvolverá no constitucionalismo.

O pressuposto filosófico do liberalismo, entendido como Estado limitado em contraposição ao Estado absoluto, é, na proposição de Norberto Bobbio,[5] a doutrina dos direitos do homem elaborada pela escola do Direito Natural (ou jusnaturalismo): a doutrina segundo a qual o homem, todos os homens, indiscriminadamente, têm por natureza e, portanto, independentemente de sua própria vontade, e menos ainda da vontade de alguns poucos ou de apenas um, certos direitos fundamentais, como o direito à vida, à liberdade, à segurança, à felicidade – direitos esses que o Estado, ou mais concretamente aqueles que num determinado momento histórico detêm o poder legítimo de exercer a força para obter a obediência a seus comandos devem respeitar.

Esses direitos naturais, cuja observância é imprescindível ao soberano e ao governo que exerce o poder de forma legítima, encontram defensores desde o século XV, com a chamada escola ibérica da paz,[6] formada por pensadores que estabeleceram críticas

---

[5] BOBBIO, Norberto. *Liberalismo e democracia.* Trad. Marco Aurélio Nogueira. São Paulo: Edipro, 2017, p. 41.

[6] O termo "Escola Ibérica da Paz" foi cunhado pelo Professor Pedro Calafate, tomando em conta o vívido intercâmbio entre as universidades ibéricas dos séculos XVI e XVII, do qual resultou uma forte coesão intelectual e doutrinária sobre a interpretação de fontes de domínio comum da cristandade ocidental, invocadas em disputas sobre os temas candentes daquela época, tal como era o processo colonial em marcha na América. Neste sentido: "Pedro Calafate, da Universidade de Lisboa propôs a reunião desses esforços acadêmicos sob o título inicial de Escola Peninsular da Paz, transformando-se, posteriormente, para Escola Ibérica da Paz. Professor Calafate sugere unir nesta Escola os autores Ibéricos dos séculos XVI e XVII cuja finalidade última era a busca da paz pelo governo da justiça e, para alcançar este fim, esta corrente de pensamento ibérica defendia a subordinação da política à ética e a prevalência de valores humanistas. Em síntese, esta Escola reuniu uma corrente doutrinária formada por catedráticos das principais universidades ibéricas e polos quadros de catedráticos, missionários e

às formas de dominação praticadas durante as grandes navegações. De matriz teológica, a escola ibérica da paz condenava a apropriação do ser humano, opondo-se ao escravismo que transforma o ser humano em mercadoria[7] e à utilização de violência para pregar a

---

homens de governo por elas formados, buscando a construção de uma verdade universal e objetiva assente na reta razão" (CALAFATE, Pedro; LOUREIRO, Silva Maria da Silveira. *As origens do Direito Internacional dos povos indígenas*: a Escola Ibérica da Paz e as gentes do novo mundo. Porto Alegre: Sergio Antonio Fabris, 2020, p. 80).

[7] Na época dos pensadores da Escola Ibérica da Paz estava em pleno vigor a instituição da escravidão nas colônias espanholas e lusitanas, desdobrada em duas modalidades fundamentais: a escravidão natural e a escravidão legal. O primeiro título se sustentava na escravidão natural, isto é, na ideia aristotélica de que havia indivíduos inferiores que não faziam, por si mesmos, uso da razão e não tinham nada melhor a oferecer do que o uso de seus corpos e de seus membros e por isso eram condenados pela natureza à escravidão servil a um senhor. Por sua vez, a escravidão legal ou convencional está relacionada com o Direito das gentes (que era a escravidão derivada dos títulos de guerra justa) ou com o Direito Civil. Ante esta necessária observação histórica e cultural, Calafate explica que "seja nas cátedras universitárias hispânicas, seja na vida missionária nas Américas, a Escola Ibérica da Paz não aceitava o argumento da escravidão natural dos povos do Novo Mundo, quer em relação ao seu fundamento, quer em relação às consequências práticas almejadas. Quanto aos fundamentos, a doutrina cristã cultivada pelos escolásticos ibéricos professava a ideia da liberdade natural dos homens, criados todos a imagem e semelhança de Deus e, por isso, era necessário contornar o texto aristotélico para situar esta forma de domínio do homem sobre outro homem no plano da caridade e da ajuda ao próximo. Em seguida, quanto às consequências, a perda da liberdade e dos bens dos escravos só eram admitidas no plano da escravidão legal, o que significava dizer que, por hipótese, se ainda assim, os naturais do Novo Mundo fossem considerados escravos por natureza, essa condição não legitimaria a destituição de seus princípios e a usurpação de suas propriedades e bens particulares" (CALAFATE, Pedro; LOUREIRO, Silva Maria da Silveira. *As origens do Direito Internacional dos povos indígenas*: a Escola Ibérica da Paz e as gentes do novo mundo. Porto Alegre: Sergio Antonio Fabris, 2020, p. 227).

CAPÍTULO I – AUTORITARISMO E ESTADO DE EXCEÇÃO

fé cristã,[8] defendendo o respeito a direitos naturais e uma relação pacífica entre os povos.

Um segundo momento relevante para o desenvolvimento de obstáculos ao poder soberano pela observância cogente de direitos naturais transcorre dos conflitos religiosos motivados pela oposição dos protestantes à tirania dos reis absolutistas. Destes, os protestantes franceses, conhecidos como huguenotes, foram rigorosamente perseguidos, sendo digno de menção o massacre da noite de São Bartolomeu de 1572, em que a repressão ao protestantismo na França culminou no assassinato de um número estimado de trinta mil huguenotes, e as medidas de Luís XIV ao estabelecer uma espécie de policiamento autorizado ao uso da força para coagir a conversão de protestantes e, fatalmente, tornar o protestantismo ilegal em 1685. Os huguenotes, diante da opressão incessante, passaram a questionar e debater o conceito de tirania, de modo que o conflito que deu força à reforma protestante conduziu à teorização de um direito de resistência oposto em face do soberano que degenera seu poder político ao se colocar acima de direitos naturais.

É exemplo significativo de produção inspirada pelo racional huguenote o tratado *"Vindiciae contra tyrannos*: a defesa da

---

8 Os mestres da Escola Ibérica da Paz "não encontraram qualquer justiça ou legalidade para justificar as matanças e o desapossamentos dos índios no Novo Mundo. Nem mesmo sob o título do *jus praedicandi* [fim espiritual da pregação do evangelho] era vista com segurança a licença para cometer as atrocidades que se vinham cometendo contra as gentes do Novo Mundo. Abre-se, assim, um novo flanco de intensos debates sobre o problema da restituição, que se traduz da seguinte forma: se não há direito que sustente o domínio dos hispanos sobre as terras e gentes do Novo Mundo, então o que lá estava acontecendo era furto ou rapina e os que haviam cometido estes furtos e rapinas tinham o dever de restituir tudo aquilo que fora usurpado das gentes do Novo Mundo com enganos e violência" (CALAFATE, Pedro; LOUREIRO, Silva Maria da Silveira. *As origens do Direito Internacional dos povos indígenas*: a Escola Ibérica da Paz e as gentes do novo mundo. Porto Alegre: Sergio Antonio Fabris, 2020, p. 337).

liberdade contra tiranos", assinado pelo pseudônimo Junius Brutus em 1579. Dentre os temas abordados pelo tratado, encontram-se ponderações sobre se o povo é obrigado à obediência ou pode resistir ao rei na hipótese de este ofender leis divinas, e sobre se é lícito resistir ao soberano sob o argumento de que este estaria agindo em contrariedades aos interesses comuns do povo. De acordo com o *Vindiciaie contra tyrannos,* o povo é mais poderoso que o rei e deve resistir ao soberano que, ao não se submeter ao Direito e afligir o bem comum, deslegitima-se e, nesta condição, degenerado, pode ser retirado do poder:

> Príncipes são escolhidos por Deus, e estabelecidos pelo povo. Assim como os indivíduos considerados um a um são inferiores ao príncipe, do mesmo modo todas as pessoas unidas aos oficiais de governo são superiores ao príncipe. Na constituição de um príncipe existe um acordo e contratos entre ele e o povo, seja tácita ou explícita, seja de acordo com a natural ou mesmo civil, na medida em que pelo tempo que comandar de forma justa, ele deva obedecê-lo bem; que pelo tempo que servir a comunidade, todos o servirão; que pelo tempo que cumprir com as leis, todos a ele se submeterão. Os oficiais do reino são os guardiões e protetores deste pacto ou contrato. Aquele que maliciosamente e voluntariamente viola essas condições, é indubitavelmente um tirano pela prática. E, portanto, os oficiais do reino devem julgá-lo de acordo com as leis. E se ele insistir na sua tirania, o dever dos oficiais deve ser efetivado pela força.[9]

---

9 Tradução livre do trecho do autor: *"Princes are chosen by God, and established by the people. As all particulars considered one by one, are inferior to the prince, so the whole body of the people and officers of state, who represent that body, are the princes' superiors. In the receiving and inauguration of a prince, there are covenants and contracts passed between him and the people, which are tacit and expressed, natural or civil; to wit, to obey him faithfully whilst he commands justly, that he serving the commonwealth, all men shall serve him, that whilst he governs according to law, all shall be submitted to his government, etc.*

CAPÍTULO I – AUTORITARISMO E ESTADO DE EXCEÇÃO

Um importante autor que trabalha os conceitos delineados a respeito dos direitos naturais e a formulação da resistência ao soberano que deixa de observá-los é John Locke,[10] filósofo inglês conhecido como precursor do liberalismo e um dos principais teóricos do contrato social. Em seu segundo tratado sobre o governo civil,[11] publicado em 1689, John Locke demonstra que, em determinadas situações, é legítimo o levante popular contra o soberano, produzindo uma teoria de governo que conceitua e confronta a tirania. Locke afirma que se o governo viola ou deixa de garantir direitos ao povo, tal como o direito de propriedade, surge o direito à resistência ao governo tirano.

The officers of the kingdom are the guardians and protectors of these covenants and contracts. He who maliciously or wilfully violates these conditions, is questionless a tyrant by practice. And therefore the officers of state may judge him according to the laws. And if he support his tyranny by strong hands, their duty binds them, when by no other means it can be effected by force of arms to suppress him" (BRUTUS, Junius. *Vindiciae contra tyrannos*: a defence of liberty against tyrants or, of the lawful power of the prince over the people, and of the people over the prince. Colorado: Portage Publications, 2021, p. 195).

[10] LOCKE, John. *Segundo tratado sobre o governo civil*: ensaio sobre a origem, os limites e os fins verdadeiros do governo civil. Trad. Magda Lopes e Marisa da Costa. Petrópolis: Vozes, 1994.

[11] O segundo tratado começa com um relato do estado de natureza, que o autor expõe como a condição em que os homens são livres e iguais, mas não corresponde a um estado de permissividade em que os homens podem pilhar uns aos outros. Para Locke: "o estado de natureza é regido por um direito natural que se impõe a todos, e com respeito à razão, que é este direito, toda a humanidade aprende que, sendo todos iguais e independentes, ninguém deve lesar o outro em sua vida, sua saúde, sua liberdade, ou seus bens; todos os homens são obra de um único Criador todo-poderoso e infinitamente sábio, todos servindo a um único senhor soberano, enviados ao mundo por sua ordem e a seu serviço; são portanto sua propriedade, daquele que os fez e que os destinou a durar segundo sua vontade e de mais ninguém" (LOCKE, John. *Segundo tratado sobre o governo civil*: ensaio sobre a origem, os limites e os fins verdadeiros do governo civil. Trad. Magda Lopes e Marisa da Costa. Petrópolis: Vozes, 1994, p. 84).

A tirania, para o filósofo,

> consiste em exercer o poder além do direito legítimo, o que a ninguém poderia ser permitido. É isto que ocorre cada vez que alguém faz uso do poder que detém, não para o bem daqueles sobre os quais ele o exerce, mas para sua vantagem pessoal e particular.[12]

A resistência se origina como reação contra aquele que age sem autoridade ou abusa do seu poder legítimo:

> Onde termina a lei começa a tirania, desde que a lei seja transgredida em prejuízo de alguém. Toda pessoa investida de uma autoridade que excede o poder a ele conferido por lei, e faz uso da força que tem sob seu comando para atingir o súdito com aquilo que a lei não permite, deixa de ser um magistrado; e, como age sem autoridade, qualquer um tem o direito de lhe resistir, como a qualquer homem que pela força invada o direito de outro.[13]

Locke argumenta que o povo pode ser levado à rebelião pela tirania e opressão e que, nesta medida, um governo que sabe que pode ser deposto se abusar de sua autoridade estará menos propenso a agir de forma autoritária. Desta feita, o autor pondera e questiona:

> O objetivo do governo é o bem da humanidade, e o que é melhor para a humanidade, que o povo deva estar sempre exposto à vontade desenfreada da tirania ou que os governantes às vezes enfrentem a oposição quando exorbitam de seus direitos no

---

[12] LOCKE, John. *Segundo tratado sobre o governo civil*: ensaio sobre a origem, os limites e os fins verdadeiros do governo civil. Trad. Magda Lopes e Marisa da Costa. Petrópolis: Vozes, 1994, p. 206.

[13] LOCKE, John. *Segundo tratado sobre o governo civil*: ensaio sobre a origem, os limites e os fins verdadeiros do governo civil. Trad. Magda Lopes e Marisa da Costa. Petrópolis: Vozes, 1994, p. 207.

CAPÍTULO I – AUTORITARISMO E ESTADO DE EXCEÇÃO

uso do poder e o empregam para a destruição e não para a preservação das propriedades do seu povo?[14]

A resposta à provocação é encontrada no texto do próprio autor e evidencia sua contribuição ao avançar da ideia de simples resistência contra práticas autoritárias para a formulação de uma revolução, a qual compreende como providência necessária para a restauração dos direitos naturais não observados pelo soberano tirânico. De acordo com Locke,[15] se uma longa sucessão de abusos, prevaricações e fraudes praticadas pela administração dos negócios públicos oprime visivelmente o povo, "não é de se espantar, então, que ele se rebele e tente colocar as rédeas nas mãos de quem possa lhe garantir o fim em si do governo".[16]

A escalada das ideias liberais culminará nas revoluções burguesas, movimento orientado a superação dos regimes absolutistas[17] que

---

[14] LOCKE, John. *Segundo tratado sobre o governo civil*: ensaio sobre a origem, os limites e os fins verdadeiros do governo civil. Trad. Magda Lopes e Marisa da Costa. Petrópolis: Vozes, 1994, p. 223.

[15] LOCKE, John. *Segundo tratado sobre o governo civil*: ensaio sobre a origem, os limites e os fins verdadeiros do governo civil. Trad. Magda Lopes e Marisa da Costa. Petrópolis: Vozes, 1994, p. 221.

[16] Conforme expõe André Singer sobre os tratados sobre o governo, Locke faz uma defesa enfática do direito dos governados de destituir os governantes casos estes não observem os propósitos a que o poder soberano por eles assumido deveria servir (cf. SINGER, André; ARAUJO, Cicero; BELINELLI, Leonardo. *Estado e democracia*: uma introdução ao estudo da política. Rio de Janeiro: Zahar, 2021, p. 146). A argumentação de Locke se tornou, a partir daí, uma das referências centrais do direito do povo à resistência.

[17] Quanto ao regime absolutista, expõe Georges Abboud que o rei, no modelo absolutista, possui a concentração de poderes de forma discricionária (cf. ABBOUD, Georges. *Direito Constitucional pós-moderno*. São Paulo: Thompson Reuters, 2021, p. 56). Por sua própria natureza *extra legem*, esse poder não era exercido com base nas leis estabelecidas, sendo inteiramente confiado à prudência do rei. Nesse sentido "o Estado Absolutista seria conceituado como o monopólio da força que atua sobre os três planos: jurídico, político e sociológico. No que

se mantiveram estáveis da idade média à idade moderna. O processo revolucionário[18] que concebeu um projeto civilizatório baseado em direitos encontra episódios decisivos na Inglaterra, entre 1642 e 1688, nos Estados Unidos em 1776 e na França em 1789.

Da Inglaterra, em 1689, ressalta-se a aprovação da declaração de direitos pelo parlamento, a *Bill of Rights*, que concentra poderes na aristocracia. Estabelece especialmente a submissão do rei ao parlamento, liberdade de expressão, preservação da propriedade privada, autonomia do poder judiciário, e proibição de penas cruéis.

---

se refere ao jurídico, impõe-se o conceito de que cabe ao Estado o monopólio da produção dos textos jurídico-normativos, não havendo direito que possa limitar a vontade do Estado. No aspecto político, o Estado absolutista impõe uniformidade legislativa e administrativa contra qualquer forma de particularismo. Importante não se perder de vista que a lei da época era tão somente uma espécie de conformação daquilo que a lei era solenemente desde seus tempos primitivos, daí que o Direito, por meio da lei, não poderia suprimir direitos e privilégios dos governantes e principalmente do rei. Ainda sobre o regime absolutista, Pedro Serrano (reitera a inexistência prática de direitos conferidos pelo Estado às pessoas: "No Estado absolutista, as pessoas eram tidas como titulares de obrigações em relação ao Estado, mas não de direitos. Havia apenas uma relação de servidão entre os particulares e o Estado, e não de cidadania" (SERRANO, Pedro. *Autoritarismo e golpes na América Latina*: breve ensaio sobre jurisdição e exceção. São Paulo: Alameda, 2016, p. 163).

[18] O termo "revolução" foi reposicionado em 1688, quando na Inglaterra passou-se a usar a palavra para "qualificar a rápida transformação sofrida pela monarquia quando os Stuart foram derrubados por um levante civil e militar. Viu-se ali o descortinar de 'um novo horizonte', e justamente para essa visada empregaram o termo 'revolução'. Diz a lenda que cerca de cem anos depois, na França, quando o povo de Paris resolveu insurgir-se contra a demissão de um ministro de Estado que gozava de simpatia, Luis XVI, perplexo, teria exclamado ao duque Fréderic de La Rochefoucauld-Lian-court: 'Isso é uma revolta!'. Ao que o interlocutor corrigiu: 'Não, Sire, é uma revolução'. A quase milenar monarquia francesa havia sobrevivido a dezenas de revoltas. Mas a uma 'revolução'?" (SINGER, André; ARAUJO, Cicero; BELINELLI, Leonardo. *Estado e democracia*: uma introdução ao estudo da política. Rio de Janeiro: Zahar, 2021, pp. 135/136).

CAPÍTULO I – AUTORITARISMO E ESTADO DE EXCEÇÃO

A declaração de direitos, concebida como reflexo da Revolução Gloriosa, é construída a partir de treze queixas ao governo do Rei Jaime II, seguidas de outras treze cláusulas limitadoras do poder do monarca, das quais se destacam as duas primeiras, por estabelecerem que o poder de suspender e executar leis pertence ao parlamento – *That the pretended power of suspending the laws or the execution of laws by regal authority without consent of Parliament is ilegal* –, e que o suposto poder de dispensar leis ou execução de leis sob o fundamento de autoridade monárquica é ilegal – *That the pretended power of dispensing with laws or the execution of laws by regal authority, as it hath been assumed and exercised of late, is ilegal.*[19]

Embora não seja uma declaração revolucionária de liberdades universais, preocupando-se principalmente com despotismos específicos de Jaime II e com o coroação de Guilherme III de Orange e Maria II como Rei e Rainha da Inglaterra, a Declaração de Direitos de 1689 permanece como um dos documentos marcantes no desenvolvimento das liberdades civis, tendo apresentado elementos que compõem uma estrutura de enfrentamento ao poder despótico do soberano e constroem os limites que, se ultrapassados ou ignorados pelas figuras de autoridade, permitem desvelar seus atos como formas de autoritarismo.

A Revolução Americana, que eclodiu com a Declaração de Independência, de 1776, é resultado da percepção dos colonos americanos das tendências tirânicas persistentes do regime britânico, motivadas especialmente pela imposição de altos impostos às colônias. Reivindicando liberdade, as colônias se opuseram à exploração inglesa, rompendo laços e constituindo-se como Estados soberanos. As colônias atravessaram, para tanto, uma guerra contra a metrópole que perdurou por sete anos, até o reconhecimento formal da separação pela Inglaterra, em 1783.

---

[19] BILL OF RIGHTS. 1688 CHAPTER 2 1 Will and Mar Sess 2. Disponível em: https://www.legislation.gov.uk/aep/WillandMarSess2/1/2/2015-03-26. Acessado em: 28.01.2023.

A declaração de independência americana é notável por referir-se ao direito à vida, liberdade e autonomia das pessoas, os quais, por constituírem-se como providência divina, não podem ser alienados. Ainda mais, é especialmente relevante por trazer a ideia do direito de resistência, ao explicitar que os direitos que elenca devem ser garantidos pelo governo e que, na hipótese de ameaça destes direitos pelo governo, é direito do povo a destituição do poder da autoridade e a instituição de um novo governo. É o que declararam as treze colônias dos Estados Unidos da América, em 4 de julho de 1776:

> Consideramos estas verdades evidentes por si mesmas, que todos os homens são criados iguais, que são dotados pelo Criador de certos direitos inalienáveis, entre os quais estão a vida, a liberdade e a busca da felicidade. Que, para assegurar tais direitos, governos são instituídos entre os homens, derivando seus justos poderes do consentimento dos governados; que sempre que qualquer forma de governo se torne destrutiva de tais fins, é direito do povo alterá-la ou aboli-la e instituir novo governo.[20]

Entre as revoluções liberais, é na França onde transcorreu o principal exemplo da onda revolucionária. A ebulição da Revolução se dá em 1789, motivada pela forte crise econômica que assolava o Estado Francês e causada, especialmente, pelos altos impostos, a

---

20 Do original: *"We hold these truths to be self-evident, that all men are created equal, that they are endowed by their Creator with certain unalienable Rights, that among these are Life, Liberty and the pursuit of happiness. That to secure these rights, Governments are instituted among Men, deriving their just powers from the consent of the governed. That whenever any Form of Government becomes destructive of these ends, it is the Right of the People to alter or to abolish it, and to institute new Government"* (UNITED STATES. "Declaration of Independence: a Transcription". *Congress*, 4 jul. 1776. Disponível em: https://www.archives.gov/founding-docs/declaration-transcript. Acessado em: 28.01.2023).

CAPÍTULO I – AUTORITARISMO E ESTADO DE EXCEÇÃO

insatisfação com privilégios fiscais da alta nobreza, e os custos da monarquia.[21]

Emmanuel Sieyès, abade e escritor político do período, capta o momento de insatisfação com o poder soberano do rei em seu ensaio panfletário sobre os privilégios, em que afirma que a essência do privilégio é estar fora do Direito comum, tendo por objeto dispensar a lei.[22] Em um segundo escrito – *Qu'est-ce que le tiers état?* (O que é o terceiro Estado?), de 1788, o autor reflete com precisão o pensamento da Revolução francesa na ideia de poder constituinte originário que emana da nação,[23] expondo o autor que "a nação existe antes de

---

[21] A crise econômica foi agravada pelos custos decorrentes da derrota para da França na guerra dos sete anos, entre 1757 e 1763, e o endividamento da coroa que apoiou financeiramente a revolução americana, entre 1776 e 1781, fatores que culminaram na grande fome entre 1787 e 1789 e compõem as causas conjunturais que foram o estopim da revolução francesa.

[22] A inspiração liberal de Sieyès é evidenciada em seus escritos, a exemplo do seguinte trecho do *Essai sur les privilèges* (Ensaio sobre os privilégios): "perguntemo-nos primeiro qual é o objeto da lei: sem dúvida, é impedir que a liberdade ou a propriedade de alguém seja violada" (SIEYÈS, Emmanuel Joseph. "Ensaio sobre os privilégios". Trad. Jade Oliveira Chade *et al. Pólemos – Revista de Estudantes de Filosofia da Universidade de Brasília*, vol. 10, nº 21, 2022).

[23] A nação, de acordo com Sieyès, é o querer viver em sociedade, este é o afeto político que distingue o conceito de povo do conceito do autor de nação (CAIRES, Bruno Cesar; MAGDALENO, Rafael Tubone. "Constituição, representação e poder político: prolegômenos para sair da crise da democracia constitucional". *In*: PIRES, Luis Manoel Fonseca; FRANÇA, Nathalia Penha Cardoso de; SERRANO, Pedro Estevam Alves Pinto (Coord.). *Autoritarismo líquido e crise constitucional*. Belo Horizonte: Fórum, 2021, p. 225). Ainda sobre o conceito de nação de Sieyès, analisa Ferreira Filho que povo, para aquele autor, "é um conjunto dos indivíduos, é um mero coletivo, uma reunião de indivíduos que estão sujeitos a um poder. Ao passo que a nação é mais do que isso, porque a nação é a encarnação de uma comunidade e sua permanência, nos seus interesses constantes, interesses que eventualmente não se confundem nem se reduzem aos interesses dos indivíduos que a compõem

tudo, ela é a origem de tudo. Sua vontade sempre legal, é a própria lei. Antes dela e acima dela só existe o direito natural".[24]

Em maio de 1789, por ocasião da eleição dos representantes dos Estados Gerais, reuniram-se o rei e representantes do terceiro Estado, que juraram não se dispersar até que a França tivesse uma Constituição. A agitação política evoluiu para revoltas, as quais foram alvo de repressão pelas tropas reais, e no dia catorze de julho daquele ano, explodiu em Paris um tumulto popular que resultou em confrontos e mortes; "o evento passou a ser chamado de 'Queda da Bastilha', a velha prisão situada no miolo da cidade, tida como símbolo da brutalidade repressiva do regime absolutista".[25] Comoções semelhantes se espalharam pelas províncias em revoltas camponesas, compondo um evento que ficou conhecido como *La Grande Peur* (O Grande Medo), até que o rei, Luís XVI,[26] cedeu à criação de uma Assembleia Nacional.

É da Assembleia Nacional a importante Declaração dos Direitos do Homem e do Cidadão, datada de 26 de agosto de 1789, fruto do posicionamento iluminista e liberal,[27] contemplando a discussão a

---

em determinado instante". (FERREIRA FILHO, Manoel Gonçalves. *O poder constituinte*. 6ª ed. São Paulo: Saraiva, 2014, p. 43).

[24] SIEYÈS, Emmanuel Joseph. *A constituinte burguesa*: que é o Terceiro Estado. Trad. Norma Azeredo. 3ª ed. Rio de Janeiro: Lumen Juris, 1997, p. 94.

[25] SINGER, André; ARAUJO, Cicero; BELINELLI, Leonardo. *Estado e democracia*: uma introdução ao estudo da política. Rio de Janeiro: Zahar, 2021, p. 164.

[26] Alguns anos depois, após uma tentativa frustrada de contrarrevolução, seguida da captura do Rei que tentava fugir de Paris para encontrar nobres igualmente fugitivos, em 1792, Luís XVI foi acusado de traição e condenado à morte, ultimada pela sua decapitação na guilhotina.

[27] O preâmbulo da *Déclaration des Droits de l'Homme et du Citoyen* sintetiza os ideais liberais, referindo-se aos direitos naturais inalienáveis dos homens, a corrupção dos governos e a exigência de que os representantes do povo sejam respeitados. Em tradução livre: "Os Representantes do Povo Francês, constituídos em Assembleia Nacional,

CAPÍTULO I – AUTORITARISMO E ESTADO DE EXCEÇÃO

respeito da soberania, não mais atribuída como um poder divino concedido a um rei, mas um poder do povo exercido por meio de representantes, declarando que "o princípio de toda a soberania reside, essencialmente, na nação. Nenhum corpo, nenhum indivíduo, pode exercer autoridade que dela não emane expressamente".[28] Destaca-se o art. 1º da declaração, no qual é asseverado que os homens nascem livres e são iguais em direitos, e o art. 4º, pelo qual a liberdade é significada como o poder de fazer tudo aquilo que não prejudique outrem, assim, o exercício dos direitos naturais de cada homem não tem limites senão os que asseguram aos demais membros da sociedade o gozo dos mesmos direitos. Além disso, prevê a liberdade de opinião e religião, presunção de inocência, direito à propriedade, entre outros direitos que se compreendem no contexto de reação ao poder do soberano absolutista degenerado em tirano.

Na Declaração dos Direitos do Homem e do Cidadão de 1789, portanto, foram traçadas exigências burguesas, perfazendo um manifesto contra a sociedade hierárquica de privilégios nobres,

---

considerando que a ignorância, o esquecimento ou o desprezo pelos direitos do homem são as únicas causas dos infortúnios públicos e da corrupção dos Governos, resolveram expor, em solene Declaração, os direitos naturais e inalienáveis e sagrados direitos do Homem, para que esta Declaração, constantemente presente a todos os Membros do corpo social, os lembre constantemente dos seus direitos e dos seus deveres; para que sejam mais respeitados os atos do poder legislativo e os do poder executivo, podendo a qualquer momento ser comparados com o objetivo de qualquer instituição política; para que as queixas dos cidadãos, doravante fundadas em princípios simples e indiscutíveis, se voltem sempre para a manutenção da Constituição e para a felicidade de todos" (RÉPUBLIQUE FRANÇAISE. *Déclaration des Droits de l'Homme et du Citoyen de 1789*. Disponível em: https://www.legifrance.gouv.fr/contenu/menu/droit-national-en-vigueur/constitution/declaration-des-droits-de-l-homme-et-du-citoyen-de-1789. Acessado em: 28.01.2023).

28 Do original do art. 3º: "*Le principe de toute Souveraineté réside essentiellement dans la Nation. Nul corps, nul individu ne peut exercer d'autorité qui n'en émane expressément*".

embora ainda não signifique exatamente um documento a favor de uma sociedade democrática e igualitária.[29]

As revoluções burguesas, das quais aquelas que se expõe não são as únicas, compõem a formulação histórica da imposição de que um governo civil precisa de limites. É imperioso, todavia, assinalar que não correspondeu à defesa de um governo democrático, isto porque a lógica que buscou consolidar é de um poder que, sim, emana do povo, porém um povo que é representado, não participando diretamente das decisões da nação. É como assinalou Karl Marx em *O 18 de Brumário de Luís Bonaparte*:

> As revoluções burguesas como as do Século XVIII precipitam-se rapidamente de sucesso em sucesso, um efeito dramático é suplantado pelo próximo, pessoas e coisas parecem refulgir como brilhantes, respira-se diariamente o êxtase; porém, elas têm vida curta, logo atingem o seu ponto alto e uma longa ressaca toma conta da sociedade antes que, novamente sóbria, aprenda a apropriar-se dos resultados do seu período impetuoso e combativo.[30]

Na perspectiva de Marx, evidencia-se no estudo do papel da luta de classes, como força motriz das revoluções, o caráter limitado e contraditório da democracia burguesa, eis que suas revoluções apenas assumiram o antigo aparato estatal e o aperfeiçoaram para oprimir as classes espoliadas, revelando que "a república burguesa representava o despotismo irrestrito de uma classe sobre outras classes".[31]

---

29 HOBSBAWM, Eric J. *A era das revoluções*, 1789-1848. 46ª ed. Rio de Janeiro: Paz e Terra, 2021, p. 106.

30 MARX, Karl. *O 18 de brumário de Luís Bonaparte*. Trad. Nélio Schneider. São Paulo: Boitempo, 2011, p. 29.

31 MARX, Karl. *O 18 de brumário de Luís Bonaparte*. Trad. Nélio Schneider. São Paulo: Boitempo, 2011, p. 36. De acordo com Karl Marx, a classe dominante no período pós-revolução se mobiliza para

CAPÍTULO I – AUTORITARISMO E ESTADO DE EXCEÇÃO

Na observação de Felipe Magane e Renata Magane,[32] apesar das conquistas civilizatórias inegavelmente percebidas pelas revoluções liberais, que marcaram o fim do absolutismo monárquico e culminaram na conformação do Estado de Direito, a narrativa burguesa para a afirmação do liberalismo no interior do Estado moderno não consagrou a concretização de valores universais, mas edificou forma de proteção para apenas uma pequena parcela privilegiada da sociedade, que excluiu, inviabilizou e perseguiu a maior parte dos indivíduos.

É inquestionável, contudo, a relevância do período em função da ruptura do modelo absolutista da soberania estatal, sobretudo porque "se introduz, a partir desses movimentos iluministas, a ideia de proteção e de reconhecimento dos direitos dos homens, secularizando a noção cristã de 'pessoa', segundo a qual todos somos iguais".[33] Este processo é a semente dos direitos na formulação moderna, os quais se impõem como garantias contra o poder do Estado, e cuja inobservância ou desrespeito pelo representante do Estado, quando

---

liquidar suas próprias instituições, que entraram em contradição com o interesse da propriedade e do negócio: os direitos civis, a liberdade de imprensa, a liberdade de reunião, o direito ao sufrágio universal foram sacrificado, tendo a burguesia praticamente convidado Bonaparte a reprimir e destruir direitos para que "sob a proteção de um governo forte e irrestrito, dedicar-se aos seus negócios privados. Ela declarou inequivocamente que estava ansiosa por desobrigar-se do próprio domínio político para livrar-se, desse modo, das dificuldades e perigos nele implicados (cf. MARX, Karl. *O 18 de brumário de Luís Bonaparte.* Trad. Nélio Schneider. São Paulo: Boitempo, 2011, p. 124).

[32] MAGANE, Felipe Toledo; MAGANE, Renata Possi. "O Legado bonapartista da violência e o Estado de exceção: contingência ou continuidade?" *In*: PIRES, Luis Manoel Fonseca; FRANÇA, Nathalia Penha Cardoso de; SERRANO, Pedro Estevam Alves Pinto (Coord.). *Autoritarismo líquido e crise constitucional.* Belo Horizonte: Fórum, 2021, p. 145.

[33] SERRANO, Pedro. *Autoritarismo e golpes na América Latina*: breve ensaio sobre jurisdição e exceção. São Paulo: Alameda, 2016, p. 164.

1.2 Premissas para compreensão do autoritarismo

Na clássica conceituação do dicionário de política escrito por Norberto Bobbio,[34] o termo "autoritarismo" representa a profusão de ordens por uma figura de poder sem que haja um fundamento real de autoridade que suporte o ato:

> Num dos seus possíveis significados, o termo autoritarismo designa, na verdade, uma situação na qual as decisões são tomadas de cima, sem a participação ou o consenso dos subordinados. Nesse sentido, é uma manifestação de autoritarismo alegar um direito em favor de um comando que não se apoia na crença dos subordinados; e é uma manifestação de autoritarismo pretender uma obediência incondicional quando os súditos entendem colocar em discussão os conteúdos das ordens recebidas.

Norberto Bobbio, portanto, coloca a legitimidade como fundamento do qual deriva o poder de agir com autoridade, de modo que obediência incondicional devida àquele que detém autoridade ocorre dentro de certos limites.[35]

---

[34] BOBBIO, Norberto; MATTEUCCI, Nicola; PASQUINO, Gianfranco. *Dicionário de política*. Brasília: UNB, 1998, p. 93.

[35] A definição de Bobbio (BOBBIO, Norberto; MATTEUCCI, Nicola; PASQUINO, Gianfranco. *Dicionário de política*. Brasília: UNB, 1998, p. 94) esclarece que o adjetivo "autoritário" e o substantivo "autoritarismo", que dele deriva, empregam-se especificamente em três contextos: a estrutura dos sistemas políticos, as disposições psicológicas a respeito do poder e as ideologias políticas. Na tipologia dos sistemas políticos, são chamados de autoritários os regimes que privilegiam a autoridade governamental e diminuem de forma mais ou menos radical o consenso,

CAPÍTULO I – AUTORITARISMO E ESTADO DE EXCEÇÃO

Vale acrescer às descrições de Bobbio a advertência de Hannah Arendt de que é falso compreender que tudo aquilo que faz as pessoas obedecerem gera autoridade, a concluir que violência ou persuasão, nestes termos, não se confundem com autoridade.[36]

Para uma abordagem alinhada a aspectos sociais, o conceito de autoritarismo apresentado por Florestan Fernandes revela a ambiguidade do termo, que vai da exorbitância da autoridade até uma versão tirânica que desemboca em regimes de exceção. O autor descreve em sua obra *Apontamentos sobre a teoria do autoritarismo* que, com o aparecimento das ciências sociais, o termo "autoritarismo" tornou-se corrente na psicologia, na sociologia e nos tratadistas de Direito, sobretudo em duas linhas de compreensão, que são a abordagem dos aspectos sociopáticos da autoridade constituída e as formulações quanto à irracionalidade do comportamento humano na época do liberalismo. Assevera, por derradeiro, que o autoritarismo tem de pior "uma espécie de perversão lógica, pois está vinculado ao ataque liberal aos 'abusos do poder' do Estado e à crítica neokantiana da 'exorbitância da autoridade'".[37]

Assim, caminhar da autoridade ao autoritarismo é abusar de um poder de autoridade ou desviar do poder legítimo, ou mesmo pretender obediência quando não se detém poder legítimo. Nesse sentido, Christiano Fragoso[38] expressa bem a proposição ao asseverar

---

concentrando o poder político nas mãos de uma só pessoa ou de um só órgão e colocando em posição secundária as instituições representativas.

[36] Afirma a autora que "a autoridade exclui a utilização de meios externos de coerção; onde a força é usada, a autoridade em si mesmo fracassou. A autoridade, por outro lado, é incompatível com a persuasão, a qual pressupõe igualdade e opera mediante um processo de argumentação" (ARENDT, Hannah. *Entre o passado e o futuro*. Trad. Mauro Barbosa. São Paulo: Perspectiva, 2016, p. 129).

[37] FERNANDES, Florestan. *Apontamentos sobre a teoria do autoritarismo*. São Paulo: Expressão Popular, 2019, p. 39.

[38] FRAGOSO, Christiano Falk. *Autoritarismo e sistema penal*. Rio de Janeiro: Lumen Juris, 2015, p. 63.

que o autoritarismo, como exercício irregular de poder legítimo ou como exercício de poder ilegítimo, deflui lógica e diretamente do conceito de autoridade como poder legítimo. Em termos básicos, porém precisos, autoritarismo constitui sempre um abuso de autoridade, uma perversão da autoridade.

A acepção de autoritarismo pode ser complementada com o detalhamento de Pedro Serrano,[39] ao descrever que a relação autoritária do Estado para com os indivíduos

> se dá por meio da suspensão de direitos humanos e fundamentais e pelo estabelecimento de uma espécie de soberania bruta, em que a vontade do soberano se impõe ao cidadão – algo semelhante à estrutura do império absolutista.

É neste sentido, precisamente, a sobreposição do poder político ao Direito.

Nas palavras de Luis Manuel Fonseca Pires,[40] o autoritarismo substanciado na subversão do Direito pela lógica do sistema político é constatado como autoritarismo na forma de estados de exceção. Assevera o autor que se denomina estado de exceção os "regimes autoritários nos quais a vontade política se sobrepôs ao Direito, e por esta predominância do campo jurídico é que estado de exceção é uma forma político jurídica de autoritarismo".

É imperioso recordar que o século XX foi marcado por governos de exceção que suspenderam o ornamento jurídico sob o pretexto de combater inimigos internos, especialmente a figura do comunista. Esses governos tinham como traço comum a sustentação na busca

---

[39] SERRANO, Pedro. "Estado de exceção e autoritarismo líquido na América Latina". *Poliética – Revista de Ética e Filosofia Política*, vol. 8, nº 1, 2020, p. 120.

[40] PIRES, Luis Manuel Fonseca. *Estados de exceção*: a usurpação da soberania popular. São Paulo: Contracorrente, 2021, p. 130.

CAPÍTULO I – AUTORITARISMO E ESTADO DE EXCEÇÃO

por lideranças carismáticas com amplo apoio social, constituindo-se por meio da criação voluntária de estados de emergência pelo qual se argumentava a suspensão da ordem jurídica provisoriamente, mas que na prática visavam a um prolongamento perene, para que o representante ou representantes do poder executivo pudessem impor seus atos de governo e vontade política sem a limitação oriunda do ordenamento legal ou escrutínio do sistema de justiça.

Os governos autoritários do século XX possuíam características que permitem agrupá-los, conforme discorre Fernando Lacerda,[41] a partir do destaque de três elementos: "(i) a concentração de poderes no chefe do executivo, (ii) a suspensão dos direitos fundamentais e (iii) o discurso de provisoriedade que justificaria tal suspensão e não a extinção do ordenamento jurídico então vigente". A presença de tais elementos define as ditaduras características do século XX como arquétipo da concepção clássica do estado de exceção e manifestação do autoritarismo que pretende romper com a legalidade do Estado de Direito.

O autoritarismo caracterizado como estado de exceção, todavia, não é a única forma de deturpação do campo político identificada com o enfraquecimento da democracia. Embora, a forma político-jurídica de autoritarismo seja a caracterização do fenômeno que será abordada ao longo deste estudo, faz-se oportuna uma breve exposição a respeito das diversas dimensões que o autoritarismo assume na estrutura política.

Antes, porém, é necessário afirmar conceitos que circundam a análise política dos institutos, distinguindo-se espécies de ditadura,

---

[41] LACERDA, Fernando. "Sistema penal e autoritarismo na contemporaneidade". *In*: MAGANE, Renata Possi *et al. Democracia e crise*: um olhar interdisciplinar na construção de perspectivas para o Estado brasileiro. São Paulo: Autonomia Literária, 2020, p. 93.

como espécies de governo autoritários com elementos de tirania[42] e despotismo, os quais, em concordância com a perspectiva de Franz Neumann,[43] esbarram na imprecisão de seus significantes. Incorre a ditadura, historicamente, em subtipos com características marcantes; a ditadura simples caracterizada pelo objetivo de monopolização do poder político pelo ditador, que pretende exercer o seu poder somente por meio do controle absoluto de meios de autoridade tradicionais, como o exercício, a polícia, a burocracia e o judiciário; a ditadura cesarista, pela qual o ditador se sente compelido a obter apoio popular para ascensão e exercício do poder; e a ditadura totalitária, correspondente ao governo autoritário que controla a educação, os meios de comunicação e as instituições econômicas, a fim de engrenar toda a sociedade e a vida privada do cidadão ao sistema de dominação política.

---

[42] Aliás, como aduz Newton Bignotto (cf. BIGNOTTO, Newton. *O tirano e a cidade*. São Paulo: Edições 70, 2020, p. 19), é improvável que conceitos tais como a democracia e tirania guardem a mesma significação e sejam suficientemente claros para que sejam empregados da mesma maneira ao longo de tantos séculos. A aproximação entre traços da tirania observada na Grécia antiga e as práticas de governantes contemporâneos, todavia, é possível no "fato de quererem se identificar diretamente ao legislador como fonte de interpretação e origem de todo aparato legal. Cientes muitas vezes de que para preservar o poder adquirido pela força, ou mesmo por caminhos legais, precisam mudar a organização das cidades, eles transformam a vontade pessoal em fundamento da legalidade e assim inventam códigos que lhe são inteiramente submissos. O que acreditam ser a sua verdade passa a ser o parâmetro para o julgamento de seus adversários e da maneira como todos devem viver. Com isso dedicam a atacar a Constituição e a mudá-la no sentido de seus desejos" (BIGNOTTO, Newton. *O tirano e a cidade*. São Paulo: Edições 70, 2020, p. 13).

[43] NEUMANN, Franz. *Estado democrático e estado autoritário*. Trad. Luiz Corção. Rio de Janeiro: Zahar, 1969, p. 259.

CAPÍTULO I – AUTORITARISMO E ESTADO DE EXCEÇÃO

1.3 Formas políticas do autoritarismo

A partir do século XX ocorreu o levante de diversos regimes autoritários alcançados por formas variadas. Os caminhos ao totalitarismo, ditaduras ou outras espécies de regimes autoritários, conforme afirma Pires,[44] são caminhos paralelos e que podem até ser trilhados simultaneamente. Cada uma destas trilhas enfatiza um aspecto da vida política, sendo o populismo uma forma político-social de autoritarismo, o neoliberalismo uma forma político-econômica de autoritarismo; e os estados de exceção a forma político-jurídica de autoritarismo.

1.3.1 Populismo

O populismo é compreendido como uma forma de autoritarismo ligada à personificação da soberania. Está presente no aspecto da caracterização de um líder que encarna a voz do povo ilusoriamente, como se a nação estivesse encarnada no líder político. O populista, contudo, reivindica a representação exclusiva do povo que o apoia, identificando o outro como elite corrupta.

A significação do populismo como vertente político-social do autoritarismo se constitui no uso de medidas de governo que sejam populares com o intuito de ganhar a simpatia do povo, focando na obtenção de votos para que o líder populista alcance ou se perpetue no poder. Nesse sentido, a técnica do populista não significa necessariamente ir diretamente contra a democracia, mas pode assumir um caráter reacionário[45] ou radical e, então, subverter o sistema

---

[44] PIRES, Luis Manuel Fonseca. *Estados de exceção*: a usurpação da soberania popular. São Paulo: Contracorrente, 2021, p. 69.

[45] A ideologia reacionária nesse contexto está relacionada à reação aos ideais da Revolução Francesa. Reacionários são antimodernos que perseguem a utopia medievalista de uma comunidade dominada por sacerdotes, chefes de família e suas milícias. Não creem em valores universais nem em relativismo de valores, mas na hierarquia natural de

democrático alcançando traços autoritários. Na formulação de Christian Lynch e Paulo Cassimiro o populista radical se apresenta como um herói antissistema, por isso

Ele está menos preocupado em governar o país forjando consensos em torno de projetos institucionais do que em explorar, por via da polarização, o mal-estar gerado por aqueles problemas que tornaram possível sua projeção na cena política. Cria deliberadamente conflitos para jogar uma parte do país, "o povo", contra seus inimigos, acusados de ser uma espécie de "antipovo", composto por todos aqueles cidadãos que não se identificam com a ideia de povo veiculada pelo populista, limitada e restrita do ponto de vista histórico, territorial ou cultural.[46]

O populismo se vale de discursos de crises políticas e econômicas para apresentar uma liderança que seria capaz de restaurar a ordem e reparar o mal causado pelos inimigos que alardeou. Na lógica populista, o eleitor é convocado para uma quase rebelião contra o sistema político, em que o líder populista se apresenta como o herói reparador do mal, a quem o povo deve aderir às cegas, servindo este discurso "como forma de se esquivar dos erros e para aprovar medidas autoritárias, sob a falsa justificativa de que seus inimigos buscam destruir o país e impedir o progresso ou a ordem".[47]

---

uma comunidade dividida entre os bons (os fiéis) e os maus (os hereges). Abominam o progresso trazido pela ciência, pela razão e pela laicidade, percebendo o liberalismo político como a antessala do comunismo e do ateísmo (cf. LYNCH, Christian; CASSIMIRO, Paulo Henrique. *O populismo reacionário*: a ascensão e legado do bolsonarismo. São Paulo: Contracorrente, 2022, p. 116).

[46] LYNCH, Christian; CASSIMIRO, Paulo Henrique. *O populismo reacionário*: a ascensão e legado do bolsonarismo. São Paulo: Contracorrente, 2022, p. 19.

[47] ANDRADE, André Lozano. *Populismo penal*: comunicação, manipulação política e democracia. São Paulo: D'Plácido, 2021, p. 137.

CAPÍTULO I – AUTORITARISMO E ESTADO DE EXCEÇÃO

O líder populista, parte da premissa de que é a personificação da soberania, ao menos parte dela, o que significa que precisa mobilizar o ódio para aniquilar, "purificar" a sociedade, combater todos aquele que, em sua estreita ótica, não deveria fazer parte do povo, do "seu povo".[48] A oposição ao populista é acusada de agir contra os desejos do povo, ao passo que esta forma de autoritarismo reivindica uma moral exclusiva que não suporta a diversidade, a pluralidade e as tensões e contradições inerentes à democracia.

É intrigante mencionar que os autores britânicos Roger Eatwell e Matthew Goodwin, em estudo sobre o nacional-populismo, expõem logo em suas primeiras páginas a situação do Brasil, que em 2018 elegeu à presidência Jair Bolsonaro, político de destaque exemplar ao momento autoritário mundial, que soma a uma maré crescente de ideais hostis às minorias, aos imigrantes e aos direitos de matriz liberal. Enfatizam, então, que "assim como muitos liberais viram seus valores refletidos na notável ascensão de Barack Obama nos EUA e Emmanuel Macron na França, muitos outros na sociedade veem seus valores refletidos no nacional-populismo".[49] Essa parcela da sociedade atraída pelo populista sente que promessas de priorizar interesses tradicionais de uma almejada nação homogênea lhes dá voz a mais do que expressar suas opiniões, mas a propagar ideais e modos de agir beligerantes, que muitas vezes se manifestam na órbita de discursos de ódio.[50]

---

[48] PIRES, Luis Manuel Fonseca. *Estados de exceção*: a usurpação da soberania popular. São Paulo: Contracorrente, 2021, p. 71.

[49] EATWELL, Roger; GOODWIN, Matthew. *Nacional-populismo*: a revolta contra a democracia liberal. Trad. Alessandra Bonrruquer. 2ª ed. Rio de Janeiro: Record, 2020, p. 31.

[50] "No Brasil, a última crise financeira foi somente um dos fatores que levaram ao poder o outsider político Bolsonaro, que só recentemente se filiaria ao Partido Social Liberal, em um país no qual há corrupção disseminada entre os principais partidos e a taxa de homicídios é muito mais elevada que nos EUA. Muitos de seus apoiadores também foram motivados pela economia liberal e por preocupações sociais de direita, como a hostilidade ao feminismo e aos direitos LGBT, que

Prosseguem os autores referidos em sua abordagem sobre o Brasil, atribuindo ao país uma frágil tradição democrática ao afirmar que "muitos comentadores viram a ascensão de políticos como Bolsonaro como sinal de que os apoiadores desejam uma liderança autoritária ou mesmo um governo militar",[51] o que significa a mitigação de direitos civis em favor de pretensa segurança, ou, na expressão dos autores, uma revolta contra a democracia liberal. De forma similar, na Europa:

> A narrativa dos nacional-populistas foca menos nos detalhes políticos e muito mais em alegações sobre o declínio e a destruição nacional, que eles ligam não somente à imigração e à mudança étnica, mas também ao que veem como incompatibilidade cultural com muçulmanos e refugiados. Também culpam uma classe política estabelecida que conspira com os capitalistas para colocar o lucro antes das pessoas, encorajando infindáveis fluxos de trabalhadores com pouca ou nenhuma qualificação para satisfazer o sistema econômico neoliberal e "trair" a nação (na Europa Oriental, movimentos mais extremos associam essas mudanças aos judeus). Trata-se primeiramente de uma narrativa enraizada no medo da destruição.[52]

---

frequentemente foram associadas à defesa do tradicionalismo cristão. Mesmo sendo deputado federal desde a década de 1990, muitos viram Bolsonaro como uma nova esperança, um salvador nacional. Ele parecia divorciado da corrupção endêmica do país, demonstrada pouco antes pela Operação Lava Jato, que fizera acusações contra empresários e políticos de destaque" (EATWELL, Roger; GOODWIN, Matthew. *Nacional-populismo*: a revolta contra a democracia liberal. Trad. Alessandra Bonrruquer. 2ª ed. Rio de Janeiro: Record, 2020, pp. 36/37).

[51] EATWELL, Roger; GOODWIN, Matthew. *Nacional-populismo*: a revolta contra a democracia liberal. Trad. Alessandra Bonrruquer. 2ª ed. Rio de Janeiro: Record, 2020, p. 33.

[52] EATWELL, Roger; GOODWIN, Matthew. *Nacional-populismo*: a revolta contra a democracia liberal. Trad. Alessandra Bonrruquer. 2ª ed. Rio de Janeiro: Record, 2020, p. 65.

CAPÍTULO I – AUTORITARISMO E ESTADO DE EXCEÇÃO

Políticos de viés populista, neste sentido, são aqueles cujo desenvolvimento se dá partir de um raciocínio autocrático e, nesta toada, de busca de poder ilimitado para se opor a um inimigo ou uma ideologia, apelando para o medo e sentimentos nacionalistas. É populista o governo que fomenta seu "modo de ver a democracia constitucional como meramente instrumental aos seus objetivos e, em caso de confronto com seus desejos autoritários, é a democracia constitucional que deve ser reduzida para abrir caminho", tal como escreve Luiz Conci,[53] revelando o populismo como uma disfunção da democracia em um líder que admite o desmantelamento das regras democráticas para seu ganho político.

É importante distinguir que governantes populistas não devem ser confundidos com governos populares, eis que o populismo é um modo de fazer política que não diz respeito ao uso de mecanismos de distribuição de renda, ao discurso agressivo ou a carisma pessoal.[54] Populistas como Donald Trump, nos EUA, Marine Le Pen, na França, Viktor Orbán, na Hungria, e Jair Bolsonaro, no Brasil, são diferentes de líderes simplesmente carismáticos,[55] como Barack Obama e Luís Inácio Lula da Silva, porquanto estes últimos, ainda que passíveis de críticas por políticas controversas ou que pavimentaram o caminho para o desenvolvimento do autoritarismo contemporâneo,

---

[53] CONCI, Luiz Guilherme Arcaro. *Democracia Constitucional e populismos na América Latina*. São Paulo: Contracorrente, 2023, p. 229.

[54] CONCI, Luiz Guilherme Arcaro. *Democracia Constitucional e populismos na América Latina*. São Paulo: Contracorrente, 2023, p. 23.

[55] Ou, na formulação de Christian Lynch e Paulo Cassimiro, populistas moderados. Na modalidade moderada, o populismo não confronta a democracia e pode mesmo fortalecê-la. "A experiência histórica demonstra que, em sociedades em processo de democratização, o estilo populista frequentemente desempenha papeis positivos quando rompe o padrão oligárquico da política e favorece a ampliação do espaço público e da participação" (LYNCH, Christian; CASSIMIRO, Paulo Henrique. *O populismo reacionário*: a ascensão e legado do bolsonarismo. São Paulo: Contracorrente, 2022, p. 18).

não conduziram atos de governo direcionados a ofender valores democráticos ou ameaçar o Estado de Direito.

A lógica do sistema democrático é a de que se deve respeitar o voto da maioria no que concerne à escolha dos eleitos, mas também devem ser respeitadas as liberdades, direitos, garantias, dignidade e opiniões das minorias. A vontade do povo não é homogênea, mas fragmentada pela diversidade dos grupos sociais que compõe o povo, de modo que políticos que levam em consideração apenas a suposta vontade daqueles que o elegeram confundem democracia com ditadura da maioria.[56]

A interpretação do líder populista que se entende como a corporificada vontade do povo gera potenciais perigos à democracia, isto porque o populista está inserido em um cenário de desacordo com eleições livres e justas, que o impeçam de passar por cima da lei ou até da vontade popular na hipótese de se tornarem impopulares.

> Os populistas afirmam ser a verdadeira voz do povo. Acham que toda resistência a seu governo é ilegítima. E desse modo, com triste frequência, costumam ceder à tentação de silenciar a oposição e destruir os centros de poder rivais. É impossível compreender sua natureza sem admitir a energia democrática que os move – e, contudo, também é impossível estimar o estrago que são capazes de causar sem admitir com que rapidez essa energia pode se voltar contra o povo. A menos que os defensores da democracia liberal consigam se erguer contra

---

[56] Nesse sentido, as instituições contramajoritárias, como tribunais constitucionais, têm um histórico venerável de proteção dos direitos individuais, pois é por meio deles que, muitas vezes, o respeito aos direitos das minorias é garantido. A aparência de Democracia que se dá a supressão dos direitos dessas minorias, por meio da utilização da suposta vontade popular, abre caminho para relativização de direitos e garantias de outros grupos, bem como outros ataques a instituições que fortalecem a Democracia (ANDRADE, André Lozano. *Populismo penal*: comunicação, manipulação política e democracia. São Paulo: D'Plácido, 2021, p. 142).

CAPÍTULO I – AUTORITARISMO E ESTADO DE EXCEÇÃO

os populistas, a democracia iliberal sempre corre o risco de degringolar numa perfeita ditadura.[57]

Nesta toada, o líder populista é também um líder autoritário, na possibilidade de utilizar sua popularidade para submeter os Poderes Executivo, Legislativo e Judiciário às suas vontades, surgindo como um enfraquecimento das instituições democráticas.

1.3.2 Neoliberalismo

A forma político-econômica do autoritarismo se apresenta sob a caracterização do neoliberalismo, sintetizado como um Estado de Direito em que o mercado não é um dado natural, mas uma atividade econômica construída que requer a intervenção ativa do Estado para estimular a máxima concorrência e a ideia de empresa como modelo de subjetivação. Este último elemento corresponde à orientação neoliberal de que

> cada indivíduo deve identificar-se e posicionar-se como se fosse uma empresa, um empreendedor, mesmo que na realidade haja uma distinção evidente de quem detém a titularidade do meio de produção e quem oferece a força de trabalho.[58]

O neoliberalismo é, em primeiro lugar, uma racionalidade pela qual se pretende organizar a um só tempo a atuação dos governantes e a conduta dos próprios governados. Nesse sentido, Pierre Dardot e Christian Laval[59] afirmam que o que está em jogo neste cenário é

---

[57] MOUNK, Yasha. *O povo contra a Democracia*: por que nossa liberdade corre perigo e como salvá-la. Trad. Cássio de Arantes Leite. São Paulo: Companhia das Letras, 2019, p. 73.

[58] PIRES, Luis Manuel Fonseca. *Estados de exceção*: a usurpação da soberania popular. São Paulo: Contracorrente, 2021, p. 91.

[59] DARDOT, Pierre; LAVAL, Christian. *A nova razão do mundo*: ensaio sobre a sociedade neoliberal. Trad. Mariana Echalar. São Paulo: Boitempo, 2016, p. 16.

a forma de nossa existência: "o neoliberalismo não destrói apenas regras, instituições, direitos. Ele também produz certos tipos de relações sociais, certas maneiras de viver, certas subjetividades".[60]

No neoliberalismo, o sujeito abandona a condição de proprietário de direitos.[61] Corresponde assim a um regime de governo em que repousa sobre o sujeito individualizado um ideário de autonomia econômica, jurídica, política e simbólica. Ideário que é avesso à prestação de direitos sociais e se opõe ao Estado de bem-estar social, pois este persegue valores democráticos e universalizantes alinhados a princípios de solidariedade. De fato, como pondera Paul Singer:[62]

> O neoliberalismo é umbilicalmente contrário ao estado de bem-estar, porque seus valores individualistas são incompatíveis

---

[60] Os autores prosseguem a retratar o horrífico quadro da sociedade sob a influência do neoliberalismo, asseverando que esta define certa norma de vida nas sociedades ocidentais e, para além dela, em todas as sociedades que as seguem no caminho da "modernidade". Essa norma impõe a cada um que se viva num universo de competição generalizada, intima os assalariados e as populações a entrar em luta econômica uns contra os outros, ordena as relações sociais segundo o modelo do mercado, obriga a justificar desigualdades cada vez mais profundas, muda até o indivíduo, que é instado a conceber a si mesmo e a comportar-se como uma empresa (DARDOT, Pierre; LAVAL, Christian. *A nova razão do mundo*: ensaio sobre a sociedade neoliberal. Trad. Mariana Echalar. São Paulo: Boitempo, 2016, p. 16).

[61] A organização da sociedade neoliberal pretende estabelecer o dissenso, há uma "moralidade" do individualismo se sobrepondo à ação coletiva, a busca dos próprios interesses segundo "decisões racionais com vistas a fins" vulnera a solidariedade, a lealdade e a fidelidade, na explicação de Marcio Pugliesi (cf. PUGLIESI, Márcio. *Filosofia e Direito*: uma abordagem sistêmico-construcionista. São Paulo: Aquariana, 2021, p. 368), que ilustra o estilo de vida neoliberal pela explicação, dizendo que "basta pensar na expressão popular: farinha pouca, meu pirão primeiro – para compreender a virulência do egoísmo para efeito da organização social".

[62] SINGER, Paul. "A cidadania para todos". *In*: PINSKY, Jaime; PINSKY, Carla Bassaneli (Coord.). *A história da cidadania*. São Paulo: Contexto, 2003, p. 254.

CAPÍTULO I – AUTORITARISMO E ESTADO DE EXCEÇÃO

com a própria noção de direitos sociais, ou seja, direitos que não são do homem como cidadão, mas de categorias sociais, e que se destinam a desfazer o veredicto dos mercados, amparando os perdedores com recursos públicos, captados em grande medida por impostos que gravam os ganhadores.

A democracia tomada pela ideologia neoliberal, conforme explica Boaventura de Sousa Santos,[63] "dá total primazia ao mercado dos valores econômico e, por isso, o mercado dos valores políticos tem de funcionar como se fosse um mercado de ativos econômicos", daí a democracia torna-se fictícia, pois é reduzida às intenções de grupos detentores de recursos econômicos. É a característica marcante da democracia neoliberal, no entender do referido professor, a circunstância de que:

> Mesmo no domínio das ideologias e das convicções políticas, tudo se compra e tudo se vende. Daí a corrupção endêmica do sistema político, corrupção não só funcional, como necessária. A democracia, enquanto gramática social e acordo de convivência cidadã, desaparece para dar lugar à democracia instrumental, a democracia tolerada enquanto serve aos interesses de quem tem poder econômico e social para tanto.[64]

Desde o momento em que o capitalismo começa a regular a democracia, o Estado Democrático de Direito começa a se desconfigurar. A lógica do neoliberalismo toma de assalto o ideal do Estado assegurador de políticas sociais, passando a ser reconhecida só uma liberdade, de acordo com Boaventura de Sousa Santos,[65] a liberdade

---

[63] SANTOS, Boaventura de Sousa. *A difícil democracia*: reinventar as esquerdas. São Paulo: Boitempo, 2016, p. 22.

[64] SANTOS, Boaventura de Sousa. *A difícil democracia*: reinventar as esquerdas. São Paulo: Boitempo, 2016, p. 22.

[65] SANTOS, Boaventura de Sousa. "Da expansão judicial à decadência de um modelo de justiça". *In*: SOUSA JUNIOR, José Geraldo de *et al.* (Coord.). *O Direito achado na rua*: introdução crítica ao direito como

econômica. Quando as liberdades e valores democráticos destinados à proteção social se chocam com a liberdade econômica, as liberdades políticas e sociais são subjugadas – e é aí que o neoliberalismo se torna incompatível com a democracia.

Na mesma linha, Rafael Valim aponta uma relevante conexão entre a democracia sob a sombra do neoliberalismo e o autoritarismo para o qual conduz ao considerar a noção de autoridade na proporção daquele que decide sobre o estado de exceção, o autor questiona quem é o verdadeiro soberano no Estado marcado pela mercantilização da existência. Ora, "quem decide sobre a exceção atualmente é o 'mercado', em nome de uma elite invisível e ilocalizável; é dizer, 'o soberano na contemporaneidade é o mercado'".[66]

1.3.3 Estado de exceção

Em princípio, ao tratar sobre o aspecto do autoritarismo político-jurídico, que se apresenta sob a forma de estado de exceção, é imprescindível fixar que não se pode confundi-lo com medidas jurídicas excepcionais autorizadas pelo ordenamento jurídico, tais como o estado de sítio e estado de defesa, previstos na Constituição Federal de 1988 (CF/88).[67] O estado de exceção corresponde a algo

---

liberdade. vol. 10. Brasília: Editora Universidade de Brasília, 2021, p. 57.

[66] VALIM, Rafael. *Estado de exceção*: a forma jurídica do neoliberalismo. São Paulo: Contracorrente, 2017, p. 33.

[67] A respeito, Carl Schmitt esclarece em suas elaborações sobre o estado de exceção que "deve-se entender, sob estado de exceção um conceito geral da teoria do Estado, mas não qualquer ordem de necessidade ou estado de sítio" e "nem toda competência extraordinária, nem toda medida de polícia no caso de necessidade ou decreto-lei considera-se estado de exceção" (SCHMITT, Carl. *Teologia política*. Trad. Elisete Antoniuk. Belo Horizonte: Del Rey, 2006, pp. 7 e 12).

CAPÍTULO I – AUTORITARISMO E ESTADO DE EXCEÇÃO

em si fora do Direito, em que o Direito é suspenso e prevalece a decisão do soberano.[68]

O estado de exceção aplicado à lógica do Estado de Direito corresponde à suspensão da ordem jurídica vigente, comumente na história manejada sob a justificativa da necessidade de reestabelecimento da normalidade. Porém, conforme alerta Pedro Serrano,[69] o caráter provisório que deveria marcar a exceção se desvirtua com a criação voluntária de um Estado de emergência permanente, que permite um agir soberano, em que a decisão se torna superior à norma jurídica.

O estado de exceção, enquanto espécie do autoritarismo político-jurídico, surge tradicionalmente na anomia, portanto, na ausência de norma. Corresponde à permanência de um poder político superior às estruturas jurídicas, na hipótese em que o detentor deste poder, investido de soberania, coloca-se acima dos direitos e detém a capacidade de suspender tais direitos, dizendo quando a Constituição se aplica e quando não se aplica.

Carl Schmitt construiu sua teoria acerca do estado de exceção por meio da figura da ditadura, o que propriamente se compreende, como aponta Giorgio Agamben,[70] enquanto estado de exceção, à medida que se apresenta como uma suspensão do Direito. De acordo com o referido jurista alemão, Carl Schmitt,[71] em icônica descrição do assunto na abertura de Teologia política, o "soberano é quem decide sobre o estado de exceção", prosseguindo a explicar que o

---

[68] VALIM, Rafael. *Estado de exceção*: a forma jurídica do neoliberalismo. São Paulo: Contracorrente, 2017, p. 33.

[69] SERRANO, Pedro. *Autoritarismo e golpes na América Latina*: breve ensaio sobre jurisdição e exceção. São Paulo: Alameda, 2016, p. 24.

[70] AGAMBEN, Giorgio. *Estado de exceção*: Homo sacer, II. Trad. Iraci Poleti. 2ª ed. São Paulo: Boitempo, 2004, p. 53.

[71] SCHMITT, Carl. *Teologia política*. Trad. Elisete Antoniuk. Belo Horizonte: Del Rey, 2006, p. 7.

soberano se coloca fora da ordem jurídica normalmente vigente, porém a ela pertence, pois ele é competente para a decisão sobre se a Constituição pode ser suspensa em parte ou mesmo no todo. Nesta toada, o estado de exceção, conforme Schmitt[72] constata, é algo diferente da anarquia e do caos, subsistindo uma ordem, mesmo que não uma ordem jurídica, eis que a decisão do soberano "liberta-se de qualquer vínculo normativo e torna-se absoluta em sentido real. Em estado de exceção, o Estado suspende o Direito por fazer jus à autoconservação".

Explica Gilberto Bercovici[73] quanto ao pensamento de Schmitt que, para este teórico, a soberania era a afirmação da ordem e, ao mesmo tempo, a sua negação. Deste modo, definir a soberania como decisão sobre o estado de exceção significa dizer que o ordenamento está à disposição de quem decide, isto é, tem a prerrogativa de utilizar o seu poder para suspender a validade do direito e, assim, coloca-se legalmente fora da lei.

Por sua vez, Giorgio Agamben[74] inicia sua obra sobre estado de exceção referindo-se ao seu objeto de estudo como "terra de ninguém, entre o Direito público e o fato político e entre a ordem jurídica e a vida" e como "um patamar de indeterminação entre democracia e absolutismo". O autor italiano afirma que o estado de exceção "é espaço anômico, onde o que está em jogo é uma força de lei sem lei",[75] no qual se constata "a abertura de um espaço em

---

[72] SCHMITT, Carl. *Teologia política*. Trad. Elisete Antoniuk. Belo Horizonte: Del Rey, 2006, p. 13.

[73] BERCOVICI, Gilberto. *Constituição e estado de exceção permanente*. Rio de Janeiro: Azougue Editorial, 2004, p. 66.

[74] AGAMBEN, Giorgio. *Estado de exceção*: Homo sacer, II. Trad. Iraci Poleti. 2ª ed. São Paulo: Boitempo, 2004, pp. 12/13.

[75] AGAMBEN, Giorgio. *Estado de exceção*: Homo sacer, II. Trad. Iraci Poleti. 2ª ed. São Paulo: Boitempo, 2004, p. 61.

CAPÍTULO I – AUTORITARISMO E ESTADO DE EXCEÇÃO

que aplicação e norma mostram sua separação".[76] Prossegue o autor para fixar que:

> O estado de exceção não é nem exterior nem interior ao ordenamento jurídico e o problema de sua definição diz respeito a um patamar, ou a uma zona de indiferença, em que dentro e fora não se excluem, mas se indeterminam. A suspensão da norma não significa sua abolição e a zona de anomia por ela instaurada não é (ou, pelo menos, não pretende ser) destituída de relação com a ordem jurídica.[77]

No Brasil, conforme vislumbra Edson Teles,[78] "há uma identificação quase automática entre estado de exceção e ditadura militar". Certo de que o golpe militar de 1964 instituiu um estado de exceção no Brasil, isto não significa que a redemocratização inviabiliza a presença de traços de estado de exceção. Pelo contrário, o referido autor prossegue para advertir que "resta algo da ditadura em nossa democracia que surge na forma do estado de exceção e expõe uma indistinção entre o democrático e o autoritário no Estado de Direito".[79]

---

[76] AGAMBEN, Giorgio. *Estado de exceção*: Homo sacer, II. Trad. Iraci Poleti. 2ª ed. São Paulo: Boitempo, 2004, p. 63.

[77] AGAMBEN, Giorgio. *Estado de exceção*: Homo sacer, II. Trad. Iraci Poleti. 2ª ed. São Paulo: Boitempo, 2004, p. 39.

[78] TELES, Edson. "Entre justiça e violência: estado de exceção nas democracias do Brasil e da África do Sul". *In*: TELES, Edson; SAFATLE, Vladimir (Coord.). *O que resta da ditadura*: a exceção brasileira. São Paulo: Boitempo, 2010, p. 307.

[79] Teles prossegue ilustrando o que denominar-se-á medida de exceção pela Lei de Anistia brasileira, que anistiou os opressores junto aos oprimidos: "A violência originária de determinado contexto político mantém-se seja nos atos ignóbeis de tortura ainda praticados nas delegacias, seja na suspensão dos atos de justiça contida no simbolismo da anistia, aceita pelas instituições do Estado como recíproca, agindo em favor das vítimas e dos opositores, bem como dos torturadores" (TELES, Edson. "Entre justiça e violência: estado de exceção nas democracias do Brasil e da África do Sul". *In*: TELES, Edson; SAFATLE, Vladimir (Coord.).

Ademais, em concordância à proposição de Giorgio Agamben,[80] a exceção não necessariamente equivale à ditadura, mas corresponde a um espaço vazio de Direito, uma zona de anomia em que todas as determinações jurídicas estão desativadas. No entendimento do autor, a existência da exceção confirma o âmbito de validade das regras cotidianas na situação de normalidade, conquanto os atos cometidos durante a exceção residem em um não lugar em referência ao Direito, uma indefinibilidade que confere à suspensão de leis a partir de uma força que se assemelha à lei, mas

> é como se a suspensão da lei liberasse uma força ou um elemento místico, uma espécie de mana jurídico, de que tanto o poder quanto seus adversário, tanto o poder constituído quanto o poder constituinte tentam apropriar-se.[81]

1.3.4 Legalidade extraordinária como realização do Estado Constitucional

Há, ainda, uma distinção relevante para distinguir atos políticos que podem ser considerados expressão de formas do autoritarismo daqueles que não o são. Distinção que se constata pela abordagem de medidas que, embora à primeira vista restrinjam direitos individuais representam, na realidade, a realização de funções do Estado Constitucional e, portanto, constituem medidas que não se identificam com a degeneração do Direito ou com atos de governo autoritários.

É a hipótese da legalidade extraordinária, em referência a situações em que se torna necessária e oportuna a deliberação política e

---

O *que resta da ditadura*: a exceção brasileira. São Paulo: Boitempo, 2010, p. 316).

[80] AGAMBEN, Giorgio. *Estado de exceção*: Homo sacer, II. Trad. Iraci Poleti. 2ª ed. São Paulo: Boitempo, 2004.

[81] AGAMBEN, Giorgio. *Estado de exceção*: Homo sacer, II. Trad. Iraci Poleti. 2ª ed. São Paulo: Boitempo, 2004, p. 79.

CAPÍTULO I – AUTORITARISMO E ESTADO DE EXCEÇÃO

a implementação dessas decisões em momentos de enfrentamento de circunstâncias de gravidade singular, como uma calamidade pública.

A ampliação de poderes do Estado para que seja possível atravessar uma situação de emergência é próprio da dinâmica do constitucionalismo democrático, podendo inclusive restringir parcialmente determinados direitos para atender a exigências momentâneas afim de salvaguardar outros direitos fundamentais, desde que tais medidas não sejam lastreadas em ações arbitrárias de persecução de inimigos ou suspensão de direitos por motivos políticos e disputa por poder, o que apontaria para uma formulação de exceção ao Estado de Direito.

A legalidade extraordinária é um remédio cuja exercício está adstrito a uma atividade que atende a interesse público e que se realiza pela interpretação dos fins do Estado e a escolha de meios adequados para lidar com situações extremas, mas cuja adoção se faz em respeito à lógica da democracia constitucional. Nesse sentido:

> A legalidade extraordinária está diretamente relacionada à preservação da ordem constitucional do Estado, uma vez que a excepcionalidade demanda mecanismos específicos preservadores dos direitos fundamentais e das instituições democráticas e, numa escala mais ampla, do próprio Estado.[82]

A legalidade extraordinária é assemelhada ao estado de necessidade, que corresponde à previsão normativo constitucional de medidas necessárias para a defesa da própria Constituição em situações de anormalidade. Quando a situação emergencial ou calamitosa com a qual se depara o Estado não é enfrentada adequadamente por

---

[82] SERRANO, Pedro Estevam Alves Pinto; BONFIM, Anderson Medeiros; SERRANO, Juliana Salinas. "Legalidade extraordinária e Constituição". *In*: WARDE, Walfrido; VALIM, Rafael *et al. As consequências da COVID-19 no Direito brasileiro*. São Paulo: Contracorrente, 2020, p. 139.

instrumentos comuns, verifica-se oportuna a aplicação de medidas próprias do estado ou direito de necessidade, o que não implica na suspensão da Constituição, mas na adoção, temporária, de um regime extraordinário que está incorporado na normativa constitucional e existe justamente para a invocação em situações de anormalidade.

Lenio Streck complementa a comparação entre mecanismos constitucionais para lidar com situações de emergência ao ponderar que a legalidade extraordinária corresponde à promoção de medidas para lidar com determinadas situações que prescindem da imposição de estado de defesa ou de estado de sítio. Para o autor, na legalidade extraordinária o Estado segue submisso à legislação e deve promover o mínimo possível de restrições, solucionando os problemas que se apresentem com base no ordenamento jurídico em vigor, recordando que restrições a direitos são próprias e comuns das e nas democracias. Liberdades de ir e vir são a todo momento restringidas. Eventos cívicos, desportivos e coisas do gênero fazem com que as pessoas possam ser impedidas de circular por determinados lugares.[83]

A legalidade extraordinária, assim, deve ser compreendida a partir da própria Constituição e de acordo com a sua conformação, correspondendo a uma forma como o Estado Democrático de Direito reage a uma situação emergencial. É diante desta característica que a legalidade extraordinária não se confunde com medidas de exceção, eis que não há ausência ou suspensão de direitos a partir de uma zona de anomia como se dá no contexto do estado de exceção.

Conquanto a imposição de um estado de exceção se circunscreve no campo da anomia e na incorporação de um regime jurídico próprio da dinâmica de guerra no plano interno, com a utilização

---

[83] STRECK, Lenio Luiz. "Lockdown e Estado de Sítio: operar uma unha não exige anestesia geral!" *ConJur*, 2020. Disponível em: https://www.conjur.com.br/2020-mai-11/lenio-streck-operar-unha-nao-exige-anistia-geral/. Acessado em: 12.11.2023.

CAPÍTULO I – AUTORITARISMO E ESTADO DE EXCEÇÃO

de discursos de caracterização de inimigos dos quais se retira a condução humana, perfazendo uma relação autoritária do Estado com os indivíduos por meio da suspensão de direito e imposição da vontade do soberano, a legalidade extraordinária, por seu turno, diferencia-se e afasta das medidas autoritárias típicas do estado de exceção porquanto corresponde a um regime jurídico especial que é integrante do Direito, se estabelecendo para reger uma situação excepcional.

A crise da Covid-19 que afetou a saúde pública do mundo todo é exemplo de situação que recomenda a imposição de atos de governo circunscritos à legalidade extraordinária. Uma pandemia toma a forma de emergência sanitária, um cenário em que o Estado pode avocar poderes com vistas à suspensão de direitos, afastamento de regras procedimentais como as relativas a processo licitatório, e tomada de providências com compromissos orçamentários para que possa agir em defesa do interesse público.

Ao afetar o Brasil, a pandemia resultante do coronavírus permitiu o raciocínio sobre a legalidade extraordinária e a proposição acerca das providências possíveis, dentre o arcabouço legal, que permitissem lidar com a situação de emergência de maneira que, ao tempo que o Estado atue em prol de salvaguardar o direito à vida e à saúde, fossem impostas restrições razoáveis aos demais direitos, bem como restou ampliado o espectro de possibilidades e formas do Estado interferir na realização destes direitos. Retratam o raciocínio sobre as providências necessárias à situação de emergência pandêmica as considerações de Pedro Serrano acerca de medidas eficazes à disposição do Estado para resistir à crise da saúde pública, segundo o qual:

> As medidas mais eficazes e, portanto, legitimadas, em tese, à adoção pelo mecanismo da legalidade extraordinária imposta pela atual pandemia, podem ser classificadas em afastamento de compromissos fiscais e de regras procedimentais, tais como aquelas relativas ao processo licitatório, condicionamentos

sanitários e de saúde pública, limitações à liberdade, ao exercício de atividades econômicas e, ainda, intervenção do Estado na propriedade. Por fim, políticas públicas de subvenções sociais, benefícios fiscais e de acesso ao crédito público a agentes econômicos e alteração de regras trabalhistas foram, exemplificadamente, outras medidas praticadas recentemente em decorrência do estado de legalidade extraordinária.[84]

Diferentemente das formas políticas de autoritarismo, que estão calcadas na promoção de interesses que se distanciam dos preceitos do Estado Democrático de Direito, a legalidade extraordinária é, ao revés das práticas autoritárias, uma técnica de reafirmação da legitimação do exercício do poder. Está a legalidade extraordinária subordinada em seu exercício à obediência e à harmonia com os preceitos constitucionais que condicionam e o conformam as providências excepcionais que devem ser adequadamente elegidas pelo campo político para solucionar a situação emergencial, sempre com base no Direito e atendendo a interesses alinhados a valores democráticos.

1.4 Mito da concretização do Estado Democrático de Direito

O Estado de Direito é produto do constitucionalismo moderno, estando vinculado à existência de uma Constituição que reconheça Direitos Fundamentais. Nasce, assim, com a ideia de governo respaldada nas leis, surgindo a separação dos poderes e o princípio da legalidade.

---

[84] SERRANO, Pedro Estevam Alves Pinto; BONFIM, Anderson Medeiros; SERRANO, Juliana Salinas. "Legalidade extraordinária e Constituição". *In*: WARDE, Walfrido; VALIM, Rafael *et al*. *As consequências da COVID-19 no Direito brasileiro*. São Paulo: Contracorrente, 2020, p. 149.

CAPÍTULO I – AUTORITARISMO E ESTADO DE EXCEÇÃO

Ao inserir a democracia como conceito fundamental do Estado Democrático de Direito, constata-se a formulação de um modelo de política de acordo com o Direito, mas também um Estado instaurado com base em valores sociais, decorrentes da livre manifestação popular, afastando-se de concepção de formalismo meramente legal para acolher princípios de justiça social.[85]

Um Estado de Direito caracterizado pelos valores democráticos é um verdadeiro Estado de Direito e Justiça Social, conforme completa Miguel Reale.[86] Isto porque, na constatação de Claudio José Langroiva Pereira,[87] a inserção do componente democrático ou de soberania popular, como garantia geral dos direitos do ser humano, qualificam o Estado que busca promover justiça social enquanto conserva a legalidade.

É sempre oportuno repetir que a República Federativa do Brasil, a partir da Constituição Federal de 1988, constitui-se sob o modelo de Estado Democrático de Direito. É dizer que o país se identifica com princípios orientadores de soberania popular, cidadania, garantia da dignidade da pessoa humana, reconhece valores sociais do trabalho e da livre iniciativa, acolhendo o pluralismo político e buscando justiça social por meio da liberdade e igualdade.

Ocorre que, diferentemente do que possa parecer, o Estado de Direito nunca foi alcançado de forma plena; "trata-se, na verdade, de um projeto humano e político, uma concepção abstrata que

---

[85] PEREIRA, Cláudio José Langroiva. *Proteção jurídica-penal e direitos universais*: tipo, tipicidade e bem jurídico universal. São Paulo: Quartier Latin, 2008, p. 33.

[86] REALE, Miguel. *O Estado Democrático de Direito e o conflito das ideologias*. São Paulo: Saraiva, 1999, p. 2.

[87] PEREIRA, Cláudio José Langroiva. *Proteção jurídica-penal e direitos universais*: tipo, tipicidade e bem jurídico universal. São Paulo: Quartier Latin, 2008, p. 37.

nunca se realizou completamente em nenhuma sociedade histórica conhecida".[88]

O Estado de Direito não é algo completo ou uma ideia que se realiza pelo Direito positivo, mas, nas palavras de Serrano,[89] "um projeto que apenas se concretizará na medida em que seus valores forem efetivados na vida dos integrantes de toda a sociedade".

Hannah Arendt[90] corrobora este contexto ao levantar como questão a ideia de que a autoridade legítima está ameaçada de desaparecer do mundo moderno. A autora aponta que o próprio termo se tornou enevoado por controvérsia e confusão, afetando inclusive "as sociedades livres", ou seja, os governos que se definem como democráticos.

> No mundo moderno, a autoridade despareceu quase até o ponto de fuga, e isso não menos nos chamados sistemas a sistemas autoritários que no mundo livre, e que a liberdade – isto é, a liberdade de movimento de seres humanos – está sob ameaça em toda parte, mesmo nas sociedades livres.[91]

Essa incompletude do Estado de Direito está baseada na exceção ao Direito em que, por vontade política, suspende-se o Direito pelo afastamento deste sem qualquer racionalidade. A exceção que não permite o desenvolvimento do Estado de Direito não são meras

---

88 SERRANO, Pedro Estevam Alves Pinto; BONFIM, Anderson Medeiros. "Lava-Jato e o princípio da imparcialidade". *In*: STRECK, Lenio Luiz; CARVALHO, Marco Aurélio (Coord.). *O livro das suspeições*: o que fazer quando sabemos que sabemos que Moro era parcial e suspeito? São Paulo: Grupo Prerrogativas, 2020, p. 78.

89 SERRANO, Pedro. *Autoritarismo e golpes na América Latina*: breve ensaio sobre jurisdição e exceção. São Paulo: Alameda, 2016, p. 109.

90 ARENDT, Hannah. *Entre o passado e o futuro*. Trad. Mauro Barbosa. São Paulo: Perspectiva, 2016, p. 127.

91 ARENDT, Hannah. *Entre o passado e o futuro*. Trad. Mauro Barbosa. São Paulo: Perspectiva, 2016, p. 142.

CAPÍTULO I – AUTORITARISMO E ESTADO DE EXCEÇÃO

decisões ou promulgação de leis inconstitucionais; as decisões ou legislações que vão contra algum direito estão abrangidas pelo sistema e são tratadas por vias legais no sistema do Direito, ainda que possam significar alguma irritação no que concerne à separação dos poderes.

O que se está a lançar luz aqui é a inviabilização do Estado de Democrático Direito pelo conflito intenso entre o Estado de Direito e a exceção. Eugenio Raúl Zaffaroni expõe que o Estado de Direito funciona como uma contenção dos Estados de polícia, tendo se construído ao longo das lutas contra o poder absoluto. Esta contenção, contudo, não eliminou o Estado de polícia, apenas o encapsulou. Nas exatas formulações do autor:

> Existe uma dialética contínua no Estado de Direito real, concreto ou histórico, entre este e o Estado de polícia. O Estado de polícia que o Estado de Direito carrega em seu interior nunca cessa de pulsar, procurando furar e romper os muros que o Estado de Direito lhe coloca. Quanto maior é a contenção do Estado de Direito, mais próximo se estará do modelo ideal, e vice-versa, mas nunca se chegará ao modelo ideal porque para isso seria preciso afogar definitivamente o Estado de polícia e isso implicaria uma redução radical – ou uma abolição – do próprio poder punitivo.[92]

A noção de que a antítese do Estado de Direito, o autoritarismo e os espaços de exceção, não abandonou o Estado Democrático de Direito se coaduna à ocorrência de práticas abusivas por agentes estatais que se apresentam como lícitas, porém se observadas sob um olhar atento a garantias constitucionais dos cidadãos, ou mesmo de seus direitos naturais, revelam-se como manifestações de poder em

---

[92] ZAFFARONI, Eugenio Raúl. *O inimigo no Direito Penal*. 2ª ed. Rio de Janeiro: Revan, 2007, p. 170.

flerte com uma soberania absoluta pretendente a inadmitir limites impostos pelo Direito.

Estas considerações demonstram que o Estado Democrático de Direito é um plano não finalizado, um ideal. Compreender que a concretização do Estado de Direito incluído de valores democráticos é um mito importa para a análise de que, apesar da contenção de regimes autoritário, desenvolveu-se técnica de exceção que transpassam a dita contenção e atuam na sociedade suspendendo o Direito. As "rachaduras" na contenção do Estado autoritário ressignificam a ocorrência de estado de exceção a partir de medidas de exceção, as quais, por sua vez, surgindo de forma intermitente, mas permanentemente, perfazem o autoritarismo contemporâneo em sua fluidez.

1.5 Autoritarismo contemporâneo

A partir do século XXI, o autoritarismo na sua forma político-jurídica se apresenta por medidas de exceção no interior da democracia ou, na designação estabelecida por Pedro Serrano,[93] na forma de autoritarismo líquido:

> No século XXI, o Estado de exceção muda de natureza. Não há mais a interrupção do Estado democrático para a instauração de um Estado de exceção. Os mecanismos do autoritarismo típicos de exceção passam a existir e conviver dentro da rotina democrática, como uma verdadeira técnica de governo, ou governança permanente de exceção.

A designação "autoritarismo líquido" de Pedro Serrano faz referência ao conceito de modernidade líquida desenvolvido pelo sociólogo Zygmunt Bauman, que aplicou a noção a diversos aspectos

---

[93] SERRANO, Pedro. "Estado de exceção e autoritarismo líquido na América Latina". *Poliética – Revista de Ética e Filosofia Política*, vol. 8, nº 1, 2020, p. 95.

CAPÍTULO I – AUTORITARISMO E ESTADO DE EXCEÇÃO

da vida e das relações humanas, inclusive à política. A metáfora foi empregada pelo sociólogo para definir as relações contemporâneas assemelhadas à vulnerabilidade e à fluidez dos líquidos, capazes de assumir diferentes formas, o que reforça um estado temporário e frágil das relações e estruturas sociais.

> O que todas essas características dos fluídos mostram, em linguagem simples, é que os líquidos, diferentemente dos sólidos, não mantêm sua forma com facilidade. (...) Associamos "leveza" ou "ausência de peso" à mobilidade e à inconstância: sabemos pela prática que quanto mais leves viajamos, com maior facilidade e rapidez nos movemos. Essas são as razões para considerar "fluidez" ou "liquidez" como metáforas adequadas quando queremos captar a natureza da presente fase, nova de muitas maneiras, na história da modernidade.[94]

É certo que todo regime democrático pode sofrer intercorrências relacionadas a manifestações autoritárias no seu cotidiano, e até no seu judiciário, o que se pode entender como disfunções dos poderes, parte do jogo político democrático, ou irritações entre os sistemas político e jurídico. Com efeito, o poder absoluto sempre esteve presente ao longo da história, mesmo após as importantes conquistas do Estado Democrático de Direito,[95] circunstância que

---

[94] BAUMAN, Zygmunt. *Modernidade líquida*. Trad. Plínio Dentzien. Rio de Janeiro: Zahar, 2001, p. 8.

[95] Neste sentido, Rômulo Garzillo recorda que "após o período de guerra e totalitarismo que marcou a primeira metade do século XX, a luta pela proteção dos direitos fundamentais tornou-se ferramenta indispensável e destinada a impedir o retorno das atrocidades civilizatórias de outrora. Para tanto, muitos países adotaram uma nova postura constitucional, com a finalidade precípua de garantir a efetividade dos direitos constitucionais: passando pela mera literalidade textual para a concreta regência social". (GARZILLO, Rômulo Monteiro. "Pedro Serrano e as medidas de exceção na modernidade periférica: sistematização de elementos conceituais". *In*: MAGANE, Renata Possi *et al*. *Democracia*

é bem ilustrada por Serrano[96] na observação de que "a cada abuso pelos agentes estatais de persecução penal, por exemplo, identifica-se a presença autoritária do poder absoluto do Estado".

Ocorre que, no caso do autoritarismo líquido, não se trata de medidas de exceção isoladas, mas de uma patologia, ou seja, de uma manifestação de intensidade muito maior do que seria admissível num sistema democrático. Nesse sentido, como expõe Serrano, trata-se de um autoritarismo que evoluiu para atuar por medidas agenciadas pelo Executivo, pelo Legislativo e, especialmente, na América Latina, pelo Judiciário:

> O autoritarismo líquido é um mecanismo mais evoluído de autoritarismo na sua ótica autoritária, pois confere ao Estado um poderio que, diluído na rotina democrática, enfraquece os mecanismos de controle típicos do regime jurídico-administrativo nos moldes que conhecemos.[97]

Tais considerações encontram ressonância no pensamento de Giorgio Agamben sobre a atual formulação do estado de exceção no mundo em que identifica a subserviência do Direito ao instrumental político, que o autor denomina violência governamental. Para o filósofo italiano, a aplicação de um Direito esvaziado pela violência governamental produz um permanente estado de exceção:

---

e crise: um olhar interdisciplinar na construção de perspectivas para o Estado brasileiro. São Paulo: Autonomia Literária, 2020, p. 356).

[96] SERRANO, Pedro Estevam Alves Pinto; BONFIM, Anderson Medeiros; SERRANO, Juliana Salinas. "Notas sobre autoritarismo na contemporaneidade". *In*: PIRES, Luis Manoel Fonseca; FRANÇA, Nathalia Penha Cardoso de; SERRANO, Pedro Estevam Alves Pinto (Coord.). *Autoritarismo líquido e crise constitucional*. Belo Horizonte: Fórum, 2021, p. 17.

[97] SERRANO, Pedro Estevam Alves Pinto. "Autoritarismo líquido e as novas modalidades de prática de exceção no século XXI". *Revista da Esmec*, Themis, vol. 18, n° 1, 2020, p. 211.

CAPÍTULO I – AUTORITARISMO E ESTADO DE EXCEÇÃO

O estado de exceção, hoje, atingiu exatamente seu máximo desdobramento planetário. O aspecto normativo do direito pode ser, assim, impunemente eliminado e contestado por uma violência governamental que, ao ignorar no âmbito externo o direito internacional e produzir no âmbito interno um estado de exceção permanente, pretende, no entanto, ainda aplicar o direito.[98]

É deste ponto de partida, ou seja, da verificação da convivência de uma exceção permanente no interior da democracia formal, que se identificou o fenômeno do autoritarismo contemporâneo, em que medidas de exceção são o mecanismo de manifestação do estado de exceção permanente.

Na sombra da liberdade está constantemente à espreita a reserva da repulsa de um Estado de medidas que aniquila valores fundamentais e desobriga-se do princípio da legalidade. Tal sombra à espreita se realiza, conforme a análise de Günter Frankenberg,[99] de modo que no plano do Direito positivo a atividade política livre é assegurada, subsistindo, todavia, um plano de metalegalidade que se

---

[98] A seriedade do alerta de Agamben ao fenômeno do estado de exceção contemporâneo é de tamanha grandeza que o leva a vislumbrar uma guerra civil mundial, afirma o autor que agem duas forças opostas relacionadas ao direito e a vida: "uma que institui e que põe e outra que desativa e depõe. O estado de exceção constitui o ponto da maior tensão dessas forças e, ao mesmo tempo, aquele que, coincidindo com a regra, ameaça hoje torná-las indiscerníveis. Viver sob o estado de exceção significa fazer a experiência dessas duas possibilidades e entretanto, separando a cada vez as duas forças, tentar, incessantemente, interromper o funcionamento da máquina que está levando o Ocidente para a guerra civil mundial" (AGAMBEN, Giorgio. *Estado de exceção*: Homo sacer, II. Trad. Iraci Poleti. 2ª ed. São Paulo: Boitempo, 2004, p. 131).

[99] FRANKENBERG, Günter. *Técnicas de Estado*: perspectivas sobre o Estado de Direito e o Estado de exceção. Trad. Gercelia Mendes. São Paulo: Unesp, 2018, p. 241.

desobriga do princípio da legalidade em que na realidade garantias fundamentais estão revogadas na prática.

Neste cenário, coexistem um Estado Democrático de Direito, que se realiza formalmente na Constituição e é acessível apenas a uma parcela da sociedade, e um estado de exceção, que não se assume como tal, mas que é lastreado em técnica de governança permanente de exceção. O adensamento típico de um Estado autoritário deu lugar a estruturas que convivem com medidas democráticas e legítimas, fragmentando-se o autoritarismo, que ignora o sistema democrático e rejeita direitos fundamentais, no interior da estrutura estatal.[100]

Segundo a interpretação do fenômeno por Fernando Lacerda, o autoritarismo líquido é fruto de medidas de exceção diluídas em atos, ritos e procedimentos democráticos. O autoritarismo no século XXI vem renovado, perfazendo-se por meio de "atos tirânicos destinados a combater o inimigo, que violam o ordenamento a pretexto de aplicá-lo e se ocultam sob a forma institucionalizada da aparente legalidade".[101]

A noção de que o autoritarismo aprendeu a se camuflar em medidas ocultas sob rótulo democrático, uma nova forma de autoritarismo (líquido), é abordada por diversos outros autores com particularidades que o distinguem, mas fundamentalmente observam o mesmo fenômeno das medidas de exceção com técnica de governo no interior das sociedades democráticas. Alguns desses autores, e as

---

[100] SERRANO, Pedro Estevam Alves Pinto; BONFIM, Anderson Medeiros; SERRANO, Juliana Salinas. "Notas sobre autoritarismo na contemporaneidade". *In*: PIRES, Luis Manoel Fonseca; FRANÇA, Nathalia Penha Cardoso de; SERRANO, Pedro Estevam Alves Pinto (Coord.). *Autoritarismo líquido e crise constitucional*. Belo Horizonte: Fórum, 2021, p. 18.

[101] LACERDA, Fernando Hideo Iochida. *Processo penal de exceção*. São Paulo: PUC, 2018, p. 400 (Tese de Doutorado em Direito).

CAPÍTULO I – AUTORITARISMO E ESTADO DE EXCEÇÃO

nomenclaturas que empregam, foram elencados por Serrano, Bonfim e Serrano,[102] no livro *Autoritarismo Líquido e Crise Constitucional*:

> Norberto Bobbio intitulou o fenômeno como "novos despotismos", o que se universalizou, apesar de sua análise circunscrever-se à Itália na sua fase Berlusconista. Luigi Ferrajoli descreve o processo de esvaziamento da Constituição e da crise democrática italiana como "poder desconstituinte". Ronald Dworkin aponta a perda do *"common ground"* da sociedade. Boaventura de Souza Santos fala em "democracia de baixa intensidade". Giorgio Agamben desenvolveu a nomenclatura "Estado de exceção". Finalmente, entre nós Rubens Casara trabalhou com a ideia de Estado Pós-Democrático.[103]

Poderia, ainda, mencionar o relevante aporte de Walter Benjamin a respeito da presença de um estado de exceção permanente, que inspirou outros autores, bem como os escritos de Achille Mbembe, que discorre sobre o devir negro do mundo;[104] Raúl Zaffaroni e

---

[102] SERRANO, Pedro Estevam Alves Pinto; BONFIM, Anderson Medeiros; SERRANO, Juliana Salinas. "Notas sobre autoritarismo na contemporaneidade". *In*: PIRES, Luis Manoel Fonseca; FRANÇA, Nathalia Penha Cardoso de; SERRANO, Pedro Estevam Alves Pinto (Coord.). *Autoritarismo líquido e crise constitucional*. Belo Horizonte: Fórum, 2021, p. 17.

[103] Além dos autores referidos no trecho, Serrano e Magane também apontam que o fenômeno das medidas de exceção adotadas como técnicas de governo no interior das sociedades democráticas "também é utilizado por diversos autores, tais como Carpentier, Codaccioni, Goupy, Rafael Valim, Georges Abboud, Lenio Luiz Streck, Fernando Hideo I. Lacerda, Gilberto Bercovici, entre tantos outros que tratam do tema" (SERRANO, Pedro Estevam Alves Pinto; MAGANE, Renata Possi. "A governabilidade de exceção permanente e a política neoliberal de gestão dos indesejáveis no Brasil". *Revista de Investigações Constitucionais*, vol. 7, nº 2, 2021, p. 535).

[104] Achille Mbembe, filósofo camaronês, afirma que está em curso um processo de universalização da condição negra, eis que o substantivo negro deixa de remeter unicamente à condição atribuída aos povos

sua elaboração, na obra *O inimigo no Direito Penal*, sobre o autoritarismo *cool* do século XXI; Umberto Eco faz a abordagem ao tema sob a denominação "Ur-Fascismo";[105] Günter Frankberg, que identifica uma arquitetura securitária e a normalização do estado de exceção; e Claus Roxin, em suas formulações sobre o populismo penal. Finalmente, também é oportuno a referência a Luis Manuel Fonseca Pires que, junto à adoção da terminologia "autoritarismo líquido", refere-se ao autoritarismo político contemporâneo como fantasmagórico, e percebe que a dinâmica do autoritarismo na forma jurídica se apreende adequadamente quando denominado no plural. Isso significa que a pluralidade das medidas de exceção criam Estados de exceção.

É oportuno tecer alguns comentários acerca de algumas das nomenclaturas e abordagens específicas dos autores elencados, de modo a revelar os pontos em comum de cada abordagem e expor a ênfase dada pelo respectivo autor. É o que se realizará nos itens seguintes.

---

de origem africana durante a época do primeiro capitalismo e "a este novo caráter descartável e solúvel, à sua institucionalização enquanto padrão de vida e à sua generalização ao mundo inteiro, chamamos o devir-negro do mundo" (MBEMBE, Achille. *Crítica da razão negra*. Trad. Marta Lança. Lisboa: Antígona, 2014, p. 18).

[105] Para Umberto Eco o "Ur-Fascismo" ou "fascismo eterno" se manifesta por características como o culto à tradição, não aceitação de críticas, apelo às classes médias frustradas, obsessão da conspiração, desprezo pelos fracos e baseia-se em um populismo qualitativo no qual o "povo" é concebido como uma entidade monolítica que exprima "a vontade comum", mas, como nenhuma quantidade de seres humanos pode ter uma vontade comum, o líder se apresenta como seu intérprete. Alerta o autor que "o Ur-Fascismo pode voltar sob as vestes mais inocentes. Nosso dever é desmascará-lo e apontar o dedo para cada uma se duas novas formas" (ECO, Umberto. *O fascismo eterno*. Trad. Eliana Aguar. 14ª ed. Rio de Janeiro: Record, 2023, p. 61).

CAPÍTULO I – AUTORITARISMO E ESTADO DE EXCEÇÃO

1.5.1 *Dual State* em Ernst Fraenkel

Em 1941, auge do regime nazista na Alemanha, Ernst Fraenkel publicou a obra intitulada *Dual State: A contribution to the theory of dictatorship*, resultado de suas observações sobre o Estado nazista em conflito com o Direito a partir de sua vivência presencial na época.[106]

Os apontamentos sobre Terceiro Reich nos escritos de Fraenkel não estão exatamente voltados a delinear a gênese do autoritarismo contemporâneo, mas simplesmente registrar o exercício do poder político na forma como o Estado alemão passou a operar durante o regime nazista. Contudo, o vislumbre do Estado Dual permite constatar a maneira pela qual o Estado de Direito pode conviver com um Estado tirânico, servindo de base para formas de governo em que o autoritarismo se mantém oculto e disperso.

Fraenkel analisou a coexistência no regime nazista do que chamou de Estado Normativo e Estado de Prerrogativas. Enquanto o Estado de Prerrogativas corresponde ao sistema de governo que exercita arbitrariedades de forma ilimitada e violências sem qualquer controle de garantias legais, o Estado Normativo tem a função de conservar um grau mínimo de previsibilidade e preservação de fundamentos jurídicos na atividade administrativa do governo. A demarcação entre o Estado de Prerrogativas e o Estado Normativo é enunciado, conforme narra Fraenkel, em um discurso de Hitler:

---

[106] Ernst Fraenkel foi advogado trabalhista militante de família judaica que, por ter servido no exército alemão durante a Primeira Guerra Mundial, conseguiu permanecer em solo germânico e acompanhar a ascensão do nazismo. Em 1933 Fraenkel chegou a ser proibido de advogar em prol de clientes alemães, mas conseguiu reverter a proibição graças a seu passado militar. Passou, então, de advogado trabalhista para defensor de políticos de esquerda perseguidos pelo regime nazista, até que, em 1938, foge da Alemanha após ter seu nome incluído numa das listas da Gestapo (ABBOUD, Georges. *Direito Constitucional pós-moderno*. São Paulo: Thompson Reuters, 2021, p. 142).

"government and legislation should be the task of the party, administration the task of the state",[107] evidenciando que o poder político estava acima de princípios insertos na legislação.

Deste modo, na Alemanha nazista a integralidade do sistema legal e judicial se tornou um instrumento das autoridades políticas, porém, quando essas autoridades decidem não exercitar seu poder, a vida pública e privada permanece regulamentada pelo Estado Normativo. Esta forma de governo está em compasso com a formulação de soberania por Carl Schmitt, ou seja, uma decisão em dada situação pode ser realizada a partir da legislação posta ou deixada a cargo de quem exerce a soberania, o detentor do poder político é o soberano que comanda a aplicação ou não do Direito.[108]

O raciocínio aplicado à noção de Estado Dual denota que a jurisdição é, apenas em princípio, do Estado Normativo, mas o poder de dizer se o Estado Normativo vai agir ou não é, ao final, do Estado de Prerrogativas:

> *Where the Prerogative State dos not require jurisdiction, the Normative State is allowed to function. The limits of the Prerogative State are not imposed from the outside; they are imposed by the Prerogative State itself. These self-imposed restrains of the Prerogative State are of cardinal importance*

---

107 FRAENKEL, Ernest. *The Dual State*: a contribution to the theory of dictatorship. Nova York: Oxford University Press, 1941, p. XV.

108 Oportuno recordar que Carl Schmitt não apenas integrou o Partido Nacional Socialista entre 1933 e 1936, mas também participou da formulação de leis para o regime totalitário nazista. No que diz respeito à motivação pela qual o jurista teria se alinhado ao regime nazista, há divergências, como aponta pesquisa de Rômulo Garzillo (cf. GARZILLO, Rômulo. *Elementos autoritários em Carl Schmitt*. São Paulo: Contracorrente, 2022, p. 76), uma vez que biógrafos não são precisos se o envolvimento de Schmitt com o partido nazista teria ocorrido por oportunismo político ou se, a partir da análise de sua obra, seria possível afirmar a intenção de fundamentar o projeto autoritário para a Alemanha.

CAPÍTULO I – AUTORITARISMO E ESTADO DE EXCEÇÃO

for the understanding of the Dual State. The self-limitation of the Prerogative State is as deeply rooted in the nature of National-Socialism as its existence.[109]

Conquanto o Estado de Prerrogativas tem jurisdição sobre a jurisdição, o Estado Normativo é submisso, ao invés de opor o Direito contra arbítrios do poder político, a legislação só é aplicável quando o Estado nazista decide se submeter voluntariamente. A aplicação das regras com base na legislação passa, assim, a depender do ajustamento do Estado Normativo aos modos de agir do regime, conforme explica Fraenkel:

> *Since the jurisdiction of the Prerogative State is not legally defined, there is no legal guarantee of the stability of the Normative State. The existence of the Normative State is not dependent on law. It depends on the complete permeation of the state by National-Socialists attitudes and ideas.*[110]

O Estado Dual, assim, representa um regime híbrido que tende a cada vez mais suplantar o Direito ao governo autoritário. A existência concomitante do Estado Normativo e do Estado de Prerrogativas, que subsiste em aparência, é marcada não apenas pela sua inaplicação a critério do poder político, mas também pela degeneração de conceitos jurídicos por meio de interpretações ideológicas.

Para além da anatomia do Estado nazista, o Estado Dual de Fraenkel encerra potencialidades teóricas para refletir sobre a permanência do autoritarismo no Estado de Direito. A convivência entre a aplicação do Direito e práticas autoritárias em paralelo desenha um

---

[109] FRAENKEL, Ernest. *The Dual State*: a contribution to the theory of dictatorship. Nova York: Oxford University Press, 1941, p. 58.

[110] FRAENKEL, Ernest. *The Dual State*: a contribution to the theory of dictatorship. Nova York: Oxford University Press, 1941, p. 71.

quadro que comporta gradações. Como nota, Georges Abboud[111] ao abordar o *Dual State*, pode-se medir o quão perto uma ordem jurídica se aproxima da realidade sombria de um Estado Normativo submetido a um Estado de Prerrogativas segundo a força normativa das garantias fundamentais, de modo que se a invocação de tais elementos, pelos dissidentes do regime, for suficiente para brecar a sanha autoritária, o Estado de Direito subsiste; porém, se Direitos Fundamentais e garantias decorrentes de princípios de Direitos Humanos forem postas em segundo plano, mesmo que em decisões isoladas, está-se diante de práticas autoritárias.

1.5.2 Estado de exceção permanente em Walter Benjamin

Ao discorrer sobre o conceito de História em seu último escrito, publicado antes de sua morte em 1940, Walter Benjamin reflete sobre significado de articular historicamente o passado, aludindo como essencial fixar-se uma imagem do passado da maneira como ela se apresenta inesperadamente ao sujeito histórico, no momento do perigo. Alinhado a esta ponderação, afirma que é necessário construir um conceito de história que contemple o fato de que o estado de exceção deixou de corresponder a uma situação excepcional.

Para o autor, a "tradição dos oprimidos nos ensina que o 'estado de exceção' (*'Ausnahmezustand'*) em que vivemos é a regra. Precisamos construir um conceito de história que corresponda a esse ensinamento".[112]

A ideia de que o estado de exceção é uma regra é paradoxal apenas à primeira vista. O autor alerta que os episódios vivenciados no

---

[111] ABBOUD, Georges. *Direito Constitucional pós-moderno*. São Paulo: Thompson Reuters, 2021, p. 150.

[112] BENJAMIN, Walter. *Magia e técnica, arte e política*: ensaios sobre literatura e história da cultura. Trad. Sérgio Paulo Rouanet. 8ª ed. São Paulo: Brasiliense, 2012, p. 245.

CAPÍTULO I – AUTORITARISMO E ESTADO DE EXCEÇÃO

século XX, em referência aos Estados de exceção e regimes autocráticos, seriam ainda possíveis no futuro, sendo mais do que assombro filosófico. Ocorre que a obscuridade da realidade permanente da exceção dificulta o enfrentamento do autoritarismo que permeia o Estado, por isso, perceber a origem de um verdadeiro estado de exceção é essencial ao que o autor declara ser a luta contra o fascismo.

1.5.3 *Homo sacer* e estado de exceção em Giorgio Agamben

As formulações do filósofo italiano Giorgio Agamben a respeito do estado de exceção são particularmente relevantes, eis que o autor busca referências no Direito antigo e localiza o fenômeno na contemporaneidade. Tal como apontado neste estudo, a elaboração sobre as características do autoritarismo líquido está rigorosamente associada à maneira de ver a nova forma de exceção ao Direito posto manifestada na atualidade que é abordada especificamente nas obras *Homo sacer: o poder soberano e a vida nua I* e *estado de exceção: homo sacer II.*

Agamben descreve os tempos atuais como uma consolidação do estado de exceção como paradigma de governo, em que as estruturas públicas estão ameaçadas e a suspensão da ordem jurídica passa a ser encarada com tal naturalidade que potencialmente se tornam a regra.

Uma das premissas do raciocínio de Agamben[113] está no conceito de *homo sacer*, figura que buscou do Direito romano arcaico, pelo qual a vida humana é relacionada a um caráter da sacralidade. Trata-se de análise do autor a respeito de verbete que estabelece pena criminal no Direito romano, em que é sancionada a sacralidade de

---

[113] AGAMBEN, Giorgio. *Homo sacer*: o poder soberano e a vida nua I. Trad. Henrique Burigo. Belo Horizonte: Editora UFMG, 2002, p. 79.

uma pessoa ao mesmo tempo em que autoriza (ou, mais precisamente, torna impunível) sua morte.

A característica principal do *homo sacer* consiste na condição de insacrificável, porém matável, isto porque na comunidade romana o *homo sacer* era aquele indivíduo condenado em razão da prática de algum delito e que, por este motivo, não poderia ser sacrificado aos deuses, mas se alguém o encontrasse, poderia matá-lo sem receio de ser punido. A condição de *homo sacer* é conectada à proposição sobre o estado de exceção a partir da circunstância de que a vida nua sacralizada ocorre, assim como a exceção, pela desaplicação das regras. A ligação entre o *homo sacer* e a sociedade é tal qual a relação entre a exceção e a normalidade do Estado, conforme elucida o autor referido:

> Assim como na exceção soberana, a lei se aplica de fato ao caso excepcional desaplicando-se, retirando-se deste, do mesmo modo o *homo sacer* pertence ao Deus na forma da insacrificabilidade e é incluído na comunidade na forma da matabilidade. A vida insacrificável e, todavia, matável, é a vida sacra.[114]

O *homo sacer* abordado por Agamben aproxima-se do arquétipo do inimigo do Estado,[115] porquanto é reduzido à mera existência biológica e não tem sequer seu direito à vida garantido. A vida nua do inimigo é um dos elementos fundantes, tanto da instalação de

---

[114] AGAMBEN, Giorgio. *Homo sacer*: o poder soberano e a vida nua I. Trad. Henrique Burigo. Belo Horizonte: Editora UFMG, 2002, p. 90.

[115] É neste sentido a consideração de Serrano quanto a existência paralela dos conceitos de pessoa e de inimigo; este último é "chamado pelos romanos de *hostis* e conceituado por Giorgio Agamben como *homo sacer* – aquela parcela da sociedade cuja vida podia ser suprimida –, o inimigo é representa como o ser desprovido de qualquer reconhecimento como humano" (SERRANO, Pedro. *Autoritarismo e golpes na América Latina*: breve ensaio sobre jurisdição e exceção. São Paulo: Alameda, 2016, p. 165).

CAPÍTULO I – AUTORITARISMO E ESTADO DE EXCEÇÃO

governos autoritários na formatação clássica do século XX quanto da convivência de medidas de exceção no interior da democracia, que é particularidade do autoritarismo líquido do século XXI.

Com efeito, embora o Estado de Direito e princípios democráticos que garantem direitos fundamentais a toda pessoa sejam proclamados em tratados internacionais de direitos humanos e nos diplomas constitucionais, a vida sacra é submetida a espaços vazios de Direito, em que o contexto político é de exceção e a vida e direitos imanentes a toda pessoa são facilmente descartados.

Nesse contexto, Agamben[116] percebe o estado de exceção como uma medida "ilegal", mas perfeitamente "jurídica e constitucional", que se concretiza na realização de novas normas (ou de uma nova ordem jurídica), apresentando-se sob a forma de um estado de necessidade:

> O *status necessitas* apresenta-se, assim, tanto sob forma do estado de exceção quanto sob a forma da revolução, como uma zona ambígua e incerta onde procedimentos de fato, em si extra ou antijurídicos, transformam-se em direito e onde as normas jurídicas se indeterminam em mero fato; um limiar portanto, onde fato e direito parecem tornar-se indiscerníveis.

É da indiscernibilidade entre fato e Direito que Agamben infere que o estado de exceção moderno pretende incluir a ordem jurídica na exceção ao criar uma zona de indiferenciação, na qual o fato se transforma em Direito e o Direito é suspenso.

---

[116] AGAMBEN, Giorgio. *Estado de exceção*: Homo sacer, II. Trad. Iraci Poleti. 2ª ed. São Paulo: Boitempo, 2004, pp. 44/45.

Questiona o autor "se o que é próprio do estado de exceção é a suspensão (total ou parcial) do ordenamento jurídico, como poderá essa suspensão ser ainda compreendida na ordem legal?"[117]

E, a este propósito, elabora que a tentativa de resolver o estado de exceção no estado de necessidade implica reduzir a situação de necessidade a uma decisão, indicando que a questão central não é uma lacuna cujo estado de necessidade demanda ser suprida, ou uma carência no texto legislativo que deva ser reparada pelo juiz. Refere-se, antes, a uma suspensão do ordenamento vigente, por isso, "o estado de exceção apresenta-se como a abertura de uma lacuna fictícia no ordenamento, com o objetivo de salvaguardar a existência da norma e sua aplicabilidade à situação normal"[118] e prossegue explicando que "é como se o Direito contivesse uma fratura essencial entre o estabelecimento da norma e sua aplicação e que, em caso extremo, só pudesse ser preenchida pelo estado de exceção".[119] Ou seja, vislumbra o estado de exceção como a criação de uma área onde aplicação do Direito é suspensa, mas onde a lei, enquanto tal, permanece em vigor.

1.5.4 Poder desconstituinte em Luigi Ferrajoli

Em 2011, o jurista italiano Luigi Ferrajoli discorre acerca da crise da democracia na obra *Poderes selvagens: a crise da democracia italiana*, em que aborda o que chama de processo de desconstitucionalização em curso em seu país.

O poder desconstituinte trabalhado na obra referida está calcado na aceitação pacífica pela sociedade de uma longa série de

---

[117] AGAMBEN, Giorgio. *Estado de exceção*: Homo sacer, II. Trad. Iraci Poleti. 2ª ed. São Paulo: Boitempo, 2004, p. 39.

[118] AGAMBEN, Giorgio. *Estado de exceção*: Homo sacer, II. Trad. Iraci Poleti. 2ª ed. São Paulo: Boitempo, 2004, p. 48.

[119] AGAMBEN, Giorgio. *Estado de exceção*: Homo sacer, II. Trad. Iraci Poleti. 2ª ed. São Paulo: Boitempo, 2004, p. 49.

CAPÍTULO I – AUTORITARISMO E ESTADO DE EXCEÇÃO

violações da letra ou do espírito da Constituição, que caminha ao lado da rejeição, manifestada por uma classe governante, a limites e vínculos constitucionais impostos às instituições representativas.

De acordo com o autor, deste contexto resulta a transformação do sistema político em uma forma de democracia plebiscitária da maioria, que conduz à neutralização do complexo sistema de regras, de separações e contrapesos, de garantias e de funções e instituições de garantia, que constituem a substância da democracia constitucional. Nas palavras do jurista comentado:

> O inteiro edifício da democracia constitucional fica em razão disso minado à sua raiz: pela intolerância em relação ao pluralismo político e institucional; pela desvalorização das regras; pelos ataques à separação de poderes, às instituições de garantia, à oposição parlamentar, aos sindicatos e à liberdade de imprensa; pela rejeição, em síntese, do paradigma do Estado constitucional de Direito como sistema de vínculos legais impostos a qualquer poder.[120]

O sistema político convive, ainda, com a ideia populista de um chefe de governo que encarna a vontade popular.[121] Essa onipo-

---

[120] FERRAJOLI, Luigi. *Poderes selvagens*: a crise na democracia italiana. Trad. Alexander de Souza. São Paulo: Saraiva, 2014, p. 13.

[121] Conforme expõe Ferrajoli, o fenômeno do populismo se faz presente em muitos outros países de democracia avançada, nos quais se verificou um fortalecimento dos poderes executivos dos chefes de governo e uma correlativa perda de poder dos parlamentos. De acordo com o autor, na Itália, este processo de personalização da representação é acompanhado de uma ideologia política que se manifesta na mais ou menos consentida negação da distinção e da separação entre represente e representados, entre Estado e sociedade, assumindo uma conotação cada vez mais abertamente populista, a democracia política consistiria, mais que na representação da pluralidade das opiniões políticas e dos interesses sociais, mas a identificação do chefe como a expressão direta e orgânica da vontade e da soberania popular. Disto resultou "a ideia da onipotência da maioria personalizada por um chefe, celebrado como

tência do chefe com voz e expressão orgânica da vontade popular corresponde a uma crise da democracia porquanto anticonstitucional. Ignora os limites impostos pelas constituições aos poderes da maioria, reproduzindo uma

> antiga e perigosa tentação, que está na origem de todas as demagogias populistas e autoritárias: a opção pelo governo dos homens, ou, pior de um homem – o chefe da maioria –, em oposição ao governo das leis.[122]

Diante deste cenário, Luigi Ferrajoli[123] afirma que "uma democracia pode ser derrubada sem golpes de Estado formais se os princípios dela forem de fato violados ou contestados, sem que suas violações suscitem rebeliões ou ao menos dissenso".

O processo de desconstitucionalização é, neste sentido, um enfraquecimento da democracia, que permite a mitigação de garantias fundamentais sem que haja ruptura completa do sistema do político.

Referido autor fixa que as garantias constitucionais dos direitos fundamentais são também garantias da democracia, estas garantias designam as proibições e as obrigações correspondentes às expectativas normativas estabelecidas, em regra, em forma de direitos subjetivos. Mais especificamente, as garantias constitucionais "são as garantias da rigidez dos princípios e dos direitos constitucionalmente estabelecidos

---

encarnação da vontade do povo, o qual, por seu turno, vem imaginado como uma espécie de macrossujeito coletivo" (FERRAJOLI, Luigi. *Poderes selvagens*: a crise na democracia italiana. Trad. Alexander de Souza. São Paulo: Saraiva, 2014, p. 32).

122 FERRAJOLI, Luigi. *Poderes selvagens*: a crise na democracia italiana. Trad. Alexander de Souza. São Paulo: Saraiva, 2014, p. 33.

123 FERRAJOLI, Luigi. *Poderes selvagens*: a crise na democracia italiana. Trad. Alexander de Souza. São Paulo: Saraiva, 2014, p. 14.

CAPÍTULO I – AUTORITARISMO E ESTADO DE EXCEÇÃO

que incidem sobre os poderes supremos do Estado".[124] Aliás, vale ressaltar que foram garantias desta estirpe; "separação dos poderes, a paz, a igualdade e a garantia dos direitos fundamentais – que o fascismo renegou",[125] e que foram redefinidas após a segunda guerra mundial pela estipulação de normas de Direito positivo rigidamente sobrepostas à legislação ordinária as contemplando na configuração de democracia constitucional.

Ferrajoli[126] percebe que a democracia constitucional está exposta a constantes manipulações pelas deformações da representação política, isto é, os representantes que se afastam dos ditames constitucionais aproximam o Estado de uma degeneração burocrática e autoritária. Trata-se da manifestação de poderes desregulados e selvagens que se desenvolvem fora do Direito, na ausência de limites e controles.[127] São, portanto, assemelhados à caracterização de zonas de exceção, por meio de decisões de um soberano populista, durante o funcionamento da democracia.

1.5.5 Os novos despotismos em Norberto Bobbio

Expoente da filosofia política e jurista defensor da democracia, Norberto Bobbio ensina que a história do pensamento político consiste, sobretudo, na invenção de instrumentos institucionais destinados a fazer que quem possua um poder qualquer não tenha condições de abusar dele. Para Bobbio,[128] "o remédio fundamental

---

[124] FERRAJOLI, Luigi. *Poderes selvagens*: a crise na democracia italiana. Trad. Alexander de Souza. São Paulo: Saraiva, 2014, p. 27.

[125] FERRAJOLI, Luigi. *Poderes selvagens*: a crise na democracia italiana. Trad. Alexander de Souza. São Paulo: Saraiva, 2014, p. 21.

[126] FERRAJOLI, Luigi. *Poderes selvagens*: a crise na democracia italiana. Trad. Alexander de Souza. São Paulo: Saraiva, 2014, p. 77.

[127] FERRAJOLI, Luigi. *Poderes selvagens*: a crise na democracia italiana. Trad. Alexander de Souza. São Paulo: Saraiva, 2014, p. 31.

[128] BOBBIO, Norberto. *Contra os novos despotismos*: escritos sobre o berlusconismo. Trad. Erica Salatini; César Mortari Barreira. São Paulo:

sempre foi a luta contra a concentração de mais poderes nas mãos de um único indivíduo ou de um único grupo". A partir desta premissa, acena para a clássica divisão dos poderes entre legislativo, executivo e judiciário, com intuito de equilibrar o poder do Estado ao separar funções e permitir algum nível de controle entre eles, e atenta ao fato de que "a unificação dos três poderes em um só homem ou em um só grupo tem um nome bem conhecido na teoria política. Chama-se, como denominava Montesquieu, despotismo.[129]

O pressuposto para um governo efetivamente democrático na atualidade, que tire legitimidade do consenso dos cidadãos, ainda que expresso indiretamente por meio de eleições de representantes, é que ele desenvolva sua ação no interior da estrutura do Estado de Direito. Bobbio[130] contempla que, por Estado de Direito, entende-se o governo das leis contraposto ao governo dos homens, uma base na qual todos os cidadãos, portanto, com maior razão, os governantes, são submetidos a leis cujo objetivo é o delimitar o poder deles. No Estado de Direito, ninguém, mesmo no mais elevado grau da ordem, está livre do vínculo das leis.

Em vista de seus posicionamentos, quando da vitória de Silvio Berlusconi para a presidência da Itália em 1994, conforme registro editado no livro *Contra os novos despotismos: escritos sobre o berlusconismo* de 2004, mesmo ano do falecimento do autor, Bobbio[131] foi perguntado quanto a um paralelo entre a inauguração da

---

Unesp, 2016, p. 14.

[129] BOBBIO, Norberto. *Contra os novos despotismos*: escritos sobre o berlusconismo. Trad. Erica Salatini; César Mortari Barreira. São Paulo: Unesp, 2016, p. 15.

[130] BOBBIO, Norberto. *Contra os novos despotismos*: escritos sobre o berlusconismo. Trad. Erica Salatini; César Mortari Barreira. São Paulo: Unesp, 2016, p. 43.

[131] BOBBIO, Norberto. *Contra os novos despotismos*: escritos sobre o berlusconismo. Trad. Erica Salatini; César Mortari Barreira. São Paulo: Unesp, 2016, p. 26.

CAPÍTULO I – AUTORITARISMO E ESTADO DE EXCEÇÃO

ditadura fascista na Itália de 1925, com Mussolini, e a ascensão da extrema-direita com Berlusconi, tendo apontado que na eleição deste último:

> Não houve nenhuma marcha sobre Roma. Ninguém foi agredido com o cassetete ou teve de sorver óleo de rícino. Nenhum deputado foi assassinado, como aconteceu com Mateotti. Berlusconi chegou ao governo após eleições livres. Quem não gosta dessa escolha que veio das urnas, deveria censurar os italianos que votaram nele. O que não quer dizer que, na alocução da qual o senhor fala, não exista algo de desconcertante.

Assim, Norberto Bobbio denota que não houve aparente ruptura democrática, tendo em conta que a ascensão da extrema-direita na Itália transcorreu respeitando elementos formais que compõem a democracia formal. Contudo, declara as tendências autoritárias de Berlusconi, ressaltando a inclinação daquele político em conduzir seus desígnios às margens do Estado de Direito, como demonstra a passagem a seguir:

> Berlusconi, no fundo, como o tirano clássico, considera que para ele é lícito o que os mortais comuns sonham. A característica do homem tirânico é acreditar que pode tudo. Não apenas, como já sublinhamos, proclamou-se o "ungido do Senhor"; justamente nestes dias revelou ter feito um milagre. Contou que foi encontrar um amigo doente e lhe disse "levante-se e caminhe". Berlusconi é um homem que tem uma autoestima imensa, um autêntico complexo de superioridade. Ele se considera infinitamente superior aos outros seres humanos; tem, de si mesmo, a ideia de ser uma exceção.[132]

---

[132] BOBBIO, Norberto. *Contra os novos despotismos*: escritos sobre o berlusconismo. Trad. Erica Salatini; César Mortari Barreira. São Paulo: Unesp, 2016, p. 105.

O desconcertante ao autor reside na característica de uma figura autoritária assumir posição de poder,[133] ainda que pela via democrática, em um cenário de concessões ao soberano, para que este possa decidir sobre aspectos da vida em sociedade que se chocam a direitos fundamentais. Isto porque decisões que anteriormente na história estavam contidas em regimes de exceção claramente definidos, na contemporaneidade estão difundidos na rotina democrática.

1.5.6 Democracia de baixa intensidade em Boaventura de Sousa Santos

Boaventura de Sousa Santos recorda que o fascismo usou da democracia representativa para entrar na esfera do poder e logo depois se desfazer dela. Já em meados da década de 1980, um novo tipo de normalização democrática emergiu, sob a forma do neoliberalismo, que atua com base na eliminação da tensão entre democracia e capitalismo pela retirada do Estado da regulação da economia e da liquidação da redistribuição social, que só foi tornada possível no período anterior pelas políticas sociais. Essa eliminação da tensão, conforme o autor, "teve lugar por meio da opção por uma democracia de baixa intensidade, elitista e procedimentalista".[134]

O campo de luta democrática, na perspectiva de Boaventura de Sousa Santos,[135] é hoje muito mais heterogêneo e é em seu interior

---

133 Ainda sobre Berlusconi, o autor afirmar que embora este goze de alguma aliança com setores do parlamento, "o que repugna os princípios democráticos, e que de fato não existe em nenhuma democracia do mundo, é que um homem político, fundador e líder de um movimento político, possua o monopólio quase total das televisões privadas (BOBBIO, Norberto. *Contra os novos despotismos*: escritos sobre o berlusconismo. Trad. Erica Salatini; César Mortari Barreira. São Paulo: Unesp, 2016, p. 46).

134 SANTOS, Boaventura de Sousa. *A difícil democracia*: reinventar as esquerdas. São Paulo: Boitempo, 2016, p. 124.

135 SANTOS, Boaventura de Sousa. *A difícil democracia*: reinventar as esquerdas. São Paulo: Boitempo, 2016, p. 127.

CAPÍTULO I – AUTORITARISMO E ESTADO DE EXCEÇÃO

que as forças fascistas[136] e as forças socialistas se defrontam, sendo possível identificar o enfrentamento entre estas forças antagônicas contidas no quadro democrático, embora seja visível os sinais de estresse institucional em alguns países. Como resultado desta conjuntura:

> A verdade é que muitos cidadãos vivem nas sociedades democráticas sujeitos a constrangimentos, censuras, e autocensuras, privação de direitos elementares, de expressão e de movimento contra os quais não podem resistir sob pena de pesadas consequências; vivem, em suam, sujeitos a ações arbitrárias que são estruturalmente semelhantes às que sofreram os democratas durante a vigência dos regimes fascistas.[137]

Esta verdade de permanência de elementos típicos de estado de exceção apontada não é reconhecida como regime autoritário porquanto é um "fascismo que opera nos interstícios da democracia, por meio de meios antidemocráticos de desestabilização política",[138] tratando-se de fascismo difuso ou fragmentário, que atua nos espaços-tempo da cidadania e da comunidade, ou seja, deturpando o campo político da democracia – daí uma democracia de baixa intensidade.

---

[136] Explica o autor que o conceito de fascismo tal como o emprega não corresponde à mera definição de regimes políticos de partido único que vigoraram, sobretudo na Itália e na Alemanha no período entre as duas grandes guerras, mas refere-se a relações sociais de poder de tal modo desiguais que, no contexto social e político em que ocorrem, uma parte da sociedade (indivíduos ou grupos), mais poderosa, exerce um direito de veto sobre aspectos essenciais da vida da parte menos poderosa (SANTOS, Boaventura de Sousa. *A difícil democracia*: reinventar as esquerdas. São Paulo: Boitempo, 2016, p. 132).

[137] SANTOS, Boaventura de Sousa. *A difícil democracia*: reinventar as esquerdas. São Paulo: Boitempo, 2016, p. 132.

[138] SANTOS, Boaventura de Sousa. *A difícil democracia*: reinventar as esquerdas. São Paulo: Boitempo, 2016, p. 133.

Para Boaventura Santos,[139] este tipo de fascismo é difícil de identificar ou nomear, porque, ao passo que desestabiliza o campo político, não tem no horizonte a superação da democracia, visa tão somente colocar a democracia a seu serviço, tornando desnecessária a ruptura com o Estado de Direito.

1.5.7 Perda do *common ground* em Ronald Dworkin

Em 2006, o jusfilósofo Americano Ronald Dworkin escreve o livro *Is democracy possible here: principles for a new political debate*. A pergunta do título – se a democracia é possível? – desponta da análise do perigo político marcado pelo período vivenciado pelos EUA, logo após a eleição para o segundo mandado de George W. Bush à presidência, em que as discussões sobre temas de interesse político a toda nação se esvaziaram de conteúdo e o consenso nos debates políticos tem se tornado levianos e exageradamente insensatos, implicando na dificuldade de praticar os debates argumentativos que são primordiais ao funcionamento da democracia. Embora trate especificamente do seu país de origem, alerta que toda sociedade de cultura política plural se defronta com o dilema sobre como lidar com convicções rivais sobre assuntos essenciais à sociedade.

O autor coloca em perspectiva a democracia enquanto aplicação da vontade da maioria em contraste da democracia participativa. Enquanto naquela expressão da democracia não há garantia de que a maioria irá decidir de forma justa, podendo as decisões da maioria deixar de levar em conta os interesses das minorias que são sistematicamente ignoradas. De outro lado, na visão da democracia participativa, o povo governa em parceria a partir de uma visão política coletiva, de forma que uma decisão democrática ocorre quando são protegidos interesses de cada cidadão como parte de uma mesma empreitada. Na democracia participativa, uma comunidade que

---

[139] SANTOS, Boaventura de Sousa. *A difícil democracia*: reinventar as esquerdas. São Paulo: Boitempo, 2016, p. 134.

CAPÍTULO I – AUTORITARISMO E ESTADO DE EXCEÇÃO

paulatinamente ignora os interesses das minorias ou outros grupos marginalizados, simplesmente por isto, não é fundamentalmente democrática, mesmo que seu governo tenha sido eleito oficialmente pela maioria.[140]

Neste quadro, para Ronald Dworkin,[141] se a intenção declarada da nação é ser uma democracia participativa, a degradação do debate político sério conta como um significativo defeito na prática democrática, isto porque a atenção mútua e o respeito às discussões entre os diversos setores da sociedade são a essência da participação e perfazem o núcleo da estrutura de governo que possibilita a longevidade dos valores democráticos.

O caráter da derrocada da argumentação política na democracia americana é exposto pelos debates políticos em que os candidatos não se posicionam claramente, o assunto não é considerado objetivamente sob o aspecto dos direitos da pessoa, e a atenção dada às discussões centra-se mais em imagens e frases de efeito do que na substância dos temas abordados. Mesmo assim as visões políticas opostas e seus apoiadores se digladiam sem abordar o conteúdo complexo das importantes decisões ao tecido social.[142] Entre berros

---

[140] DWORKIN, Ronald. *Is democracy possible here?* Principles for a new political debate. Nova Jersey: Princeton University Press, 2006, p. 131.

[141] DWORKIN, Ronald. *Is democracy possible here?* Principles for a new political debate. Nova Jersey: Princeton University Press, 2006, p. 132.

[142] Dworkin (DWORKIN, Ronald. *Is democracy possible here?* Principles for a new political debate. Nova Jersey: Princeton University Press, 2006, p. 6) oferece um exemplo bastante representativo deste cenário, mencionando o desacordo sobre o casamento homoafetivo nos debates políticos, que ignoraram a sistemática legal em diferentes estados dos EUA e uma decisão particular que garantia tal direito: "*Gay marriage was much discussed by the candidates in the media and was, according to the exit polls, na issue of considerablem importance for the public. Neither candidate would say a word for it; both agreed that ture marriage is between a man and a woman, and they disagreed only about whether it is appropriate to forbid gay marriage through constitucional amendment, a prospect both candidates understood was probably*

e acusações infundadas, os participantes da democracia raramente fazem ideia do que os debates legais possuem de conteúdo relevante. É a perda do consenso comum de que a sociedade pode e deve debater efetivamente os rumos da nação – a perda *do common ground.*

A democracia, ainda assim, pode ser saudável quando, apesar da divisão entre culturas políticas distintas quase irracional, houver um consenso geral sobre valores da nação e o que deve ser feito para aperfeiçoamento do país. Pode ser saudável mesmo que não haja consenso em assuntos específicos, desde que se mantenha a cultura de debates políticos. Mas não será saudável na permanência de divisões profundas e implacáveis que impedem um debate político verdadeiro, por permitir o caminhar a uma tirania da maioria.[143]

Este cenário de controvérsias significou a possibilidade de reduzir direitos em favor de proporcionar (a impressão de) mais segurança no tratamento sobre o terrorismo após os atentados de 11 de setembro de 2001. Enquanto os militares e as polícias americanas convenceram-se que uma fonte de informação sobre redes terroristas eram as pessoas, todas as pessoas comuns potencialmente poderiam guardar dados relevantes, os americanos discordaram sobre o que o governo pode fazer com as pessoas para extrair informações.

---

impossible anyway. Still it became a political issue, and most of those who thought gay marriage an abomination apparently voted for Bush. But in spite of all attention to the issue, neither candidate seemed even to notice, let alone reply to, the careful case made by Chief of Justice Margaret Marshall of the Massachusetts Supreme Court that the widely shared principles of her state´s constitution required her to decide that gay marriage be permitted no matter how offensive that might seem to most people. Her decision was treated simply as an event that might be capitalized on by one side and might embarrass the other, with no apparent concern about whether her claim that established principles required that decision was right".

143 DWORKIN, Ronald. *Is democracy possible here?* Principles for a new political debate. Nova Jersey: Princeton University Press, 2006, p. 6.

CAPÍTULO I – AUTORITARISMO E ESTADO DE EXCEÇÃO

Ronald Dworkin[144] vislumbrou nessa situação uma contradição dos valores democráticos, eis que o governo passou atuar de forma mais repressiva, implicando no comprometimento de direitos de toda a população:

> Dizemos que é melhor uma centena de culpados fiquem impunes do que uma pessoa inocente seja castigada. Porém a administração de Bush deixou de lado estas restrições e proteções sob o argumento de que assim o fazendo poderá proteger os americanos mais efetivamente contra futuros ataques terroristas.[145]

Direitos fundamentais passaram a ser relevados em prol de vigilância extremada, interrogatórios coercitivos e detenções indefinidas – práticas alinhadas a regimes autoritários. Um perigoso abandono dos princípios fundadores da democracia. Aproximam-se, de fato, do que se compreende como estado de exceção, circunstância que é ilustrada por meio dos memorandos circulados pela administração do departamento de justiça argumentando que o Presidente dos EUA pode ordenar torturas, embora a legislação proíba a prática, sob o fundamento de que este é o comandante da nação.[146] Afronta

---

[144] DWORKIN, Ronald. *Is democracy possible here?* Principles for a new political debate. Nova Jersey: Princeton University Press, 2006, p. 26.

[145] Do original: "*We say that it is better that a thousand guilty people go free than that one innocent person be punished. But the Bush administration has set aside all these constraints and protections on the ground that it can protect Americans more effectively against future terrorist attacks in that way*".

[146] Há também notícias de interceptações telefônicas ilegais realizadas sob a ordem do Presidente: "*in early 2006, the New York Times reported that President Bush had instituted an extensive program of secretly wiretapping both citizens and foreigners without securing the judicial warrants that federal statutes require. The president admitted the practice. He and his aides claimed that it was legal – among other grounds, because the president's constitutional power as commander in chief allows him to override the ordinary law – but few lawyers agreed*"

constante aos Direitos Humanos decorrente desta lógica é o centro de detenção da baía de Guantánamo, onde os Estados Unidos da América mantêm prisioneiros por períodos indefinidos e sem acusações formais ou julgamento a partir do argumento da guerra ao terror.[147]

1.5.8 Subversão sub-reptícia da democracia em Adam Przeworski

O polonês Adam Przeworski, professor de política e economia na Universidade de Nova York, possui diversos escritos em que enfrenta temas referentes à democracia e ao Estado de Direito. Em 2019, com o livro *Crises da Democracia*, Przeworski investigou o retrocesso da democracia a partir do início do século XXI, abordando como foco a tentativa de compreender como a desconsolidação das estruturas democráticas se desenvolve.

Przeworski parte do apontamento de três predicados básicos da democracia, quais sejam: eleições competitivas, direitos de expressão e associação assegurados por lei e Estado de Direito. A democracia passa por uma crise quando algumas dessas características definidoras do sistema democrático estão ausentes ou são degeneradas, isto é, adotando essa tríade definidora, "temos um checklist já pronto do que devemos procurar para identificar crises da democracia: eleições que não sejam competitivas, violações de

---

(DWORKIN, Ronald. *Is democracy possible here?* Principles for a new political debate. Nova Jersey: Princeton University Press, 2006, p. 25).

[147] Embora a administração do Presidente Barack Obama tenha prometido o fechamento do centro de detenção e ter divulgado que o número de prisioneiros teria sido reduzido, em janeiro de 2018 o Presidente Donald Trump assinou ordem para que a prisão seja mantida funcionado indefinidamente, declarando que seria a destinação de terrorista no combate contra a ISIS e a Al-Qaeda, conforme noticiado pela CNN (BROWNE, Ryan; LABOTT, Elise; STARR, Barbara. "Trump signs order to keep Guantanamo open". *CNN*, jan. 2018. Disponível em: https://edition. cnn.com/2018/01/30/politics/trump-guantanamo-bay-reverse-obama/ index.html. Acessado em: 28.01.2023).

CAPÍTULO I – AUTORITARISMO E ESTADO DE EXCEÇÃO

direitos, rupturas de Estado de Direito".[148] O autor também agrega sentido à democracia, afirmando que:

> A democracia é um mecanismo para processar conflitos. Instituições políticas administrando conflitos de modo ordeiro estruturando a forma como antagonismos sociais são organizados politicamente, absolvendo quaisquer distúrbios que possam ameaçar a ordem pública e regulando-os de acordo com certas regras.[149]

Ocorre que, mesmo sob a égide da democracia, há políticos ou movimentos políticos que buscam proteger sua permanência no cargo ou governo, utilizando-se para tanto de expedientes que enfraquecem as instituições democráticas com o fim de remover possíveis obstáculos e formas de oposição à obtenção e à manutenção do poder. A manifestação desta hipótese é tratada pelo autor como desconsolidação ou retrocesso democrático, que acontece via um processo de desgaste dos três atributos da democracia.[150]

No campo político, a ascensão ao poder de projetos de governo alinhados a práticas autoritárias, o que pode se manifestar como um profundo comprometimentos com determinado objetivo

---

[148] PRZEWORSKI, Adam. *Crises da democracia*. Trad. Berilo Vargas. Rio de Janeiro: Zahar, 2020, p. 27.

[149] PRZEWORSKI, Adam. *Crises da democracia*. Trad. Berilo Vargas. Rio de Janeiro: Zahar, 2020, p. 31.

[150] O autor tece considerações que se aproximam do fenômeno do autoritarismo por meio de figuras populistas ao enunciar que "enquanto o retrocesso, a desconsolidação ou a retrogressão, seja qual o for o nome que se queira dar, avança, a oposição vai se tornando incapaz de ganhar eleições ou assumir o cargo se ganhar, as instituições estabelecidas perdem a capacidade de controlar o Executivo e as manifestações populares de protesto são reprimidas com violência. Tudo isso é impulsionado pelo desejo do governo de monopolizar o poder e eliminar obstáculos à implantação de suas políticas" (PRZEWORSKI, Adam. *Crises da democracia*. Trad. Berilo Vargas. Rio de Janeiro: Zahar, 2020, p. 200).

ideológico (tal como a preservação da pureza da nação, a defesa de certa religião, ou até mesmo o discurso de combate a uma idealizada corrupção por parte de opositores políticos), é acompanhada de medidas que visam aumentar a possibilidade daquele projeto político de permanecer nos cargos de comando e de medidas para ampliar a sua liberdade de formulação política.

As medidas que significam retrocesso democrático e que, na formulação de Adam Przeworski, assemelham-se ao que será abordado à frente como medidas de exceção, ocorrem através de uma série de mudanças discretas nas regras e nos procedimentos informais que orientação as eleições, os direitos e a obrigação de justificar as ações do próprio governo.

Medidas de governo com viés autoritário no sentido de ampliar a possibilidade de manutenção em cargos de poder incluem a mudança de fórmulas eleitorais, o redesenho de distritos ou de regras atinentes à técnica empregada no processo eleitoral, novas exigências para votar, intimidação da oposição e a imposição de restrições a organizações não governamentais. De outro lado, medidas para ampliar a liberdade de formulação política incluem transferência do poder do Legislativo para o Executivo, restrição da independência do Judiciário e o uso de referendos para superar barreiras institucionais. Outros exemplos de medidas que revelam potencial retrocesso democrático são a implementação de reformas constitucionais, o aparelhamento partidário da máquina estatal e o controle da mídia.[151]

Em princípio, é inerente ao jogo democrático que haja oposição política hábil a discutir e impedir que governos autoritários realizem medidas que geram crise na própria democracia. Todavia, há diversos exemplos da História recente em que governos superaram obstáculos jurídicos rumo à consolidação de medidas autoritárias:

---

[151] PRZEWORSKI, Adam. *Crises da democracia*. Trad. Berilo Vargas. Rio de Janeiro: Zahar, 2020, p. 202.

CAPÍTULO I – AUTORITARISMO E ESTADO DE EXCEÇÃO

> Em 2007, quando o presidente da Turquia vetou uma emenda constitucional aprovada pelo parlamento sobre a eleição direta para a presidência, o governo organizou um referendo e ganhou. Na Venezuela, quando a oposição venceu a eleição legislativa em dezembro de 2015, Maduro substituiu o Congresso por uma Assembleia constituinte recém-eleita. Na Hungria, quando o Tribunal Constitucional invalidou uma reforma eleitoral em 2013, o governo aprovou uma emenda constitucional reduzindo o poder do tribunal.[152]

As experiências recentes de desgaste democrático com o uso de medidas que, à primeira vista, são compatíveis com a democracia, pois são utilizadas ferramentas do Estado de Direito (tal como referendo, emenda constitucional, *impeachment*), revelam que as democracias não dispõem de mecanismos institucionais que possam impedir que a Democracia seja subvertida por governos devidamente eleitos segundo normas constitucionais, embora o seu caráter autoritário seja evidente. Isto é, a desconsolidação democrática não precisa envolver violações da Constituição, e mesmo os tribunais, sejam constitucionais ou comuns, podem ser reconfigurados, intimidados ou contornados segundo interesses partidários,[153] servindo de ferramentas a projetos autoritários.

Assim, Adam Przeworski[154] constata que "a desconsolidação democrática não precisa envolver violações da Constituição". Mecanismos legais podem ser empregados para o desgaste da democracia e medidas com caráter de exceção, mas que são discretas e que, isoladas ou em termos abstratos, poderiam ser justificadas como

---

152 PRZEWORSKI, Adam. *Crises da democracia*. Trad. Berilo Vargas. Rio de Janeiro: Zahar, 2020, p. 203.

153 PRZEWORSKI, Adam. *Crises da democracia*. Trad. Berilo Vargas. Rio de Janeiro: Zahar, 2020, p. 205.

154 PRZEWORSKI, Adam. *Crises da democracia*. Trad. Berilo Vargas. Rio de Janeiro: Zahar, 2020, p. 205.

compatíveis com as normas democráticas, são utilizadas para fazer vir abaixo a democracia constitucional.[155]

Decorre destas ponderações a alcunha adotada pelo autor para o fenômeno que lança a democracia em crise; para ele, há uma subversão sub-reptícia[156] da democracia no uso de mecanismos legais existentes em regimes com credenciais democráticos para fins antidemocráticos. Em suas palavras:

> A sub-repção é um processo pelo qual o governo adota certas medidas, nenhuma delas manifestamente inconstitucional ou antidemocrática, mas que acumuladas destroem pouco a pouco a capacidade da oposição de tirá-lo do cargo ou ampliam sua liberdade de formulação política.[157]

---

[155] O autor indica como exemplo legislativo dessa espécie de medida as leis antiterror da Turquia (de 2006) e da Polônia (de 2016), e esclarece que são leis ordinárias, aprovadas segundo preceitos constitucionais pelos órgãos juridicamente competentes e, portanto, não desafiam a prerrogativa de qualquer governo democrático (PRZEWORSKI, Adam. *Crises da democracia*. Trad. Berilo Vargas. Rio de Janeiro: Zahar, 2020, p. 207). Porém, correspondem a legislação que potencialmente cria condições para que governos de viés autoritário possam incapacitar a oposição política, reprimir resistência e intimidar o debate democrático.

[156] O termo "subversão sub-reptícia" (no original, *subversion by stealth*), utilizado por Przeworski é também empregado por Ozan Varol no texto *stealth authoritarianism*: "*Stealth authoritarianism creates a significant discordance between appearance and reality by concealing anti-democratic practices under the mask of law. In so doing, stealth authoritarian practices avoid, to a great extent, the costs associated with transparently authoritarian practices that are much more likely to draw the opprobrium of both the domestic and the international community. Practices that appear clearly repressive in a transparently authoritarian regime appear more ambiguous in a regime that employs stealth authoritarian practices*" (VAROL, Ozan O. "Stealth Authoritarianism". *Iowa Law Review*, 2014, p. 1685. Disponível em: https://papers.ssrn.com/sol3/papers.cfm?abstract_id=2428965. Acessado em: 28.01.2023).

[157] PRZEWORSKI, Adam. *Crises da democracia*. Trad. Berilo Vargas. Rio de Janeiro: Zahar, 2020, p. 211.

CAPÍTULO I – AUTORITARISMO E ESTADO DE EXCEÇÃO

A caracterização da sub-repção autoritária que subverte a democracia corresponde a práticas antidemocráticas passíveis de ser incrementadas por meio das leis ou pelo sistema de justiça, sem que formalmente seja rompido o Estado de Direito, pois este é instrumentalizado contra a democracia. É sub-reptício porque é uma forma de autoritarismo que não oferece um sinal claro de que a democracia está sendo subjugada.

1.5.9 Autoritarismo *cool* do século XXI em Eugenio Raúl Zaffaroni

Passada a Segunda Guerra Mundial e o período chamado de Guerra Fria, o capital mudou de natureza; na mesma medida o autoritarismo, tal como se manifestava até então, evoluiu. Esse é o ponto de partida do que o penalista argentino Eugenio Raúl Zaffaroni denominou autoritarismo *cool*.

Zaffaroni[158] nota que o discurso político republicano, enveredado ao campo penal desde 1980, é simplista. Conforme expõe o autor "os políticos prometem mais penas para prover mais segurança; afirma-se que os delinquentes não merecem garantias; aprimora-se uma guerra à criminalidade".[159]

---

[158] ZAFFARONI, Eugenio Raúl. *O inimigo no Direito Penal*. 2ª ed. Rio de Janeiro: Revan, 2007, p. 64.

[159] É crucial ponderar que a diminuição de garantias judiciais e incremento da repressão penal está longe de ser um método eficaz de controle da criminalidade, servindo, na realidade, como um mero recurso discursivo. Tal circunstância é bem exemplificada por Zaffaroni (cf. ZAFFARONI, Eugenio Raúl. *O inimigo no Direito Penal*. 2ª ed. Rio de Janeiro: Revan, 2007, p. 64) pela alusão ao fato de que "um prefeito, desempenhando suas funções em tempo de pleno emprego, investiu grandes somas na melhoria do serviço de segurança, depurou boa parte da corrupção policial, mas pretende explicar seu êxito pela adoção da política de *tolerância zero* e explica idiotices a executivos latino-americanos que lhe pagam cifras astronômicas para ouvir suas incoerências publicitárias".

O discurso penal instrumentalizado à política incorporou-se com destaque após os atentados terroristas de setembro de 2001, criando as condições para uma verdadeira pregação de nova emergência, que "pretende justificar exigências internacionais de adoção de legislação penal e processual penal autoritária em todos os países do mundo".[160]

A intenção de buscar a defesa do Estado, como afirma Zaffaroni[161]

> não mais dos atos concretos de homicídio em massa e indiscriminados, mas sim do nebuloso terrorismo, legitima não apenas as guerras preventivas de intervenção unilateral como também legislações autoritárias com poderes excepcionais.

Embora esta ideologia de emergência conduza principalmente às legislações sobre terrorismo, será visto que normas de anticorrupção se aproveitam da mesma lógica de combate ao crime organizado.

Este novo autoritarismo é diferente daquele praticado anteriormente no mundo. Na visão de Eugenio Zaffaroni,[162] o novo autoritarismo se propaga a partir de um aparato publicitário que se move por si mesmo, impondo uma propaganda puramente emocional que proíbe denunciar e que, ademais – e fundamentalmente:

> Pode ser caracterizado pela expressão que esses mesmos meios difundem e que indica, entre os mais jovens, o superficial, o que está na moda e se usa displicentemente: é cool. É cool porque não é assumido como uma convicção profunda, mas sim como uma moda, à qual é preciso aderir para não ser

---

[160] ZAFFARONI, Eugenio Raúl. *O inimigo no Direito Penal*. 2ª ed. Rio de Janeiro: Revan, 2007, p. 66.

[161] ZAFFARONI, Eugenio Raúl. *O inimigo no Direito Penal*. 2ª ed. Rio de Janeiro: Revan, 2007, p. 64.

[162] ZAFFARONI, Eugenio Raúl. *O inimigo no Direito Penal*. 2ª ed. Rio de Janeiro: Revan, 2007, p. 69.

CAPÍTULO I – AUTORITARISMO E ESTADO DE EXCEÇÃO

estigmatizado como antiquado ou fora de lugar e para não perder espaço publicitário.

O autoritarismo *cool* do século XXI se distingue, assim, por apresentar-se à sociedade sem inibição, pois disfarçado. Altera-se como a moda da estação, ou como a fluidez da água, assumindo outros desenhos constantemente. Mais ainda, ao não se assumir como autoritarismo com *convicção profunda,* revela-se de difícil discernimento, ocultando-se em meio à sociedade que se diz democrática.

1.5.10 Normalização do estado de exceção em Günter Frankenberg

Na obra *Técnicas de Estado*, Günter Frankenberg se propõe a formular reflexões em defesa do Estado de Direito. Para tanto, examinou crises da democracia e, em especial, políticas de governo que se revelam como técnica securitária, ou seja, segundo a qual o próprio Estado afronta os limites do Estado de Direito e normaliza o estado de exceção.

A normalização que afere se relaciona ao fato de que os instrumentos do Direito de exceção são envolvidos no manto da normalidade normativa, tornando-se permanentes e cotidianos, por meio de sua juridificação, de suas figuras extrajurídicas de argumentação, bem como de sua recepção na dogmática do Direito normal.[163] Esclarece o autor que:

> Por "normalização", entendo a banalização e a minimização de medidas extraordinárias, a modificação radical da topografia do Estado de Direito em detrimento da proteção da liberdade e a inserção de autorizações de intervenção de

---

[163] FRANKENBERG, Günter. *Técnicas de Estado*: perspectivas sobre o Estado de Direito e o Estado de exceção. Trad. Gercelia Mendes. São Paulo: Unesp, 2018, p. 40.

natureza jurídico-excepcional no ordenamento jurídico ou a inclusão de figuras de pensamento jurídico-excepcionais na dogmática jurídica da situação normal reunidas sob a máscara do direito normal.[164]

Vale ressaltar a observação de Günther Frankenberg[165] no sentido de que as medidas excepcionais aparecem *sob a máscara do Direito normal*. Portanto, estão inseridas na rotina democrática, porém, normalizadas e banalizadas "não manifestam publicamente seu caráter excepcional, mas penetram pela porta de trás, furtivamente, na normatividade e na normalidade".[166]

O autor alemão identifica que a normalização da exceção, embora já presente no regime de legalidade democrática antes dos anos 1990, progride ao que chama de segunda crise do Estado de Direito, a partir de uma arquitetura securitária. Esta arquitetura securitária se desenvolve globalmente por meio do conceito de um "direito de combate",[167] que é inferido da atividade legislativa, e no qual se faz notar um dos aspectos da normalização do estado de exceção.

---

[164] FRANKENBERG, Günter. *Técnicas de Estado*: perspectivas sobre o Estado de Direito e o Estado de exceção. Trad. Gercelia Mendes. São Paulo: Unesp, 2018, p. 259.

[165] FRANKENBERG, Günter. *Técnicas de Estado*: perspectivas sobre o Estado de Direito e o Estado de exceção. Trad. Gercelia Mendes. São Paulo: Unesp, 2018.

[166] FRANKENBERG, Günter. *Técnicas de Estado*: perspectivas sobre o Estado de Direito e o Estado de exceção. Trad. Gercelia Mendes. São Paulo: Unesp, 2018, p. 259.

[167] A respeito da "retórica do combate", prossegue o autor para afirmar que ela se desenvolve no plano legislativo e prolonga-se para a prática dos órgãos de segurança executivos. Por sua vez, no discurso jurídico-científico, a retórica do "direito de combate" é traduzida em justificações dogmáticas da militância e da resistência do Estado perante seus "inimigos" (FRANKENBERG, Günter. *Técnicas de Estado*: perspectivas sobre o Estado de Direito e o Estado de exceção. Trad. Gercelia Mendes. São Paulo: Unesp, 2018, p. 256).

CAPÍTULO I – AUTORITARISMO E ESTADO DE EXCEÇÃO

Por meio de técnicas estatais, o estado de exceção deixa transparecer seu caráter extraordinário de maneira mais ou menos clara em declarações formais do governo, na regulação legal, ou no apelo a uma fonte supralegal. Conforme expõe o autor, o caráter extraordinário dessas medidas situa-se além da normalidade, em uma esfera entre Direito e caos:

> Como dispositivo político, o estado de exceção faz a forma jurídica desintegrar-se ao suspender as regras normais do uso da liberdade pelos cidadãos e do exercício do poder pelo Estado. Como dispositivo *jurídico*, ele põe em risco a racionalidade formal do Estado de Direito ao comprometer a soberania da lei geral por meio da soberania das medidas e desativa a normatividade da situação normal – suas regulações, barreiras e controles do exercício do poder – em nome das "materializações" ditadas pela situação excepcional.[168]

Assim, para Frankenberg,[169] na crise da democracia expressada na normalização do estado de exceção, o "Estado de Direito não apenas cai em apuros ou regride aqui e ali; ao contrário, ele regride amplamente em relação ao Estado securitário hiperpreventivo".

1.5.11 Pós-democracia em Rubens Casara

O jurista brasileiro Rubens Casara utiliza o termo "pós-democracia" para reunir diversos elementos que indicam a fase de mitigação de direitos de que padece a democracia contemporânea, construindo os argumentos para constatar a vivência um Estado

---

[168] FRANKENBERG, Günter. *Técnicas de Estado*: perspectivas sobre o Estado de Direito e o Estado de exceção. Trad. Gercelia Mendes. São Paulo: Unesp, 2018, p. 259.

[169] FRANKENBERG, Günter. *Técnicas de Estado*: perspectivas sobre o Estado de Direito e o Estado de exceção. Trad. Gercelia Mendes. São Paulo: Unesp, 2018, p. 260.

pós-democrático,[170] que se revela como uma forma corrompida do Estado Democrático de Direito.[171]

Rubens Casara[172] afirma que emprega a denominação "pós--democrático", na ausência de um termo melhor, para definir um "Estado sem limites rígidos ao exercício do poder, isso em um momento em que o poder econômico e o poder político se aproximam, e quase volta a se identificar, sem pudor". Para o autor, os sintomas pós-democráticos estão presentes na sociedade

> do despotismo no mercado ao narcisismo extremo, da rea-proximação entre o poder político e o poder econômico, ao crescimento do pensamento autoritário, sempre a apontar na direção do desaparecimento dos valores democráticos.[173]

Prossegue a análise angustiante de Casara[174] pela exposição de que:

---

[170] O autor justifica a utilização do termo ao ressaltar que "a expressão 'pós-democracia' costuma ser atribuída ao cientista político inglês Colin Crouch, que a utilizou para designar o momento em que há o pleno funcionamento (formal) das instituições democráticas (eleições, liberdade de expressão etc.), mas no qual a dinâmica democrática progressivamente desaparece" (CASARA, Rubens. *O estado pós-democrático*: neo-obscurantismo e gestão dos indesejáveis. Rio de Janeiro: Civilização Brasileira, 2017, p. 18).

[171] CASARA, Rubens. *O estado pós-democrático*: neo-obscurantismo e gestão dos indesejáveis. Rio de Janeiro: Civilização Brasileira, 2017, p. 181.

[172] CASARA, Rubens. *O estado pós-democrático*: neo-obscurantismo e gestão dos indesejáveis. Rio de Janeiro: Civilização Brasileira, 2017, p. 17.

[173] CASARA, Rubens. *O estado pós-democrático*: neo-obscurantismo e gestão dos indesejáveis. Rio de Janeiro: Civilização Brasileira, 2017, p. 16.

[174] CASARA, Rubens. *O estado pós-democrático*: neo-obscurantismo e gestão dos indesejáveis. Rio de Janeiro: Civilização Brasileira, 2017, p. 16.

CAPÍTULO I – AUTORITARISMO E ESTADO DE EXCEÇÃO

> O que há de novo na atual quadra histórica, e que sinaliza a superação do Estado Democrático de Direito, não é a violação dos limites ao exercício do poder, mas o desaparecimento de qualquer pretensão de fazer valer esses limites. Isso equivale a dizer que não existe mais uma preocupação democrática, ou melhor, que os valores do Estado Democrático de Direito não produzem mais o efeito de limitar o exercício do poder em concreto. Em uma primeira aproximação, pode-se afirmar que na pós-democracia desaparecem, mais do que a fachada democrática do Estado, os valores democráticos.

A constatação deste autor, que não há efetivo rompimento com a aparência do Estado de Direito, mas a sua mitigação, é conceito-chave para a aproximação entre as formulações que conglobam a ideia de autoritarismo líquido e a formulação da pós-democracia. E assevera que "no Estado Pós-Democrático a democracia permanece, não mais com um conteúdo substancial e vinculante, mas como mero simulacro, um elemento discursivo apaziguador"[175] e que, nas mesmas condições, "o significante 'democracia' não desaparece, mas perde seu conteúdo. A democracia persiste como uma farsa, uma desculpa que justifica o arbítrio".[176]

---

[175] CASARA, Rubens. *O estado pós-democrático*: neo-obscurantismo e gestão dos indesejáveis. Rio de Janeiro: Civilização Brasileira, 2017, p. 18.

[176] O autor elabora a democracia como farsa ao recordar que verificou na história recente ocasiões em que em nome da democracia rompeu-se com os princípios democráticos: "a imposição da "democracia" em determinados países do Oriente Médio, mesmo contra a vontade do povo e ao arrepio de tratados e convenções que asseguram direitos humanos, é um exemplo do uso da retórica democrática contra valores democráticos. Trata-se de uma "democracia" em que desaparece a premissa de um governo do povo por ele mesmo e que também desconsidera direitos democráticos, como o da livre determinação dos povos" (CASARA, Rubens. *O estado pós-democrático*: neo-obscurantismo e gestão dos indesejáveis. Rio de Janeiro: Civilização Brasileira, 2017, p. 25).

O autor vai além para questionar até mesmo se é possível ainda falar em democracia, sugerindo que é caso de "reconhecer que o Estado não pode mais ser tido como democrático, em especial diante da forma como trata os direitos e garantias fundamentais".[177]

Ademais, o jurista vincula a decadência da democracia à circunstância de que, aos interesses do mercado e dos órgãos de repressão, o Estado Democrático de Direito, com seus direitos fundamentais apresentados como limites ao arbítrio e ao princípio da legalidade, estrita a condicionar a ação dos agentes públicos, era um obstáculo ao crescimento do autoritarismo,[178] tendo sido moldada uma nova forma de Estado até este tornar-se disfuncional e suscetível ao autoritarismo. Isto é, foi alcançado um cenário em que o Direito é facilmente suplantado pela vontade política quando os valores democráticos não servirem àquele que toma o papel de soberano e tem o poder de dizer a exceção.

Fatalmente, Rubens Casara[179] vislumbra a normalização de um estado de exceção, alertando que na configuração do Estado contemporâneo "não há crise. O que chamam de 'crise' é, na verdade, um modo de governar as pessoas".

---

[177] CASARA, Rubens. *O estado pós-democrático*: neo-obscurantismo e gestão dos indesejáveis. Rio de Janeiro: Civilização Brasileira, 2017, p. 12.

[178] CASARA, Rubens. *O estado pós-democrático*: neo-obscurantismo e gestão dos indesejáveis. Rio de Janeiro: Civilização Brasileira, 2017, p. 74.

[179] CASARA, Rubens. *O estado pós-democrático*: neo-obscurantismo e gestão dos indesejáveis. Rio de Janeiro: Civilização Brasileira, 2017, p. 12.

CAPÍTULO I – AUTORITARISMO E ESTADO DE EXCEÇÃO

1.5.12 Estados de exceção em Luis Manuel Fonseca Pires

No livro *Estados de Exceção: A usurpação da soberania popular*, de 2021, obra fruto da livre-docência de Luis Manuel Fonseca Pires, aborda-se a premissa de que a política e o Direito estão mediados pela Constituição e devem conter-se em seus espaços e, portanto, a sobreposição de vontades políticas ao Direito, além dos limites da Constituição, é o que caracteriza a instalação de um estado de exceção, ou seja, a forma política-jurídica de autoritarismo.

O autor observa as formulações teóricas a respeito do estado de exceção em comparação aos regimes autoritários do século XXI, a fim de demonstrar que na atualidade o autoritarismo relacionado ao "estado de exceção não é sólido e monolítico, mas pulverizado, impõe-se como estados de exceção".[180] Assim, denomina o fenômeno político-jurídico do autoritarismo como estados de exceção, dando ênfase ao plural para contemplar a multiplicidade de técnicas autoritárias e da alternância dissimulada da sua imposição, elementos que formatam a incidência de estados de exceção na atualidade.

> Estados de exceção porque se escondem, fantasiam-se – geram ilusões –, produzem pantominas democráticas, esquetes de representação popular, lançam-se sobre a educação, em seguida cedem um pouco, atravessam a cultura para pulverizar a diversidade, mas simulam respeitá-la ao substituir o pluralismo por projetos homogêneos, fustigam permanentemente a liberdade de expressão, esgarçam, em ataques cíclicos, a independência dos demais Poderes, se eles não encampam o projeto autoritário.[181]

---

[180] PIRES, Luis Manuel Fonseca. *Estados de exceção*: a usurpação da soberania popular. São Paulo: Contracorrente, 2021, p. 104.

[181] PIRES, Luis Manuel Fonseca. *Estados de exceção*: a usurpação da soberania popular. São Paulo: Contracorrente, 2021, p. 104.

Trata-se de estados de exceção, no plural, uma vez que há momentos diversos de aplicação e arrefecimento na realização de práticas autoritárias que visam atingir alternadamente direitos individuais, direitos sociais e princípios inerentes ao Estado Democrático de Direito e à organização político-administrativa, como é a independência dos poderes. Nesta forma atualizada de autoritarismo, a soberania popular é sufocada, pouco depois deixa de respirar, em seguida volta a ser, adiante consegue se expressar, formando, na análise de Luis Manuel Fonseca Pires, um trajeto circular no qual cada investida reduz o diâmetro do espaço em que cabe o poder político do povo, ao mesmo tempo em que fragiliza gradualmente os sentidos da democracia.

A multiplicidade dos estados de exceção realiza-se com sucedâneo em particularidades do autoritarismo político contemporâneo, que o autor identifica como fantasmagórico, dissimulado e fragmentário. De acordo com a pesquisa de Luis Pires, os estados de exceção do século XXI evoluíram e são:

> (i) *fantasmagóricos*, porque raramente assumem sua tirania, (ii) *dissimulados*, por que a postura antidemocrática é levada a termo com o uso frequente, quase obstinado, da palavra "democracia" enquanto promovem investidas sucessivas contra os significados da democracia (liberdade de imprensa, pluralismo, diversidade, transparência, independência dos Poderes etc.), (iii) *fragmentados*, porque se apresentam em alguns campos (educação, saúde), noutros não, depois se alternam, e lançam-se para depois se recolherem, mas não dominam integral e simultaneamente as instituições públicas e todos os âmbitos da vida privada.[182]

O autoritarismo fantasmagórico, dissimulado e fragmentado da contemporaneidade adequa-se à percepção de que há estados de

---

[182] PIRES, Luis Manuel Fonseca. *Estados de exceção*: a usurpação da soberania popular. São Paulo: Contracorrente, 2021, p. 139.

CAPÍTULO I – AUTORITARISMO E ESTADO DE EXCEÇÃO

exceção no plural, uma vez que o autoritarismo não se apresenta, como no passado, monolítico, fisicamente identificável, com signos especialmente constituídos a servirem como imagens publicitárias orgulhosamente assumidas pelo regime de exceção.[183] Em acordo com este panorama, o fenômeno político-jurídico dos estados de exceção é constatado por características que, inclusive, dificultam sua identificação como práticas autoritárias, mas que conduzem à consolidação de um regime autoritário.

Importa, ainda, atentar à relação estabelecida pelo autor entre os estados de exceção e o Direito, isto porque este último é necessário aos estados de exceção atuais para elaborar uma aparência de coerência. Os estados de exceção contemporâneos não subjugam simplesmente o Direito;[184] precisam dele e do sistema de justiça a seu serviço, mas como uma espécie de parceria voluntária, "precisam do Direito em fiel submissão, participação ativa, franca adesão, porque o Direito confere um verniz de racionalidade".[185] Neste sentido, o autor afirma que:

> O Direito onde se instalam os estados de exceção é necessário para produzir algum sentido: torna-se o *logos* – palavra

---

[183] PIRES, Luis Manuel Fonseca. *Estados de exceção*: a usurpação da soberania popular. São Paulo: Contracorrente, 2021, p. 22.

[184] Vale ressaltar que "apesar da forte inclinação no mundo, sobretudo nos últimos anos, ao autoritarismo na ordem política à extrema-direita, com o ressurgimento da ampla circulação de discursos racistas, sexistas, homofóbicos, xenofóbicos, ainda assim os estados de exceção precisam agir de modo distinto do que se operava há um século" (PIRES, Luis Manuel Fonseca. *Estados de exceção*: a usurpação da soberania popular. São Paulo: Contracorrente, 2021, p. 27), isto é, os estados de exceção contemporâneos construídos sob a formatação de práticas autoritárias fantasmagóricas, dissimuladas e fragmentárias conformam suas técnicas que visam à exceção à sistemática do Direito, instrumentalizando-o para a fragilização do Estado Democrático baseado neste mesmo Direito.

[185] PIRES, Luis Manuel Fonseca. *Estados de exceção*: a usurpação da soberania popular. São Paulo: Contracorrente, 2021, p. 27.

e razão – de afetos que circulam na sociedade. Nos dias que nos cercam, a vontade política do soberano nos estados de exceção refugia-se no Direito, nele encontra proteção.[186]

A compreensão de que práticas autoritárias se refugiam no Direito está equiparada à percepção de que a democracia sofre uma reelaboração em que sua realização é ilusória, uma vez que é submetida a intermitências em que ordens, regras, ou interpretações jurídicas emanam não de vontade política diversa daquela estabelecida na matriz constitucional do Estado, aproximando-se o Estado de um regime autoritário sem que se anuncie como tal.[187]

1.6 Definição pelo termo "autoritarismo líquido"

Os diferentes autores referidos abordam o tema sob suas perspectivas, daí as distinções existem no tratamento do fenômeno que se tem observado. Evidentemente as descrições de cada autor são específicas ao campo de estudo do qual se propõe ou enfatizam

---

[186] PIRES, Luis Manuel Fonseca. *Estados de exceção*: a usurpação da soberania popular. São Paulo: Contracorrente, 2021, p. 174.

[187] A abordagem de Luis Manuel Fonseca Pires quanto ao que denomina usurpação da soberania popular é particularmente instigante, porquanto sua obra não apenas identifica, fundamenta e exemplifica a forma contemporânea do autoritarismo, mas também se dedica a dar forma a meios de resistência. Ao passo que o autor vislumbra que é a primeira vez, neste século, que boa parte dos países do mundo não vivem uma democracia, e que o surgimento de estados de exceção em meio a Estados Democráticos produz uma democracia esgarçada cuja soberania está cada vez mais distante de emanar do povo, propõe que a conscientização desta realidade de submissão que a política impõe ao Direito "permite estruturas as resistências institucionais e sociais, desenvolver a capacidade de reação do próprio Direito para não atender ao chamado de instrumento legitimador do arbítrio de poucos que se apoderam e encarnam o poder soberano. O Direito pode ser um meio de resistência" (PIRES, Luis Manuel Fonseca. *Estados de exceção*: a usurpação da soberania popular. São Paulo: Contracorrente, 2021, p. 176).

CAPÍTULO I – AUTORITARISMO E ESTADO DE EXCEÇÃO

determinado aspecto da realidade ou do ramo do Direito. A escolha de como denominar o tema tratado é, na verdade, menos importante do que o próprio estudo.

É caso de concordância com o raciocínio de Hannah Arendt[188] de que existe um certo consenso na maior parte das discussões entre cientistas sociais e políticos de que se podem ignorar as distinções e proceder baseados no pressuposto de que qualquer coisa pode, eventualmente, ser chamada de qualquer outra coisa, e de que as distinções somente têm significado na medida em que cada um de nós tem o direito de definir seus termos.

A importância de distinguir o fenômeno e reunir os elementos em comum das diversas descrições reside na necessária coesão ao olhar lançado ao tema. Assim, é coerente a adoção de "autoritarismo líquido", tal como formulado por Pedro Estevam Alves Pinto Serrano, como terminologia adotada especialmente em razão da abrangência da formulação, que permite constatar a estrutura política que aflige o Estado de Direito por meio das medidas de exceção, valendo-se as demais descrições em suas especificidades como detalhamentos do autoritarismo cuja característica se equipara à mobilidade dos fluidos.

É esclarecedor, neste ponto, relacionar a escolha do termo – autoritarismo líquido – ao autor da obra *Modernidade Líquida*, mencionado anteriormente, para conferir a necessária coesão ao tratamento da nomenclatura. Zygmunt Bauman,[189] ao afirmar a característica da sociedade atual tal como a fluidez dos líquidos que sofrem mudança de forma quando submetidos à tensão e que "centímetro cúbico por centímetro cúbico, são mais pesados que muitos sólidos, mas ainda assim tendemos a vê-los como mais leves", prenuncia que as medidas de exceção ocorridas em plena democracia

---

[188] ARENDT, Hannah. *Entre o passado e o futuro*. Trad. Mauro Barbosa. São Paulo: Perspectiva, 2016, p. 132.

[189] BAUMAN, Zygmunt. *Modernidade líquida*. Trad. Plínio Dentzien. Rio de Janeiro: Zahar, 2001, p. 8.

são menos evidentes e mais difíceis de se constatar como manifestação de zona em que ocorre um estado de exceção.

A vida "líquido-moderna", na definição de Bauman,[190] está relacionada à ideia de que

> assim como todas as substâncias líquidas, também as instituições, os fundamentos, os padrões e as rotinas que produzimos são e continuarão a ser como estas, até segunda ordem; que elas não podem manter e não manterão suas formas por muito tempo.

A imagem da fluidez alinha-se a uma das características do autoritarismo contemporâneo, conforme denotam os diversos autores que sobre o tema se ocupam, um autoritarismo que, ao invés de interromper o Estado Democrático de Direito e substitui-lo por um regime de exceção, manifesta-se diluído no interior da rotina democrática e enfraquece os mecanismos de controle que servem a impedir o exercício do poder político de forma arbitrária.

Conforme elucida Pedro Serrano acerca da teoria do autoritarismo contemporâneo que desenvolve sob a alcunha de autoritarismo líquido, este é

> O paradigma autoritário na contemporaneidade, modelo que temos apontado como autoritarismo líquido, caracterizado pela prática de medidas de exceção capitaneadas pelo sistema de justiça, diluídas e fragmentadas na rotina democrática com o propósito de camuflar seu conteúdo tirânico em um verniz fraudulento de legalidade.[191]

---

[190] BAUMAN, Zygmunt. *Legisladores e intérpretes*: sobre a modernidade, pós-modernidade e intelectuais. Trad. Renato Aguiar. Rio de Janeiro: Zahar, 2010, p. 13.

[191] SERRANO, Pedro Estevam Alves Pinto; LACERDA, Fernando Hideo. "Operação Lava Jato e o processo penal de exceção". *In*: RAMOS

CAPÍTULO I – AUTORITARISMO E ESTADO DE EXCEÇÃO

1.7 Medidas de exceção no autoritarismo líquido

Medidas de exceção sempre foram praticadas no sistema democrático, mas nunca foram vértice do sistema autoritário no interior da democracia. O elemento novo é o caráter que a instrumentalização de medidas que excetuam o Direito adota, constituindo o vértice do modelo político-jurídico manejado pelas figuras de autoridade. No autoritarismo líquido as medidas de exceção não são medidas isoladas, mas reiteradas sob diferentes formas, dificultando a identificação de que a permanência dessas medidas constitui a corrosão do sistema democrático.

As medidas de exceção estão presentes na jurisdição da estrutura legal, tal como expõe Edson Teles.[192] O emprego dessas medidas faz com que a exceção não se classifique nem como apenas um fato, nem como apenas um Direito, mas, sobretudo, como uma decisão própria do soberano diante da medida de emergência que se verifica subjetivamente.

Observa-se, nesse sentido, que a decisão acerca da anormalidade e da emergência são pretextos da realização de medidas de exceção que visam à suspensão do Direito. Essa técnica que propiciou a exceção:

> Permitiu, ao longo da história recente das democracias contemporâneas tardias, a continuidade dos mecanismos excepcionais violadores do Estado de Direito, fazendo com que o "entulho autoritário" que se quis extirpar permanecesse vivo como técnica de governo.[193]

FILHO, Wilson *et al. Relações obscenas*: as revelações do Intercept/BR. São Paulo: Tirant lo blanch, 2019, p. 127.

[192] TELES, Edson. "Entre justiça e violência: estado de exceção nas democracias do Brasil e da África do Sul". *In*: TELES, Edson; SAFATLE, Vladimir (Coord.). *O que resta da ditadura*: a exceção brasileira. São Paulo: Boitempo, 2010, p. 302.

[193] SERRANO, Pedro Estevam Alves Pinto; BONFIM, Anderson Medeiros; SERRANO, Juliana Salinas. "Notas sobre autoritarismo

As medidas de exceção constituem, portanto, espécies do qual o gênero é o fenômeno do autoritarismo nas suas diversas formas políticas. O autoritarismo líquido vem a se manifestar por meio dessas medidas, que são permanentemente invocadas como uma técnica de governo sem que haja suspensão do Direito, tal como se vislumbrou nos regimes de exceção ocorridos no século XX.

Em confirmação do caráter fluído do autoritarismo que se perfaz em medidas de exceção, estas podem se realizar nas mais diversas formas e atuar sobre diferentes ângulos nos poderes do Estado. Bem assim, as técnicas de exceção assumem como identidades prioritárias formatações diferentes quando comparado o fenômeno nos Estados Unidos da América e países europeus com o autoritarismo líquido dos países de modernidade periférica, especialmente aqueles que compõe a América Latina. Pedro Serrano[194] elucida esta distinção quanto à manifestação das medidas de exceção nos diferentes países pela afirmação de que:

> Enquanto nos países do denominado "primeiro mundo" chamam a atenção medidas de cunho legislativo, como as leis antiterrorismo (Patriot Act, nos EUA), na América Latina observam-se medidas de cunho jurisdicional, realizadas por meio do chamado ativismo judicial.

Assim, nos países desenvolvidos, o autoritarismo líquido se manifesta essencialmente por meio medidas legislativas ou medidas oriundas do executivo que fortalecem o poder do soberano capaz de dizer o Direito, especialmente o chefe do executivo.

---

na contemporaneidade". *In*: PIRES, Luis Manoel Fonseca; FRANÇA, Nathalia Penha Cardoso de; SERRANO, Pedro Estevam Alves Pinto (Coord.). *Autoritarismo líquido e crise constitucional*. Belo Horizonte: Fórum, 2021, p. 23.

[194] SERRANO, Pedro. *Autoritarismo e golpes na América Latina*: breve ensaio sobre jurisdição e exceção. São Paulo: Alameda, 2016, p. 170.

CAPÍTULO I – AUTORITARISMO E ESTADO DE EXCEÇÃO

O representante crucial de legislação com ares de exceção é o *Patriot Act* dos EUA, em que direitos são suspensos a partir da invocação de uma situação de emergência e da constituição de um inimigo, no caso o estrangeiro potencialmente terrorista.

Como aduz Nathalia França,[195] com o *Patriot Act*, os Estados Unidos da América "bradavam seu 'direito' de matar qualquer suspeito de terrorismo em qualquer parte do mundo". Trata-se, efetivamente, de legislação que permite o assassinato de suspeitos de terrorismo por agentes policiais em mera cognição sumária, além de permitir a tortura como meio de obtenção de informações.

São exemplos de medidas excepcionais, que transcorreram nos EUA oriundas de ordem executiva do Presidente, a partir, portanto, do emprego do poder concedido ao soberano pela legislação criada após os atentados terrorista do 11 de setembro de 2001, a ordem executiva que restringe a imigração de sete países de maioria muçulmana, bem como o ato que separa crianças de seus pais na fronteira com o México.[196]

Legislações que estabelecem um regime especial de segurança nacional contra a figura do terrorista, identificado no estrangeiro, importando em diminuição de direitos de todos, disseminam-se, a partir dos EUA, aos países europeus, sempre com a característica de conferir poderes ao chefe do poder executivo.

Na América Latina o autoritarismo líquido se apresenta de forma mais intensa por meio de medidas de exceção relacionadas à guerra às drogas, operando-se, diferentemente do primeiro mundo,

---

[195] FRANÇA, Nathalia. *Aspectos da exceção no Direito Internacional*. São Paulo: Contracorrente, 2021, p. 129.

[196] FRANÇA, Nathalia. *Aspectos da exceção no Direito Internacional*. São Paulo: Contracorrente, 2021, p. 135.

em especial pela interpretação dada à legislação pelo sistema de justiça.[197]

Os tipos de medidas de exceção manejadas na América Latina são principalmente os processos penais de exceção e os *impeachments* inconstitucionais; ambos se dão no interior do sistema de justiça.

No sistema de justiça penal, processos de exceção se notabilizam como um conjunto harmônico de decisões camufladas por aparente legalidade de cunho procedimental. Especialmente em processos penais ressignificados como processos de exceção há uma aparência de cumprimento do Direito e da Constituição, mas no seu conteúdo são processos penais que se afastam das regras e ritos da ação jurídica tal como estabelecida em lei, deixam de corresponder ao questionamento do cidadão pela via jurídica para tornar-se uma ação política de combate ao cidadão perseguido pelo Estado.

Simulacros do ideal do processo acusatório, os processos penais de exceção são orientados por critérios utilitaristas. Conforme assevera Fernando Lacerda,[198] o processo penal de exceção integra uma estrutura autoritária, em que direitos humanos perdem a lógica de aplicação universal e o sistema de justiça criminal torna-se o meio pelo qual "os direitos fundamentais daqueles apontados como

---

[197] Enquanto nos Estados Unidos e na Europa Continental a exceção costuma ocorrer por meio da criação de leis especiais em razão de, por exemplo, ameaças terroristas, no Brasil é o próprio Direito "comum" que é utilizado para combater o suposto inimigo (cf. SERRANO, Pedro Estevam Alves Pinto; BONFIM, Anderson Medeiros. "O ocaso da lava jato". *In*: PRONER, Carol *et al. O livro das parcialidades*. Rio de Janeiro: Telha, 2021, p. 79).

[198] LACERDA, Fernando. "Sistema penal e autoritarismo na contemporaneidade". *In*: MAGANE, Renata Possi *et al. Democracia e crise*: um olhar interdisciplinar na construção de perspectivas para o Estado brasileiro. São Paulo: Autonomia Literária, 2020, p. 110.

CAPÍTULO I – AUTORITARISMO E ESTADO DE EXCEÇÃO

inimigos são violados impunemente e suas garantias constitucionais passam a ser encaradas como obstáculos à eficiência punitiva".[199]

Os *impeachments* inconstitucionais, por sua vez, correspondem a medidas de exceção enquanto instrumentos de interrupção da normalidade democrática. Ilustram esta espécie de medida de exceção os casos de Honduras e Paraguai, em que regimes democráticos tiveram governos de Presidentes legitimamente eleitos, interrompidos por obra ou apoio das respectivas cortes supremas.[200]

Garzillo, Lacerda e Burdmann[201] ressaltam que em consonância com a sistematização dos elementos que constituem a fenomenologia do autoritarismo líquido, o *impeachment* de Dilma Rousseff em 2016 também se caracteriza como medida de exceção, "uma vez que o processo de apuração da denúncia do cometimento de crime de responsabilidade não observou minimamente os requisitos constitucionais indispensáveis para se instaurar um processo desta natureza".

Em comum entre os tipos de medida de exceção está o fato de que estas medidas, apresentadas no formato de decisão judicial,

---

[199] A tese de doutorado do referido autor discorre sobre o assunto em maior profundidade para elaborar que "empregando-se o processo penal como medida de exceção, a tosca separação entre excluídos e incluídos no âmbito de proteção dos direitos fundamentais é reeditada à complexidade dos nossos tempos, intensificando-se a repressão contra as classes populares tradicionalmente perseguidas e camuflando-se a perseguição seletiva de alvos do sistema político, jurídico, jornalístico, científico e empresarial inconvenientes à racionalidade neoliberal". Cf. LACERDA, Fernando Hideo Iochida. *Processo penal de exceção*. São Paulo: PUC, 2018, p. 403 (Tese de Doutorado em Direito).

[200] SERRANO, Pedro. *Autoritarismo e golpes na América Latina*: breve ensaio sobre jurisdição e exceção. São Paulo: Alameda, 2016, p. 147.

[201] GARZILLO, Rômulo Monteiro; LACERDA, Fernando Hideo Iochida; BURDMANN, Emmanuel Cais. "O conceito de medidas de exceção segundo Pedro Serrano: sistematização dos elementos constitutivos". *In*: PIRES, Luis Manoel Fonseca; FRANÇA, Nathalia Penha Cardoso de; SERRANO, Pedro Estevam Alves Pinto (Coord.). *Autoritarismo líquido e crise constitucional*. Belo Horizonte: Fórum, 2021, p. 90.

geram a aplicação de um ato político-jurídico que não produz um precedente efetivo, não estabelece uma regra que possa ser invocada em casos gerais, há sempre uma escolha na incidência dessas medidas. Isto é, a medida de exceção visa ser aplicada numa figura, essencialmente aquele que servir à simbologia de inimigo do Estado. Assim, os impeachments constitucionais devem estar calcados em princípios de direitos fundamentais, enquanto àqueles impeachments que se equiparam a medidas de exceção são construídos para aplicação singular – é dizer, no Brasil a relação de interrupção do cargo e atos correspondentes a "pedaladas fiscais" foi ferramenta de uso único para a remoção do cargo da ex-Presidenta Dilma Rousseff. A análise de Serrano e Bonfim a este contexto é de que trata-se de exceção em que por vontade política soberana, decisionista, suspende-se o Direito sem qualquer racionalidade transversal:

> Deparamo-nos com um poder que se apresenta de forma bruta, e por consequência, por sua não autolimitação, nem mesmo por qualquer regra de coerência ou racionalidade. Inclusive por essa razão, a decisão de exceção não se influencia nem produz, em regra, precedente. Mudando-se os atores envolvidos ou o fim político, muda-se a decisão, retornando-se ao Direito ou produzindo nova exceção.[202]

O fato de as medidas de exceção na América Latina, e especificamente no Brasil, transcorrerem prioritariamente pela ação do sistema de justiça não significa a ausência de produção de legislação capaz de representar conteúdo autoritário entre nós.

Na realidade brasileira, um tribunal pode, numa mesma sessão, oferecer decisões alinhadas aos direitos fundamentais junto a decisões eivadas de conteúdo tirânico. Em igual medida, a mesma legislatura

---

[202] SERRANO, Pedro Estevam Alves Pinto; BONFIM, Anderson Medeiros. "O ocaso da lava jato". *In*: PRONER, Carol *et al*. *O livro das parcialidades*. Rio de Janeiro: Telha, 2021, p. 79.

CAPÍTULO I – AUTORITARISMO E ESTADO DE EXCEÇÃO

do congresso nacional pode aprovar legislação com dispositivos em homenagem à CF/88 que venha acompanhada de outros dispositivos que permitam uma corrosão dos valores do Estado Democrático de Direito.

Em qualquer caso, as medidas de exceção se apresentam como formalmente legítimas, mas seu conteúdo é tirânico e aproxima o Estado dos elementos que perfazem um regime autoritário.

A mistura de medidas de exceção ora produzidas pelo sistema de justiça, ora produzidas pelo legislativo ou pelo executivo, coaduna-se com a liquefação do autoritarismo. Não há a consolidação de uma forma de autoritarismo, justamente por assumir uma característica líquida, a fluidez das medidas de exceção que se camuflam no interior da democracia permite que o modelo de autoritarismo se apresente sob diferentes formatos, dificultando a percepção de corrosão do Estado Democrático de Direito.

As medidas de exceção no interior da democracia brasileira podem ser oriundas do legislativo, tanto quanto foram originadas pelo sistema de justiça durante o período de operações enviesadas, com denominações caricatas como o Mensalão e a Lava Jato, e, a seguir, aprofundamentos serão realizados nessa faceta legislativa da questão.

CAPÍTULO II

LEI ANTICORRUPÇÃO

Neste capítulo, será proposto um aprofundamento sobre elementos da legislação e especialmente da Lei Anticorrupção que serão essenciais a um olhar ao "combate" à corrupção perseguido pela legislação. É questão central a verificação da intenção manifestada pela legislação, seus elementos constitutivos e as disposições que concretizam novidades no sistema, especialmente a responsabilização da pessoa jurídica e o estimula à iniciativa privada, para instaurar mecanismos e procedimentos internos de integridade e incentivo à denúncia, bem como a relação entre discursos anticorrupção e a instauração de regimes antidemocráticos.

2.1 Esboços do passado e do presente

Ao abordar o tema da corrupção, é relevante discernir a percepção do assunto na forma da ideia vulgar da definição técnica que, como será visto, é mais nebulosa no campo da legislação do que o ideal. É igualmente oportuno alguns breves apontamentos sobre a evolução do que se compreende como ato de corrupção ao longo da História, a fim de evitar que anacronismos na leitura do significado da corrupção possam confundir o rigor técnico necessário.

A menção à corrupção é normalmente relacionada ao sentir vulgar das noções de apodrecimento, decadência moral, desvio, quebra de fidelidade, deturpação e apropriação indevida do que pertence ao público.

É comum afirmações de que a corrupção acompanha a humanidade desde os primórdios, a partir da existência de qualquer espécie primitiva de transferência de poderes a uma esfera pública. Esta noção, contudo, não acompanha a dimensão do tema após o desenvolvimento do Estado moderno, nem a evolução acerca de sua percepção durante o final do século XX.

Ainda assim, é significativo recordar, como faz Fernando Neisser, que a corrupção traça suas origens na Bíblia, na qual podem ser encontrados elementos que são embrionários da concepção mais moderna de desvio de conduta no exercício do poder político. Conforme o autor, o significado da corrupção na Bíblia contrapõe o homem à incorruptibilidade de Deus.

> A corrupção do homem, portanto, representa sua separação com relação ao divino, sendo uma reminiscência do momento em que Adão pegou a fruta proibida, desobedeceu a seu criador e, assim, submeteu sua alma a sua carne. Desse modo, como consequência do pecado original e sendo um pecado em si mesma, a corrupção toma uma conotação política, uma vez que o Velho Testamento atribui o papel de pastores aos reis de Israel. Nessa linha, esse caráter político, que vincula o grau de corrupção ao cumprimento dos deveres sagrados reais, sugere uma relação direta entre o termo corrupção e os deveres do príncipe e, portanto, com o exercício das responsabilidades públicas.[203]

---

[203] NEISSER, Fernando Gaspar. *Dolo e culpa na corrupção política*: improbidade e imputação subjetiva. Belo Horizonte: Fórum, 2019, p. 39.

CAPÍTULO II – LEI ANTICORRUPÇÃO

Na era clássica do Direito grego, caracterizada pela aparição da ideia de pólis (cidade-estado) e da experiência com a democracia direta, surgiram os delitos de funcionários contra a Administração Pública, com sanções comportamentos no espectro do abuso de autoridade, peculato e corrupção. Do mesmo modo, no período clássico do Direito romano, a corrupção recebeu tratamento legal, com as considerações de que na época os encarregados de serviços públicos exerciam um *múnus*, não um emprego ou função paga.[204]

Na Idade Média, a decadência e a fragmentação do império romano operaram profundas transformações sociais e políticas na Europa, na época do feudalismo. No período, a coisa pública e particular se confundia, tornando a ideia de corrupção pouco definida. Ainda assim, não desaparece a corrupção como delito, conforme preleciona Magalhães Noronha:[205]

> Na idade Média considerava-se a corrupção, dos funcionários em geral e a dos juízes em particular, sob o nome de *baratteria*. Não se esquece dele, Carrara, ao definir o crime: A corrupção *(o baratteria di magistrato)* é então, a venda concluída entre um particular e um oficial público de um ato do ministério deste, que, em regra, devia ser gratuito.

Contudo, torna-se efetivamente possível identificar corrupção política a partir do surgimento da noção de Estado-nação, ou seja, com a distinção entre patrimônio do soberano e patrimônio particular. Isto é, o surgimento do Estado Moderno, no século XVII, deu

---

204 ROCHA, Jorge Luís. "Heleno Cláudio Fragoso: um mestre nos tribunais de exceção". *In*: SÁ, Fernando; MUNTREAL, Oswaldo; MARTINS, Paulo Emílio (Coord.). *Os advogados e a ditadura de 1964*: a defesa dos perseguidos políticos no Brasil. Rio de Janeiro: PUC-Rio, 2010, p. 37.

205 NORONHA, Magalhães. *Direito Penal*. 27ª ed. São Paulo: Saraiva, 2003, p. 264.

ensejo a um novo modelo de organização política, tornando nítida a diferença entre interesse público e privado.

Com efeito, é apenas a partir dos séculos XVIII e início do XIX que a definição de corrupção passa a abarcar a ideia de corrupção política em geral, como ato de agentes públicos, uma evolução que corresponde ao desenvolvimento do Estado Moderno.

Outrossim, é necessário voltar a atenção ao desenvolvimento da percepção da corrupção no Brasil.

Neste ponto, é fundamental afastar visões preconceituosas, no sentido de que a corrupção sempre esteve presente em nossa sociedade, que esse fenômeno faria parte da própria constituição e identidade do brasileiro, não havendo, portanto, nada a se fazer para coibi-lo.[206] Formulações dessa natureza, além de incorporar uma boa dose de preconceito, ignoram raízes históricas da corrupção e simplificam ao atribuir uma sobrecarga explicativa à cultura, em detrimento de suas articulações variadas com outras dimensões da vida social. Nesta linha, destaca-se que:

> A explicação tautológica de que o Brasil é corrupto em função de sua identidade quase prescinde de refletir teoricamente e estudar empiricamente o fenômeno da corrupção. Não deixa de ser, apesar da crítica aparente, uma forma de se conformar à sua realidade.[207]

Em reflexões sobre as origens da corrupção no período colonial brasileiro, Helena Regina Lobo da Costa ressalta que, naquele

---

[206] COSTA, Helena Regina Lobo da. "Corrupção na história do Brasil: reflexões sobre suas origens no período colonial". *In*: DEBBIO, Alessandra Del; MAEDA, Bruno Carneiro; AYRES, Carlos Henrique da Silva (Coord.). *Temas de anticorrupção e compliance*. Rio de Janeiro: Elsevier, 2013, p. 2.

[207] AVRITZER, Leonardo *et al*. *Corrupção, ensaios e críticas*. Belo Horizonte: UFMG, 2008, p. 14.

CAPÍTULO II – LEI ANTICORRUPÇÃO

período, o Direito brasileiro era regido pelas Ordenações Filipinas, cujo tratamento conferido à corrupção era assistemático e de pouco rigor dogmático. Relata a autora que os casos mais graves de corrupção consistiam em venda da justiça, mas que havia disposições sobre o abuso de cargos para atingimento de objetivos pessoais dispersos em dispositivos vários. Verificou, ainda, que era conferido rigoroso tratamento jurídico pela legislação contra a corrupção de membros da administração da justiça, mas que magistrados dificilmente sofriam punição. Assim:

> A gravidade das sanções – que poderiam chegar em alguns casos, até à morte – não logrou evitar ou diminuir as práticas de corrupção no Brasil colonial. A mera previsão legal, concretizada apenas em alguns casos, com grande escândalo e alarde não revelou apta a introjetar valores nos detentores de ofícios, nos particulares que lhe ofereceram vantagem e na sociedade colonial em geral.[208]

A corrupção, na forma exposta atualmente pela legislação penal, é a venalidade em torno da função pública, denominando-se passiva quando se tem em vista a conduta do funcionário público corrompido, e ativa quando se considera a conduta do corruptor. É essa a distinção adotada pelo Código Penal (CP) brasileiro, em que a figura da corrupção passiva (art. 317) está entre os "crimes praticados por funcionário público contra a administração em geral", e a corrupção ativa (art. 333) é encontrada entre os "crimes praticados por particular contra a administração em geral", cujas particularidades serão abordadas à frente.

---

[208] COSTA, Helena Regina Lobo da. "Corrupção na história do Brasil: reflexões sobre suas origens no período colonial". *In*: DEBBIO, Alessandra Del; MAEDA, Bruno Carneiro; AYRES, Carlos Henrique da Silva (Coord.). *Temas de anticorrupção e compliance*. Rio de Janeiro: Elsevier, 2013, p. 17.

Embora a corrupção no plano interno tenha como marca a permanência histórica de sua criminalização, é interessante observar que a corrupção transnacional passou a ser tratada pela legislação criminal em 2002, com a inclusão do delito de corrupção ativa em transação comercial internacional no CP. Também de 2002 é o Decreto n. 4.410, que promulgou a Convenção Interamericana Contra a Corrupção da Organização dos Estados Americanos (OEA) de 1996, tratado internacional que dispôs sobre o comprometimento dos Estados em tomar todas as medidas quanto à jurisdição que puna a corrupção de funcionário público estrangeiro e em estabelecer "leis que vedem tratamento tributário favorável a qualquer pessoa física ou jurídica em relação a despesas efetuadas com violação dos dispositivos legais dos Estados Partes contra a corrupção". Naquele período passavam os países a repudiar uma técnica até então largamente praticada; a dedução fiscal dos gastos com suborno de autoridades estrangeiras.

De fato, foi apenas na década de 90 que temas como a corrupção e o suborno de funcionários públicos estrangeiros em transações comerciais internacionais passaram a ser objeto de maior atenção da comunidade internacional. Em 1995, a Organização para a Cooperação e Desenvolvimento Econômico (OCDE) adotou a Recomendação sobre a Dedução de Impostos de Subornos de Funcionários Públicos Estrangeiros, e em 17 de dezembro de 1997, a "Convenção sobre o Combate à Corrupção de Funcionários Públicos Estrangeiros em Transações Comerciais Internacionais" foi firmada pelos Estados-membros da OCDE. É desta última convenção, promulgada por meio do Decreto n. 3.678/2000, importante artigo sobre o comprometimento dos Estados em "tomar as medidas necessárias ao estabelecimento das responsabilidades de pessoas jurídicas pela corrupção de funcionário público estrangeiro, de acordo com seus princípios jurídicos", disposição que corresponde a um dos antecedentes originários da Lei Anticorrupção e suas disposições direcionadas ao sancionamento de empresas acusadas de envolvimento em práticas corruptas.

CAPÍTULO II – LEI ANTICORRUPÇÃO

Sobre o tratamento ao crime de corrupção no Brasil, é significativo trazer a visão de Nelson Hungria, em seu clássico *Comentários ao Código Penal*, de 1958, no qual discorre, em poucas linhas, sobre a percepção da corrupção, a influência da opinião pública, a frivolidade do manejo do processo penal no efetivo controle do delito e à forma como a utilização de bens públicos pelo que chama de "estado-maior" fica resguardada do alcance do Direito criminal.

> A corrupção campeia como um poder dentro do Estado. E em todos os setores: desde o "contínuo", que não move um papel sem a percepção de propina, até a alta esfera administrativa, onde tantos misteriosamente enriquecem da noite para o dia. De quando em vez, rebenta um escândalo em que se ceva o sensacionalismo jornalístico. A opinião pública vozeia indignada e Têmis ensaia o seu gládio; mas os processos penais, iniciados com estrépito, resultam, as mais das vezes, num completo fracasso, quando não na iniquidade da condenação de uma meia dúzia de intermediários deixados à sua própria sorte. São raras as moscas que caem na teia de Aracne. O "estado-maior" da corrupção quase sempre fica resguardado, menos pela dificuldade de provas do que pela razão de Estado.[209]

Nesta toada, a corrupção (dita numa concepção ampla) mais combatida em atenção a atos que lesionem a Administração Pública – conquanto gere distorções na economia, vícios na gestão pública e desestabilize as instituições democráticas – não é necessariamente aquela corrupção mais preocupante ao funcionamento de um Estado de Direito verdadeiramente democrático. Em compasso àquela corrupção que fica resguardada, nas palavras de Nelson Hungria anteriormente destacadas, verifica-se um intenso processo de conflito

---

[209] HUNGRIA, Nélson. *Comentários ao Código Penal*. vol. IX. Rio de Janeiro: Forense, 1958, p. 362.

de interesses que macula a esfera pública e a esfera privada, numa relação corrupta entre política e economia.

O conflito de interesses implícito ao sistema político subordina interesses públicos a interesses econômicos, a conferir um verniz de licitude a práticas que não correspondem a formas tradicionais de corrupção, mas que significam a utilização de bens público ao alvedrio da vontade política. É dizer que o Direito pode ser subjugado a interesses políticos, que por sua vez foram domados pela lógica econômica, ao ponto que práticas que ferem o interesse comum e que correspondem à concepção clássica de corrupção como deturpação daquilo que pertence ao público tornam-se meros conflitos de interesse, ou menos ainda, tornam-se parte do jogo político. São aspectos deste vislumbre da corrupção no vértice do Estado: tráficos de influência da política com o mundo das finanças; os lobbies corporativos; abusos de poder do alto escalão político; e benesses a entidades privadas. Essa espécie de atos lesivos ao bem comum que destoam da visão tradicional da corrupção, e cujo costumeiro discurso de seu combate pouco alcança, é identificada na seguinte análise de Luigi Ferrajoli:

> Formalmente a corrupção, para quem detém seja o poder político, seja o poder econômico, torna-se supérflua, pois vem substituída pela gestão política direta dos próprios interesses pessoais: quer se trate da abolição dos impostos sobre a sucessão e sobre as doações, ou da aprovação repetida de leis *ad personam* sobre a justiça, ou da lei sobre a transação dos contenciosos limites da anistia, ou da censura ao dissenso e à informação, ou das leis destinadas a defender e reforçar o monopólio televisivo. Mas é claro que todos os provimentos públicos adotados com a finalidade de favorecer interesses privados equivalente, em sua substância, a atos de corrupção.[210]

---

210 FERRAJOLI, Luigi. *Poderes selvagens*: a crise na democracia italiana. Trad. Alexander de Souza. São Paulo: Saraiva, 2014, p. 37.

CAPÍTULO II – LEI ANTICORRUPÇÃO

Neste ponto, em que se trata fundamentalmente do uso imoral e inconveniente da coisa pública, vale mencionar que o orçamento público brasileiro é altamente comprometido com despesas que não revertem diretamente à sociedade. Em auditoria do orçamento federal, realizada a partir de dados do Sistema Integrado de Planejamento e Orçamento do Governo Federal, foi constatado que 46,30% do orçamento federal em 2022 foi empregado no pagamento de juros e amortizações de dívidas, portanto, alimentou o sistema bancário, ao tempo que apenas 3,37% do orçamento foi destinado à saúde e 2,70% aplicado em educação.[211] Estes dados podem ser conferidos na figura abaixo:[212]

---

[211] Esta mesma pesquisa, realizada no ano anterior, indicou que o gasto com a dívida pública sem contrapartida quase dobrou de 2019 a 2021, expondo que em 2021 o governo federal gastou R$ 1,96 trilhão com juros e amortizações de dívida pública, o que representa um aumento de 42% em relação ao valor gasto em 2020, que por sua vez tinha sido 33% superior a 2019 (FATTORELLI, Maria Lucia; ÁVILA, Rodrigo. "Gasto com dívida pública sem contrapartida quase dobrou de 2019 a 2021". *Auditoria Cidadã da Dívida*, 15 fev. 2022. Disponível em: https://auditoriacidada.org.br/conteudo/gasto-com-divida-publica-sem-contra-partida-quase-dobrou-de-2019-a-2021/. Acessado em: 28.01.2023).

[212] FATTORELLI, Maria Lucia; ÁVILA, Rodrigo. "Gastos com a dívida consumiram 46,3% do orçamento federal em 2022". *Auditoria Cidadã da Dívida*, 23 fev. 2023. Disponível em: https://auditoriacidada.org.br/conteudo/gastos-com-a-divida-consumiram-463-do-orcamento-federal--em-2022/. Acessado em: 28.02.2023.

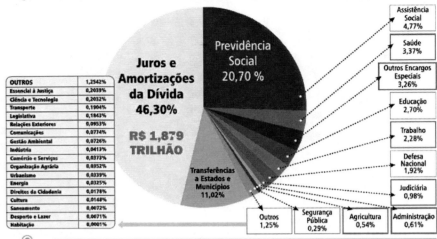

A base do debate a respeito da preocupação com a corrupção como prática ilícita provém da expectativa de que o dinheiro público seja bem empregado; nessa toada, a sanção a atos que lesam a Administração Pública tem como justificativa, além da moralidade pública, também uma necessidade de vigilância da melhor utilização do erário público. Mais ainda, é central que a persecução de punição a atos de corrupção encontre razoabilidade na coibição de que o bem público seja utilizado em favor de entes privados em detrimento da coletividade. A partir desse quadro, é relevante propor uma reflexão, sob o cenário retratado pela auditoria do orçamento federal brasileiro, quanto à moralidade do exorbitante numerário destinado ao pagamento de juros a instituições financeiras em comparação aos gastos com direitos sociais. A questão que desponta está firmada na relação conflituosa entre a utilização do erário público apresentada e o dispositivo da CF/88 que, consoante seu art. 170, descreve que a ordem econômica no Brasil é ditada pela justiça social e conta entre seus princípios com o objetivo de reduzir as desigualdades sociais.

CAPÍTULO II – LEI ANTICORRUPÇÃO

Assim, tem-se de um lado uma pujante percepção da corrupção declarada e altamente divulgada,[213] como é bem retratado pelo índice de percepção da corrupção produzido pela transparência internacional, que em 2021 posicionou o Brasil abaixo da média global e da média da América Latina, e está entre os que, por serem "percebidos como altamente corruptos têm maior probabilidade de reduzir seu espaço cívico e democrático e atacar direitos da população".[214] E de outro lado, uma profunda utilização do bem público que o corrompe

---

[213] A propósito, no Brasil o combate à corrupção foi ampliado desde a restauração da democracia e a promulgação da Constituição de 1988, que fixou normas de independência do judiciário e do Ministério Público. É o que consta Serrano (SERRANO, Pedro Estevam Alves Pinto. *A justiça na sociedade do espetáculo*: reflexões públicas sobre direito, política e cidadania. São Paulo: Alameda, 2015, p. 245) ao afirmar que "uma primeira consequência do início do combate à corrupção é o aumento de sua percepção pela população. Temos o perverso efeito de que o governo que promove a criação e implementação de órgão realmente independentes de apuração é o que mais sofre as consequências políticas desta criação, pois a corrupção é um mal humano, ocorre em qualquer governo. Quando não existem órgãos que apurem os crimes, a percepção de sua existência é bem menor que quando esses órgãos existem".

[214] O Índice de Percepção da Corrupção é o principal indicador de corrupção do mundo. Produzido pela Transparência Internacional desde 1995, ele avalia 180 países e territórios. Em 2021, Finlândia, Dinamarca e Nova Zelândia dividiram o 1º lugar, enquanto o Brasil está na posição 96, junto da Argentina, Indonésia e Lesoto. O relatório do Transparência Internacional aponta sobre os países da América Latina que, embora os piores resultados da região pertençam a países não democráticos, democracias importantes e consolidadas tiveram avaliações abaixo do razoável, e a respeito do Brasil afirma que o país "está estagnado, sem ter feito avanços significativos para enfrentar o problema no período. Por outro lado, o desmonte institucional e a inação do governo no combate à corrupção podem levar a notas ainda piores nos próximos anos". Os detalhes sobre o índice de percepção da corrupção e o relatório da Transparência Internacional, que inclui a metodologia usada na pesquisa, pode ser encontrada na página da organização (TRANSPARÊNCIA INTERNACIONAL BRASIL. *Índice de Percepção da Corrupção*. Disponível em: https://transparenciainternacional.org.br/ipc/. Acessado em: 28.01.2023).

em favor de interesses privados, mas que é promovida de maneira lícita por um Estado subjugado pela lógica neoliberal, que a um só tempo precariza investimentos no bem comum ou direitos sociais e viabiliza práticas iníquas de moralidade política, tal como denota a comparação dos gastos públicos entre saúde e educação, por exemplo, confrontados ao reservado a pagamento de juros bancários.

Seja qual for a forma da corrupção abordada, é de se destacar o dado histórico que se contrapõe ao ideal punitivista dos discursos anticorrupção, isto é; o recrudescimento das sanções não impacta em menos evidências de cometimento de crimes. O racional da utilização de pena aplicada ao corrupto dificilmente será afastado, e nem mesmo é o caminho hábil a ser proposto, contudo, não há dúvidas que o eficaz controle do delito de corrupção encontra possibilidades de resultados prósperos nas práticas que se relacionam ao fortalecimento das instituições e do fomento de uma cultura de respeito ao bem público, de ética corporativa e de aplicação de recursos na realização de um projeto social que reflita os objetivos fundamentais da república para a construção de uma sociedade livre, justa e solidária.

2.2 Prolegômenos da crítica à lei anticorrupção

Em agosto de 2013 foi publicada a Lei Anticorrupção brasileira, também conhecida como Lei da Empresa Limpa. A Lei n. 12.846/2013 tem como tema dispor sobre a responsabilização administrativa e civil de pessoas jurídicas pela prática de atos contra a Administração Pública, nacional ou estrangeira.[215]

---

215 Lei de Probidade Administrativa Empresarial é como propõe Maurício Zockun reconhecer a Lei n. 12.846/2013 [cf. ZOCKUN, Maurício. "Comentários ao art. 1º". *In*: DI PIETRO, Maria Sylvia Zanella; MARRARA, Thiago (Coord.). *Lei Anticorrupção Comentada*. 2ª ed. Belo Horizonte: Fórum, 2018, p. 16]. O autor indica que a legislação repreende mais ilícitos do que a simples corrupção ativa e que "pretende acautelar a escorreita tutela do interesse público por meio da função

CAPÍTULO II – LEI ANTICORRUPÇÃO

Enquanto os atos de corrupção praticados por pessoa física seguem disciplinados no Código Penal, quanto às pessoas jurídicas a lei inaugurou o tratamento por meio do Direito Administrativo sancionador.

A opção pelo Direito Administrativo sancionador, ao invés de posicionar-se como responsabilidade penal da pessoa jurídica, acarretou a necessidade de desenvolver um procedimento específico para a apuração dos eventos tipificados na legislação, causando a impressão de que o arcabouço de garantias penais está à margem da Lei Anticorrupção. Todavia, conforme ponderam Silveira e Diniz, muito embora não se trate de lei formalmente penal, a Lei Anticorrupção "representa conteúdo material penal, seus efeitos e forma sancionatório têm forte incidência na restrição de diretos e repercutem seriamente na aplicação de condenações criminais".[216] Referidos autores debatem a própria natureza da legislação comentada, para além da declaração da própria lei de corresponder a prática administrativas:

> Dir-se-á, à voz pequena, que a legislação, apesar de combater a mácula da corrupção, não versa sobre dispositivos penais. Essa é apenas parcial verdade, pois nela o Direito Penal também se faz presente. Esse engano é evidente, em especial quando se observam as realidades comparadas internacionais. A lógica do combate à corrupção é, sim, penal, e sob suas luzes e garantias, deve ser tratada, até mesmo porque, em muitas situações, o não respeito a algumas de suas previsões

---

administrativa em face de atos que, de modo fraudulento, resultem na vulneração dos princípios vetores das licitações e contratações públicas", e além de salvaguardar a administração pública nacional, protege também a administração estrangeira. Em que pese mais prudente a nomenclatura sugerida pelo referido autor, é sob a designação de Lei Anticorrupção que a legislação ficou conhecida.

[216] SILVEIRA, Renato de Mello Jorge; DINIZ, Eduardo Saad. *Compliance, Direito penal e lei anticorrupção*. São Paulo: Saraiva, 2015, p. 308.

poderiam, de alguma forma, legitimar a intervenção penal em relação às pessoas físicas.[217]

Neste sentido, parte da doutrina afirma que a Lei n. 12.846/2013 teria natureza penal ou, no mínimo, como afirma Renato Polillo, "poderia ser considerada uma lei penal encoberta, o que por consequência asseguraria algumas garantias próprias do Direito Penal e do processo penal quando da sua aplicação".[218] Defende esse caráter substancialmente penal da Lei Anticorrupção Guilherme Nucci,[219] que afirma que a legislação tem natureza eminentemente penal.

Na questão específica da opção legislativa na Lei n. 12.846/2013, Gilson Dipp e Manoel Castilho ressaltam que

> apesar da deliberada intenção de não penalizar criminalmente os agentes corruptores, certo é, no entanto, que no projeto ficaram rastros perceptíveis na disciplina do processo de responsabilização judicial, pela imposição de penalidades de caráter penal.[220]

Diante dessa situação, tem-se um cenário em que, apesar de a lógica empregada na legislação esteja intimamente ligada às proposições do Direito Penal, o regime de responsabilização previsto pelo texto legal é o de Direito Administrativo sancionador.

Ao passo que se aventa a distinção quanto à natureza da lei, é de ressaltar a perspectiva de que o Direito Administrativo sancionador

---

[217] SILVEIRA, Renato de Mello Jorge; DINIZ, Eduardo Saad. *Compliance, Direito penal e lei anticorrupção*. São Paulo: Saraiva, 2015, p. 304.

[218] POLILLO, Renato Romero. *Responsabilidade e corrupção*. São Paulo: Contracorrente, 2020, p. 212.

[219] NUCCI, Guilherme de Souza. *Corrupção e anticorrupção*. Rio de Janeiro: Forense, 2015, p. 91.

[220] DIPP, Gilson; CASTILHO, Manoel Volkemer. *Comentários sobre a lei anticorrupção*. São Paulo: Saraiva, 2016, p. 20.

CAPÍTULO II – LEI ANTICORRUPÇÃO

e o Direito Penal convivem em uma complexa relação. Nas palavras de Fábio Medina Osório, "o Direito Administrativo divisa fronteiras muito tênues com o Direito Penal, no bojo daquilo que convenciona denominar Direito Punitivo ou Direito Sancionador".[221]

O debate acerca da natureza penal ou administrativa da Lei Anticorrupção, embora relevante no contexto da aplicação da legislação, perde importância a partir de uma perspectiva ontológica. Por conseguinte, independentemente do ramo do Direito ao qual a referida norma atende, deve invariavelmente ser conformada pela orientação constitucional que confere norte ao Estado de Direito. Afinal, o Direito, na interpretação de Ronald Dworkin, é um empreendimento político cuja finalidade geral "é coordenar o esforço social e individual, ou resolver disputas sociais e individuais, ou assegurar a justiça entre os cidadãos e entre eles e seu governo, ou alguma combinação dessas alternativas"[222] e, portanto, tem como utilidade servir de instrumental para a resolução de problemas reais, de modo que o exame útil da legislação percorre seus propósitos declarados e dissimulados, bem como o resultado prático e potencial da sua aplicação.

Alguns pontos são cruciais para compreender a dinâmica proposta pela Lei Anticorrupção ao sistema jurídico brasileiro; o elemento mais controverso da legislação é a responsabilização objetiva das pessoas jurídicas por atos de corrupção. Nesse aspecto, a responsabilização incide independentemente da comprovação de dolo ou culpa, bastando que fique evidenciado que administradores ou dirigentes da empresa praticaram, no interesse ou benefício da pessoa jurídica, as condutas ilícitas elencadas na lei e que dessas condutas tenham decorrido danos ao erário público.

---

[221] OSÓRIO, Fábio Medina. *Direito Administrativo Sancionador*. 2ª ed. São Paulo: Revista dos Tribunais, 2005, p. 29.

[222] DWORKIN, Ronald. *Uma questão de princípio*. Trad. Luiz Carlos Borges. São Paulo: Martins Fontes, 2001, p. 239.

A lei ressalva que a responsabilização das pessoas jurídicas no procedimento da Lei Anticorrupção não exclui a responsabilidade individual das pessoas físicas que tenham, de qualquer modo, participado do ato ilícito apurado. E que a punição de dirigentes e administradores se dá na medida da sua culpabilidade.

Importa igualmente ressaltar a distinção quanto às pessoas jurídicas submetidas à Lei Anticorrupção, estabelecendo a lei que suas disposições se aplicam às sociedades empresárias e às sociedades simples, personificadas ou não, independentemente da forma de organização ou modelo societário adotado, bem como fundações, associações estrangeiras que tenham representação no território brasileiro. A lei ainda estabelece que a responsabilidade destas pessoas jurídicas quanto aos atos de corrupção que prevê subsiste na hipótese de alteração contratual, transformação, incorporação, fusão ou cisão societária, e que sociedades controladoras serão solidariamente responsáveis pela responsabilidade à obrigação de pagamento de multa e reparação integral do dano causado quando sancionada a empresa controlada por atos previstos na Lei Anticorrupção.

Finalmente, interessa-nos destacar a disposição da lei a respeito dos programas de integridade. Ao discorrer sobre a responsabilização administrativa das pessoas jurídicas, a lei dispõe que, na aplicação de sanções, será considerada "a existência de mecanismo e procedimentos internos de integridade, auditoria e incentivo à denúncia de irregularidades e a aplicação efetiva de códigos de ética e de conduta no âmbito da pessoa jurídica" – são os termos do art. 7º, inc. VII, da Lei Anticorrupção.

Nesse passo, a empresa que implementa mecanismos e procedimentos internos de integridade nos termos da legislação específica pode ter eventual sanção mitigada. Ao dispor sobre um benefício referente a práticas de integridade, a Lei Anticorrupção consolidou na legislação a importância ao setor privado de incorporação de práticas que já eram realizadas sob a alcunha de programas de *compliance*, colocando no centro da discussão a prevenção à corrupção.

CAPÍTULO II – LEI ANTICORRUPÇÃO

2.3 Do projeto de lei à norma anticorrupção brasileira

A fim de buscar uma compreensão sobre a norma de anticorrupção brasileira que vá além da superfície do texto legal, é eficaz analisar o momento e procedimento da sua criação. O Direito, como elabora Marcio Pugliesi,[223] não se constitui como efeito de uma presciência ou saber esotérico, mas "se constitui e se transforma por força das condições objetivas, pelos conflitos eclodentes na sociedade que o instituiu e o transforma por efeito de ações humanas". Não é diferente com as normas que tratam a corrupção sob a perspectiva da sua ilicitude, razão pela qual um olhar ao caminho do projeto de lei à promulgação da Lei Anticorrupção é bastante oportuno.

A Lei Anticorrupção brasileira teve sua origem em anteprojeto de fevereiro de 2010 que emanou do Poder Executivo, época em que ocupava o cargo de Presidente da República Luís Inácio Lula da Silva. O anteprojeto enviado ao Congresso Nacional menciona como objetivo do projeto a inserção no sistema jurídico da responsabilização de pessoas jurídicas pela prática de atos ilícitos contra a Administração Pública, em especial, por atos de corrupção e fraude em licitações e contratos administrativos.

O anteprojeto foi acompanhado de exposição de motivos, assinada pela Controladoria-Geral da União (CGU), Ministério da Justiça e Advocacia-Geral da União (AGU), com comentários sobre a gravidade abstrata da conduta que visa disciplinar:

> Sabe-se que a corrupção é um dos grandes males que afetam a sociedade. São notórios os custos políticos, sociais e econômicos que acarreta. Ela compromete a legitimidade política, enfraquece as instituições democráticas e os valores morais da sociedade, além de gerar um ambiente de insegurança no

---

[223] PUGLIESI, Márcio. *Filosofia e Direito*: uma abordagem sistêmico-construcionista. São Paulo: Aquariana, 2021, p. 218.

mercado econômico, comprometendo o crescimento econômico e afugentando novos investimentos. O controle da corrupção assume, portanto, papel fundamental no fortalecimento das instituições democráticas e na viabilização do crescimento econômico do país.[224]

Outrossim, o documento destaca ser "imperativa a repressão aos atos de corrupção, em suas diversas formatações", alude à "necessidade de atender aos compromissos internacionais de combate à corrupção assumidos pelo Brasil" e afirma que as medidas do projeto visam "moralizar as relações entre empresas privadas e a Administração Pública".[225]

Recebido o anteprojeto na Câmara dos Deputados, foi criada Comissão Especial para o tema, cabendo a relatoria do parecer da Comissão ao Deputado Federal Carlos Zarattini, parlamentar filiado ao Partido dos Trabalhadores, eleito pelo Estado de São Paulo. Vale ressaltar que, durante os trabalhos da Comissão, foram realizadas diversas audiências públicas e oportunizaram a oitiva de representantes dos mais diversos setores da sociedade, incluindo requerimentos para oitiva de juristas especializados na temática, como Celso Antonio Bandeira de Mello e Maria Sylvia Zanella Di Pietro,[226] para comparecer à comissão e expor sobre o Projeto de Lei n. 6.826 de 2010 e o Direito Administrativo.

---

[224] Projeto de Lei n. 6.826/2010, apresentação MSC n. 52/2010 do Poder Executivo (cf. BRASIL. *Projeto de Lei n. 6826/2010*. Disponível em: https://www.camara.leg.br/proposicoesWeb/fichadetramitacao?idProposicao=466400. Acessado em: 28.01.2023).

[225] Projeto de Lei n. 6.826/2010, apresentação MSC n. 52/2010 do Poder Executivo (cf. BRASIL. *Projeto de Lei n. 6826/2010*. Disponível em: https://www.camara.leg.br/proposicoesWeb/fichadetramitacao?idProposicao=466400. Acessado em: 28.01.2023).

[226] Requerimento sem número de 2011 do Sr. Carlos Zarattini [cf. BRASIL. *Requerimento n., de 2011* (Do Sr. Carlos Zarattini). Disponível em: https://www.camara.leg.br/proposicoesWeb/

CAPÍTULO II – LEI ANTICORRUPÇÃO

Em 14 de março de 2012 foi apresentado o parecer pela Comissão Especial da Câmara de Deputados, em que se analisou a matéria objeto do projeto de lei e concluiu pela constitucionalidade, juridicidade e boa técnica legislativa do projeto. Nota-se, contudo, uma especial atenção em explicar a adoção da responsabilidade objetiva, tendo apontado o relator do parecer que não havia consenso entre juristas sobre a responsabilização, independentemente de comprovação de dolo ou culpa e, diante desta situação, pretende justificar a opção:

> Há relativo consenso entre juristas dos limites do Direito Penal para punir a variedade de atos lesivos à Administração Pública, especialmente nos casos em que é necessário responsabilizar objetivamente pessoas jurídicas, portanto sem perquirição de culpa. Existe, por razões conexas, resistência de juristas de peso quanto à punição de pessoas jurídicas por critérios objetivos, no âmbito do Direito Penal, que tem como foco a responsabilidade subjetiva, vinculada à prova da culpa pelo delito. Diante de tais restrições, houve por bem o Executivo Federal apresentar um projeto de lei que prevê a punição administrativa e civil de pessoas jurídicas por atos contra a Administração Pública, com base na responsabilidade objetiva. Com efeito, a práxis da luta contra a corrupção recomenda que se descarte o critério da responsabilidade subjetiva como requisito para a punição de pessoas jurídicas.[227]

Imperioso evitar que passe despercebida uma das passagens do trecho destacado retirado do parecer; "a práxis da luta contra a corrupção recomenda que se descarte o critério de responsabilidade

---

prop_mostrarintegra?codteor=930761&%20filename=Tramitacao-
-PL+6826/2010. Acessado em: 28.01.2023.

[227] BRASIL. *Comissão especial destinada a proferir parecer ao Projeto de Lei n. 6.826, de 2010*. Disponível em: https://www.camara.leg.br/proposicoesWeb/prop_mostrarintegra?codteor=970659&filename=-Tramitacao-PL%206826/2010. Acessado em: 28.01.2023.

subjetiva como requisito para a punição", ou seja, a situação análoga de guerra contra comportamento delituoso permitiria a mitigação de uma garantia judicial que opera sob o processo judicial em favor da pessoa acusada.

O debate sobre a opção legislativa pela responsabilidade objetiva da pessoa jurídica foi aprofundado pela Comissão Especial da Câmara dos Deputados quando do parecer sobre as emendas apresentadas. Neste passo, foi rejeitada emenda que pretendia redesenhar a responsabilidade para retirar a previsão da punição independente de dolo ou culpa, para tanto o relator da Comissão Especial reafirma a distinção da legislação como norma de Direito Administrativo e não de Direito Penal, mas ressalta a previsão de devido processo legal:

> O projeto, conforme o lemos, não trata de responsabilização criminal, esfera na qual é possível um apelo à definição de culpa ou dolo, embora já exista o precedente constitucional de responsabilidade objetiva da pessoa jurídica por crimes ambientais. Além disso, a proposição prevê o devido processo legal, com consequente possibilidade de contraditório e ampla defesa, momento em que a pessoa jurídica poderá apresentar provas da inexistência do fato ou do nexo causal, entre outras hipóteses. Cumpre notar que a instituição da responsabilidade objetiva da pessoa jurídica corresponde à principal iniciativa do projeto. Se excluída, a pessoa jurídica poderá eximir-se de qualquer responsabilidade, sob alegação de que aquele que praticou o ato lesivo que beneficiou a pessoa jurídica o fez por conta própria, sem autorização ou consentimento superior, exorbitando de suas atribuições e poderes.[228]

---

[228] BRASIL. *Comissão especial destinada a proferir parecer ao Projeto de Lei n. 6.826, de 2010.* Disponível em: https://www.camara.leg.br/proposicoesWeb/prop_mostrarintegra?codteor=982072&filename=-Tramitacao-PL%206826/2010. Acessado em: 28.01.2023.

CAPÍTULO II – LEI ANTICORRUPÇÃO

Ao tempo em que se debatiam os detalhes da legislação e amadureciam-se as propostas, transcorreu um fato social relevante: em junho de 2013, deu-se início a diversas manifestações populares pelo país que, dentre confusas reivindicações e diversas vozes dissonantes, encontrou um lugar comum no clamor

> contra a corrupção, que, naquele momento, evidenciava-se pelos gastos excessivos com os nababescos estádios que recebiam os jogos da Copa das Confederações e, no ano seguinte, abrigariam os jogos da Copa do Mundo.[229]

Em resposta ao movimento, que ficou conhecido como jornadas de junho de 2013, o trâmite do projeto de lei se intensificou, tendo sido aprovado na Comissão de Constituição e Justiça e de Cidadania na Câmara dos Deputados e, em poucos dias, recebeu parecer do Senado Federal.

O Senador Ricardo Ferraço, relator do parecer do projeto ao Plenário do Senado Federal, destacou a concordância com a responsabilidade objetiva, asseverando que "a exigência de comprovação de dolo ou culpa poderia conduzir à ineficácia dos mecanismos" previstos na legislação, "dada as dificuldades enfrentadas no processo de responsabilização de pessoas jurídicas, para a identificação dos elementos subjetivo do ilícito".[230] Ademais, o relator no Senado também ressaltou a intenção da lei de frisar a gravidade do comportamento e enaltecer a necessidade de "combate efetivo à corrupção":

> É incontroverso que a corrupção figura, atualmente, como uma das mais graves mazelas do regime democrático contemporâneo.

---

[229] POLILLO, Renato Romero. *Responsabilidade e corrupção*. São Paulo: Contracorrente, 2020, p. 207.

[230] BRASIL. Senado Federal. *Parecer n. 649*, de 2013. Disponível em: https://legis.senado.leg.br/sdleg-getter/documento?dm=4003724&t-s=1630411033410&disposition=inline. Acessado em: 28.01.2023.

> Seu impacto negativo se espraia por todo o sistema político, econômico e social das nações, que contam com os mais variados níveis de desenvolvimento. Nesse contexto, o combate efetivo à corrupção não depende apenas da punição ao agente público corrupto, que pratica ser a crença (sic) até aqui impregnada no sistema legal brasileiro, mas também da sanção ao corruptor, que não deve ser compreendido apenas como a pessoa física que operou o ato, mas também como a empresa que pretende se beneficiar da conduta ilícita.[231]

Com a aprovação do projeto nas casas do Congresso Nacional, o texto foi encaminhado a sanção presidencial, à Presidenta Dilma Rousseff, e logo em seguida, em 1º de agosto de 2013, a Lei Anticorrupção foi publicada no Diário Oficial.

Não deve passar desapercebida a ironia de ter sido a Presidenta Dilma Rousseff, alguns anos depois, um dos alvos da exceção que perpassa todos os pilares de poder no Brasil, em manobra que expôs as entranhas do autoritarismo. Fatalmente, o *impeachment* da Presidenta Dilma Roussef foi alavancado por uma parcela da sociedade que compartilha uma visão de mundo autoritária,[232] e que se valeu do discurso anticorrupção para impor uma posição política, apesar das evidências da inconstitucionalidade de um processo erigido sem fundamentação jurídica adequada.

---

[231] BRASIL. Senado Federal. *Parecer n. 649*, de 2013. Disponível em: https://legis.senado.leg.br/sdleg-getter/documento?dm=4003724&ts=1630411033410&disposition=inline. Acessado em: 28.01.2023.

[232] SERRANO, Pedro. "Estado de exceção e autoritarismo líquido na América Latina". *Poliética – Revista de Ética e Filosofia Política*, vol. 8, nº 1, 2020, p. 117.

CAPÍTULO II – LEI ANTICORRUPÇÃO

2.4 A (in)definição do significado de corrupção na legislação brasileira

A noção de corrupção, em referência a etimologia da palavra como derivação do latim, remete às ideias de deterioração, devassidão, sedução, agir de modo vicioso. *Corrumpere* é sinônimo de estragar, prejudicar, deteriorar, perder, danificar, viciar, perverter, subornar.

O termo aparece em diversos contextos na legislação penal brasileira: corrupção de água potável, de substância ou produto alimentício e produto terapêutico (arts. 271 e 273, CP); corrupção de menores nos crimes sexuais (art. 218, CP), corrupção de menores para o cometimento de crimes (art. 244, Lei n. 8.069/1990), corrupção ativa e passiva (arts. 317 e 333, CP) e corrupção transnacional (art. 337-B, CP).

É de notar que os diversos tipos penais do Código Penal brasileiro cujo *nomen juris* contém a palavra "corrupção" representam normas incriminadoras com conteúdo distinto. O emprego da expressão deste modo evidencia que a corrupção constitui um termo polissêmico, incapaz de transmitir por si só um sentido determinado, levando a dificuldades na efetiva compreensão do comportamento proibido.[233]

O emprego do termo corrupção, considerada sua utilização no diploma penal, segue uma lógica a partir da qual a palavra faz referência ao valor que ela atinge, como um desrespeito ou deslealdade do indivíduo com relação aos valores constitucionais e à democracia ou ainda com a utilização abusiva do poder que se detenha, destinando-o à consecução de benefícios apartados do bem comum.[234]

---

[233] BECHARA, Ana Elisa Liberatore S.; FUZIGER, Rodrigo José. "A política criminal brasileira no controle da corrupção pública". *In*: BECHARA, Ana Elisa Liberatore S.; LA TORRE, Ignacio Berdugo Gomes de. *Estudos sobre la corrupción*: una reflexión hispano-brasileña. Salamanca: Universidad de Salamanca, 2013, p. 308.

[234] CAMARGO, Beatriz Corrêa. "Instrumentos internacionais no combate à corrupção. Transformações e harmonização do Direito Penal Brasileiro:

Ou seja, o termo é definido tão somente com o auxílio do contexto no qual está inserido.

Em que pese o fato de se utilizar o termo "corrupção" em acepções diferentes, a noção diretriz da palavra que traz sentido à Lei Anticorrupção parece ser similar à acepção da corrupção do Código Penal. Diz respeito, portanto, fundamentalmente, aos crimes contra a Administração Pública.

Todavia, a palavra corrupção empregada no tipo penal de corrupção ativa do Código Penal não se identifica exatamente com o mesmo termo na forma como a Lei n. 12.846/2013 o utiliza. Ainda que ambas tratem sobre a deturpação da coisa pública, na Lei Anticorrupção há uma abrangência e especificação nas condutas que podem ser enquadradas como corrupção que está além das descrições no tipo abstrato da lei penal.

Com efeito, enquanto, no Código Penal, o art. 333 estabelece que é crime a conduta de oferecer ou prometer vantagem indevida a funcionário público, para determiná-lo a praticar, omitir ou retardar ato de ofício, a Lei Anticorrupção estabelece um extenso rol de hipóteses que constituem atos lesivos à Administração Pública nacional ou estrangeira.

Na Lei Anticorrupção, é ato lesivo à Administração Pública o comportamento, sempre de pessoa jurídica que por meio de seus representantes venha a prometer, oferecer ou dar vantagem indevida a agente público ou a terceira pessoa a ele relacionada. Nesta descrição típica, a corrupção da pessoa jurídica está para a corrupção ativa do CP, aproximando-se, assim, à definição de suborno propriamente dita.

Considerações sobre os crimes praticados por particular contra a administração pública estrangeira". *In*: BECHARA, Ana Elisa Liberatore S.; LA TORRE, Ignacio Berdugo Gomes de. *Estudios sobre la corrupción*: una reflexión hispano-brasileña. Salamanca: Universidad de Salamanca, 2013, p. 322.

CAPÍTULO II – LEI ANTICORRUPÇÃO

Igualmente, a empresa que financiar, custear, patrocinar ou de qualquer modo subvencionar a prática dos atos ilícitos previstos na Lei Anticorrupção também fica submetida integralmente à responsabilização administrativa da referida lei. E, na mesma forma, pode ser considerada corrupta se utilizar de pessoa interposta para ocultar ou dissimilar seus reais interesses ou a identidade dos beneficiários das condutas lesivas à Administração Pública.

Em seguida, a Lei Anticorrupção estabelece a incidência de suas disposições a condutas relacionadas a licitações e contratos com a Administração Pública. Neste sentido, fica submetida às sanções da Lei Anticorrupção a pessoa jurídica que frustrar ou fraudar o caráter competitivo de procedimento licitatório público, impedir, perturbar ou fraudar a realização de qualquer ato de procedimento licitatório público, afastar ou procurar afastar licitante por meio de fraude ou oferecimento de vantagem, fraudar licitação pública ou contrato dela decorrente, e, por fim, criar fraudulentamente ou de modo irregular pessoa jurídica para participar de licitação pública ou para celebrar contrato administrativo.

Nesta concepção indeterminada de corrupção é possível vislumbrar o ilícito de maneira tão ampla que seus horizontes são pouco discerníveis. Ao falar em corrupção na Lei n. 12.846/2013, distinguem-se não só os tipos estritos de corrupção, mas também outros comportamentos com impacto criminal que poderiam se encaixar na categoria, tal como o tráfico de influência do art. 332, do CP, ou delitos constantes da Lei n. 8.666 de 1993, a exemplo do crime de frustrar ou fraudar procedimento licitatório, o crime de gestão fraudulenta da Lei n. 7.492 de 1986, até mesmo a lavagem de dinheiro pode ser contada neste extenso grupo de condutas corruptas.

2.5 Pressão internacional pelo combate à corrupção

Desde 1977, com a vigência da legislação americana anticorrupção, a qual conta com efeitos transnacionais na atribuição de responsabilidades, uma razoável quantidade de iniciativas internacionais e convenções resultaram na elaboração de leis proibindo e implementando a repressão de condutas relacionadas à corrupção, amplamente considerada – insiste-se – como atos que conspurquem a coisa pública.[235] Este incremento no enfrentamento da corrupção se deve à pressão internacional no sentido de que os países invistam no combate à corrupção, com o fim de buscar a higidez, não só em benefício dos Estados, mas de regras comerciais.

Em atenção à pressão externa, a atuação mais significativa do Brasil, antes da Lei Anticorrupção, para a implementação dos acordos internacionais sobre corrupção no campo legislativo foi a reforma do CP através da Lei n. 10.467/2002, que introduziu o Título XI do Código (Dos Crimes Contra a Administração Pública) o Capítulo II-A (Dos Crimes Praticados por Particular contra a Administração Pública Estrangeira), criando dois novos tipos penais e um artigo definindo o conceito de funcionário público estrangeiro.

Após essa reforma, o CP foi novamente modificado pela Lei n. 10.763, de 12 de novembro de 2003, que aumentou a pena cominada aos crimes de corrupção ativa e passiva (arts. 317 e 333) para o mínimo de dois e o máximo de doze anos de reclusão. Isso justificou-se sobretudo pelo fato de que a pena anterior, que variava de uma oito anos, possibilitava a suspensão do processo nos termos do art. 89 da Lei n. 9.099/1995, lógica essa que se coaduna com o diagnóstico da expansão do Direito Penal.

Outrossim, no propósito de chamar atenção ao período histórico no qual se passou a focar nestas condutas, é de recordar que as condutas que orbitam a corrupção amplamente considerada também

---

235 ZAGARIS, Bruce. "Transnational corruption in Brazil: the relevance of the U.S. experience with the Foreign Corrupt Practices Act". *In*: DEBBIO, Alessandra Del; MAEDA, Bruno Carneiro; AYRES, Carlos Henrique da Silva (Coord.). *Temas de anticorrupção e compliance*. Rio de Janeiro: Elsevier, 2013, p. 56.

CAPÍTULO II – LEI ANTICORRUPÇÃO

passaram por acentuada produção legislativa. Assim, é de 1986 a Lei n. 7.492, sobre a criminalização da gestão fraudulenta de instituição financeira, e de 1993 a Lei n. 8.666, com dispositivos penais sobre fraude em licitações, exemplos de leis que tratam de condutas que podem ferir a gestão da coisa pública e se relacionam com conduta que vão além da corrupção em sentido estrito do CP.

O Brasil é signatário de três importantes convenções internacionais de combate à corrupção. São elas: (i) Convenção das Nações Unidas contra a Corrupção (Convenção da ONU, Decreto n. 5.687/2006); (ii) Convenção Interamericana contra a Corrupção (Convenção da OEA, Decreto n. 4.410/2002); e (iii) Convenção sobre o Combate da Corrupção de Funcionários Públicos Estrangeiros em Transações Comerciais Internacionais (Convenção da OCDE, Decreto n. 3.678/2000).

A incorporação da Convenção sobre o Combate da Corrupção de Funcionários Públicos Estrangeiros em Transações Comerciais Internacionais ao ordenamento jurídico brasileiro, pelo Decreto n. 3.678/2000, representou o primeiro passo do compromisso brasileiro no combate internacional à corrupção. Em realidade, como os demais signatários da Convenção, o Brasil se comprometeu a criminalizar a corrupção de autoridades públicas estrangeiras, proibir a dedução fiscal dos gastos com suborno de autoridades estrangeiras e adotar medidas concretas e efetivas para combater o suborno internacional.

O texto da convenção da OCDE adotada pelo Brasil é, também, um ponto de transmutação do Direito Penal brasileiro. Isto porque, a partir daquele momento, novos instrumentos foram criados e estruturados na realidade nacional para o enfrentamento da corrupção, com destaque ao art. 2º do texto, que afirma o compromisso do Estado signatário em tomar todas as medidas necessárias ao estabelecimento das responsabilidades de pessoas jurídicas pela corrupção de funcionário público estrangeiro, de acordo com seus princípios jurídicos.

Como parte dos compromissos assumidos na convenção, procedeu o legislador brasileiro à adição do Capítulo II-A ao CP, que expandiu o alcance das regras de repressão à corrupção, criando tipos dotados de efeitos extraterritoriais, tais como corrupção ativa em transação internacional e tráfico de influência em transação comercial internacional, arts. 337-B e 337-C, respectivamente, do CP.

No entanto, a resposta brasileira ao trecho da convenção da OCDE que trata sobre o estabelecimento de medida para a responsabilização de pessoas jurídica chegou tão somente com a edição da Lei Anticorrupção.

Foi também no contexto da pressão internacional, por um enfrentamento da corrupção transnacional, a recomendação pela OCDE de que o Brasil aumentasse seus esforços para incentivar as empresas na implementação de programas de prevenção e repressão interna ao suborno de funcionários estrangeiros.[236]

2.6 Um olhar às normas anticorrupção internacionais

Legislações anticorrupção estão estreitamente relacionadas a compromissos internacionais de combate à corrupção, e surgiram, com aspectos semelhantes, em diversos ordenamentos jurídicos pelo mundo.

As modernas normas anticorrupção representam um novo olhar ao combate à corrupção, motivado pela expansão da atenção à persecução do crime de corrupção (alinhado à expansão do Direito Penal), com destaque à pressão internacional para inclusão de aspectos inerentes à corrupção transnacional, responsabilização

---

[236] PAGOTTO, Leopoldo. "Esforços globais anticorrupção e seus reflexos no Brasil". *In*: DEBBIO, Alessandra Del; MAEDA, Bruno Carneiro; AYRES, Carlos Henrique da Silva (Coord.). *Temas de anticorrupção e compliance*. Rio de Janeiro: Elsevier, 2013, p. 35.

CAPÍTULO II – LEI ANTICORRUPÇÃO

da pessoa jurídica, e implementação de programas de integridade anticorrupção e antissuborno.

De fato, o ponto central, que permite aproximar as chamadas normas anticorrupção, são as disposições sobre a responsabilidade da pessoa jurídica por práticas concernentes a corrupção de funcionários públicos, com o fim de responsabilizar empresas que por tais condutas lesionem a Administração Pública. Tais normas preveem sanções penais ou não – ocasião nas quais serão administrativas ou cíveis – que permitem a punição de pessoas jurídicas, e costumam prever regras de alcance extraterritorial.

Outro traço em comum a estas legislações é apresentar disposições cujo conteúdo motive, por meio de benefícios e atenuações em eventual condenação, a cooperação da pessoa jurídica com a investigação realizada por órgão competente para apurar a prática corrupta, bem como benefícios àquelas empresas que possuam um programa de conformidade, que tenha sido construído a partir de alguns elementos essenciais constantes da legislação respectiva.

Nos Estados Unidos da América, foi criado em 1977 o *Foreign Corrupt Practices Act* (FCPA), o primeiro exemplo significativo de regulamentação da corrupção e suborno de agentes públicos estrangeiros e da corrupção transnacional. Referida legislação proíbe que as pessoas físicas e jurídicas a ela submetidas cometam atos de corrupção de agentes públicos estrangeiros.

O FCPA trata da corrupção de autoridades estrangeiras, nos termos de seu capítulo 2B, do título 15, §§ 78dd-1, 78dd-2 e 78dd-3. Rege a lei, de modo geral, que os indivíduos e as empresas sujeitas ao FCPA estão impedidos de darem, prometerem ou autorizarem que se dê qualquer coisa de valor a uma autoridade governamental estrangeira, visando a uma contraprestação para influenciar no resultado de qualquer ato oficial.

Uma das mais significantes disposições do FCPA é a definição de "saber" (*knowing*), que foi alargada para incluir a consciência de uma alta probabilidade de ocorrência do fato, em significado similar à expressão "deveria saber" (*awareness of a high probability*).[237] Como resultado, as empresas podem ser responsabilizadas pela conduta de funcionários ou representantes agindo em seu nome, quando realizam pagamentos a estes, estando o corpo diretivo consciente de que há a probabilidade de que valores serão destinados a corromper autoridade pública.[238]

Complementar às disposições penais do FCPA, aplicável às pessoas jurídicas envolvidas no delito de corrupção, importa, também, apresentar os instrumentos que permitem o abrandamento de eventuais penas à empresa que ostente um setor de *compliance* efetivo.

Nos Estados Unidos da América, o reconhecimento da existência de programas de *compliance* como fator atenuante na aplicação de sanções, na persecução de pessoas jurídicas, foi consagrado nas diretrizes do *Principles of Federal Prosecution of Business Organizations*. Ademais, o documento denominado *U.S. Sentencing Guidelines*, que fornece diretrizes visando à aplicação uniforme de sanções pelas autoridades norte-americanas e lista critérios de avaliação para verificação da efetividade de um *compliance*, estabelece montantes de redução da pena decorrentes da existência de programas

---

237 "FCPA; Title 15, chapter 2B, §78dd-1 (f)(2)(B) *for the purposes of this section: When knowledge of the existence of a particular circumstance is required for an offense, such knowledge is established if a person is aware of a high probability of the existence of such circumstance, unless the person actually believes that such circumstance does not exist*" (UNITED STATES. U.S. Department of Justice. Foreign Corrupt Practices Act of 1977. Disponível em: http://www.justice.gov/criminal/fraud/fcpa/statutes/regulations.html. Acessado em: 28.01.2023).

238 LOW, Lucinda; BONHEIMER, Owen. "The U.S. Foreign Corrupt Practices Act: past, present, and future". *In*: DEBBIO, Alessandra Del; MAEDA, Bruno Carneiro; AYRES, Carlos Henrique da Silva (Coord.). *Temas de anticorrupção e compliance*. Rio de Janeiro: Elsevier, 2013, p. 81.

CAPÍTULO II – LEI ANTICORRUPÇÃO

de *compliance* efetivos, podendo reduzir substancialmente as penas aplicadas às empresas, ou até mesmo excluí-las.[239]

O Reino Unido, em abril de 2010, aprovou o *UK Bribery Act,* lei britânica de combate à corrupção. A norma inglesa vai além da norte-americana e criminaliza, inclusive, a falha na prevenção de corrupção, sendo aplicável tanto para atos de corrupção no setor público como no setor privado.[240]

O *Bribery Act* prevê a responsabilidade penal da pessoa jurídica e, neste sentido, impulsionou a relevância do *compliance,* à medida que dispõe que a existência de um efetivo programa de cumprimento e adequação à legislação, destinado a evitar a ocorrência do crime, é capaz de eximir a responsabilidade das empresas, tornando a constituição de tais programas uma necessária demanda às empresas sérias.[241]

---

[239] MAEDA, Bruno Carneiro. "Programas de compliance anticorrupção: importância e elementos essenciais". *In*: DEBBIO, Alessandra Del; MAEDA, Bruno Carneiro; AYRES, Carlos Henrique da Silva (Coord.). *Temas de anticorrupção e compliance.* Rio de Janeiro: Elsevier, 2013, p. 173.

[240] "*The most radical offence created by the Bribery Act is contained in section 7 and involves the failure of a commercial organisation to prevent bribery. This offence represents a highly significant development because it applies to commercial organisations, it has extra-territorial application and it is a strict liability offence*" (FISHER QC, Jonathan. "Overview of the UK Bribery Act". *In*: DEBBIO, Alessandra Del; MAEDA, Bruno Carneiro; AYRES, Carlos Henrique da Silva (Coord.). *Temas de anticorrupção e compliance.* Rio de Janeiro: Elsevier, 2013, p. 135).

[241] "*7 Failure of commercial organisations to prevent bribery: (1) A relevant commercial organisation ("C") is guilty of an offence under this section if a person ("A") associated with C bribes another person intending— (a) to obtain or retain business for C, or (b) to obtain or retain an advantage in the conduct of business for C. (2) But it is a defence for C to prove that C had in place adequate procedures designed to prevent persons associated with C from undertaking such conduct*" (UNITED

A Espanha, por sua vez, em junho de 2010, aprovou lei que alterou o Código Penal do país, instituindo responsabilidade penal da pessoa jurídica. Uma vez que a disposição sobre esta forma de responsabilidade está contida no próprio texto legal, a regra sobre a responsabilização penal da pessoa jurídica naquele país tem cabimento nos casos de imputação penal do crime de corrupção.

O Código Penal espanhol dispõe que as pessoas jurídicas serão responsabilizadas pelos atos praticados por seus empregados que estiverem relacionados à falha da empresa em exercer certo dever de controle. E dispõe que a existência de medida de prevenção e investigação interna estabelecidas pela pessoa jurídica previamente à apuração judicial poderá atenuar a responsabilidade da empresa.[242]

Acerca desta atenuante, consoante expõe Regina Furtado,[243] a doutrina espanhola tem se inclinado a considerar a irresponsabilidade penal da pessoa jurídica que tenha um programa de *compliance* eficaz, prévio ao cometimento do delito. Isto porque, na hipótese, não existiria o injusto típico empresarial capaz de determinar a responsabilidade

---

KINGDOM. *Bribery Act 2010*. Disponível em: http://www.legislation. gov.uk/ukpga/2010/23/contents. Acessado em: 28.01.2023).

[242] Código Penal espanhol: *"Artículo 31 bis. 1. En los supuestos previstos en este Código, las personas jurídicas serán penalmente responsables de los delitos cometidos en nombre o por cuenta de las mismas, y en su provecho, por sus representantes legales y administradores de hecho o de derecho. (...) 4. Sólo podrán considerarse circunstancias atenuantes de la responsabilidad penal de las personas jurídicas haber realizado, con posterioridad a la comisión del delito y a través de sus representantes legales, las siguientes actividades: (...) d) Haber establecido, antes del comienzo del juicio oral, medidas eficaces para prevenir y descubrir los delitos que en el futuro pudieran cometerse con los medios o bajo la cobertura de la persona jurídica"* (ESPAÑA. Legislación consolidada. *Ley Orgánica 10/1995*, de 23 de noviembre, del Código Penal. Disponível em: https://www.boe.es/buscar/act.php?id=BOE-A-1995-25444. Acessado em: 28.01.2021).

[243] FURTADO, Regina Helena Fonseca Fontes. "A importância do compliance no novo Direito Penal espanhol". *Boletim do IBCCrim*, nº 235, jun. 2012.

CAPÍTULO II – LEI ANTICORRUPÇÃO

penal da pessoa jurídica e, do ponto de vista político-criminal, a empresa que se estimulou e criou mecanismos para evitar defeitos organizativos que pudessem acarretar a indesejada ocorrência de ilícitos penais não deve ser castigada, pois seria contraproducente.

Conforme se verifica pela breve análise da tendência das normas anticorrupção, as empresas são compelidas à implementação de programas de integridade por estarem sujeitas ao rigor de normas que estabelecem a incidência de responsabilização às pessoas jurídicas.

É neste contexto que as últimas décadas presenciaram, no âmbito nacional e internacional, uma expansão dos chamados programas de *compliance*, com o fim de satisfazer os controles corporativos internos criados para garantir o cumprimento de exigências legais e regulamentares relacionadas às atividades empresariais, bem como evitar, detectar e tratar desvios ou comportamentos ilícitos praticados por colaboradores, incluindo em especial a corrupção.

2.7 Entre a terminologia *compliance* e programa de integridade

Ao tratar sobre mecanismos de integridade, a Lei Anticorrupção refere-se aos modelos de *compliance* inspirando-se em práticas internacionais que já vinham sendo replicadas no Brasil em atenção às empresas que se pautam com base em relações comerciais estrangeiras – estas últimas já eram instadas a preocupações com questões relacionadas à governança corporativa, que possuem pontos de contato com as técnicas de *compliance*.

Em uma definição preambular, comumente encontrada na doutrina nacional, informa-se que o termo *"compliance"*:

> Origina-se do verbo inglês to comply, que significa cumprir, executar, obedecer, observar, satisfazer o que lhe foi imposto. *Compliance* é o dever de cumprir, de estar em conformidade e fazer cumprir leis, diretrizes, regulamentos internos e

externos, buscando mitigar o risco atrelado à reputação e ao regulatório/legal.[244]

A definição de *compliance* já foi, aliás, objeto de debate no STF, que durante o Julgamento da notória Ação Penal n. 470 enfrentou a definição do termo a partir da simplicidade da tradução.

> O SENHOR MINISTRO JOAQUIM BARBOSA (RELATOR) -Vossa Excelência conhece muito bem, Ministro Lewandowski, a palavra, o verbo, da língua inglesa, que consta do cargo exercido por ele. *Compliance. Compliance* vem de quê? Vem de *comply*. O que significa *comply* em inglês?
>
> O SENHOR MINISTRO RICARDO LEWANDOWSKI (REVISOR)- O que significa?
>
> O SENHOR MINISTRO JOAQUIM BARBOSA (RELATOR) - Fazer cumprir, cumprir normas.
>
> O SENHOR MINISTRO RICARDO LEWANDOWSKI (REVISOR) - Sim, fazer cumprir.[245]

Embora seja verdade que os programas de *compliance* têm como nota determinante o cumprimento das leis, normativas e até mesmo de regras internas, a compreensão do tema demanda mais do que a mera tradução do termo. Demonstrar que *compliance* significa literalmente "estar em cumprimento de normas" é revelar tão somente, como fez o Ministro Joaquim Barbosa, que conhece a palavra, o verbo da língua inglesa. De modo algum tal conhecimento se equipara à compreensão do que compreendem as técnicas de *compliance* ou de como elas devem orientar o comportamento das empresas no contexto da legislação brasileira.

---

[244] MANZI, Vanessa Alessi. *Compliance no Brasil*: consolidação e perspectivas. São Paulo: Saint Paul, 2008, p. 15.

[245] BRASIL. STF. Ação Penal n. 470. Relator: Min. Joaquim Barbosa, j. 17.12.2012.

CAPÍTULO II – LEI ANTICORRUPÇÃO

Noutro giro, a importação do termo sem adaptação ao vernáculo oficial do Brasil deve ser igualmente questionada. Isto porque se trata de perpetuação daquilo que Fernando Augusto Fernandes chama de "servidão cultural",[246] elemento que deu força ao ideológico da Lava Jato, com seu discurso de combate à corrupção instigado por agentes estrangeiros. A crítica do autor compreende que a utilização da palavra na língua inglesa é indício de subserviência do país, apontando a um prejuízo cultural incontestável, afinal "a defesa do *compliance,* do *Money laundering,* da *organized crime,* do *plea bargain* entorta as bocas dando ar *cool* ao Direito (como não esquecer o 'Samba do Approach' de Zeca Baleiro?)"[247] [248]

Ademais, a edição da Lei Anticorrupção trouxe ao Brasil a versão nacional do que significa o *compliance*: programa de integridade, a recomendar que seja empregado o termo técnico-jurídico sempre que seja possível.

Há, portanto, uma definição legal que orienta o vocábulo ressignificando a compreensão acerca dos programas de *compliance*. A Lei Anticorrupção, e seu regulamento, denotam com maior precisão qual a configuração de um mecanismo de integridade efetivo, capaz de gerar os resultados de mitigação de sanção e guiar as empresas que implementam tais mecanismos. Disso se tem que, ao menos

---

[246] FERNANDES, Fernando Augusto. "Exceção e resistência". *In*: MAGANE, Renata Possi *et al. Democracia e crise*: um olhar interdisciplinar na construção de perspectivas para o Estado brasileiro. São Paulo: Autonomia Literária, 2020.

[247] A canção de Zeca Baleiro ironiza o apego a palavras e modismos estrangeiros, substituindo o português por expressões em inglês, causando a falsa impressão de superioridade: "venha provar meu *brunch*, saiba que eu tenho *approach*, na hora do *lunch*, eu ando de *ferryboat*".

[248] FERNANDES, Fernando Augusto. "Exceção e resistência". *In*: MAGANE, Renata Possi *et al. Democracia e crise*: um olhar interdisciplinar na construção de perspectivas para o Estado brasileiro. São Paulo: Autonomia Literária, 2020, p. 87.

ao tratar de *compliance* anticorrupção, o termo em inglês deve ser definitivamente substituído pela alcunha escolhida pelo legislador.

Cabe ultimar o que se compreende por programa de integridade com esteio na Lei n. 12.846/22 e Decreto n. 11.129/22. O programa de integridade consiste no conjunto de mecanismos e procedimentos internos de integridade, auditoria, e incentivo à denúncia de irregularidade, com a aplicação de códigos de ética e de conduta, política e diretrizes que tenham como objetivo prevenir, detectar e sanar desvios, fraudes e atos ilícitos contra a Administração Pública, e ainda fomentem e mantenham uma cultura de integridade no ambiente organizacional. Diante do detalhamento com que defini o programa de integridade, não há dúvida de que o ordenamento jurídico brasileiro proporcionou conceituação tradução do termo *compliance*.

A distinção entre *compliance* e programa de integridade é também oportuna a dirimir uma confusão ainda mais profunda, qual seja, o debate a respeito do profissional que seria incumbido, com maior adequação, à realização das atividades relacionadas à técnica comentada. Isto é, há um debate quanto à percepção de quais profissionais seriam idealmente habilitados a tratar do tema de implementar e assessorar as empresas nas suas empreitadas, para que estejam em conformidade com a lei e as técnicas de *compliance*. A celeuma é resolvida pela distinção da técnica sob a denominação de programa de integridade.

Os profissionais da área de *compliance,* ao se referirem ao seu campo de estudo, utilizam o termo para definir uma ampla gama de atuações, que costumeiramente se identificam com práticas governança corporativa; esta sim faz parte do âmbito de administradores de empresa, contadores, empresários. Por sua vez, a técnica de programa de integridade, especialmente no que concerne à implementação e ao assessoramento quanto a mecanismos de prevenção, detecção e remediação de irregularidades e infrações na esfera das fraudes corporativas, corrupção e crimes empresariais, está delimitada na

CAPÍTULO II – LEI ANTICORRUPÇÃO

Lei Anticorrupção e seu regulamento, independentemente da área de procedência do profissional que atuará com a técnica no Brasil. Importa não perder de vista a objetividade que a legislação conferiu ao tema.

Bem assim, especialmente na hipótese da abordagem ao tema contemplar as práticas que estão relacionadas na Lei Anticorrupção e no seu regulamento, em menção aos mecanismos de prevenção de delitos nas estruturas coorporativas, é adequada a utilização do termo "programa de integridade", isto é, o termo legal.

2.8 Programa de integridade na lei anticorrupção

A concepção sobre o programa de integridade e sua concretização na legislação brasileira é central à Lei Anticorrupção. Como já apontado, a referida legislação estabelece de forma generalista que os programas de integridade no âmbito de pessoas jurídicas, os quais serão levados em consideração na aplicação de sanções da lei, correspondem a mecanismos e procedimentos internos de auditoria, incentivo à denúncia de irregularidades e à aplicação de códigos de ética.

Coube à regulamentação da Lei Anticorrupção detalhar com maior precisão os elementos do programa de integridade. Inicialmente com o Decreto n. 8.420 de 2015, posteriormente substituído pelo Decreto n. 11.129/2022, que aperfeiçoou as disposições nele contidas, a regulamentação cumpre o escopo de detalhar a aplicação prática da Lei Anticorrupção, versando sobre o procedimento administrativo de responsabilização das pessoas jurídicas, discorrendo em pormenores as sanções cabíveis, os limites do acordo de leniência realizados em vista de atos lesivos contra a administração. Em especial, o decreto mencionado traz a regulamentação que permite guiar a avaliação sobre a existência de um programa de integridade efetivo.

Com lastro no decreto, verifica-se uma descrição categórica do que compreende o programa de integridade e quais os elementos

159

que o constituem. Para os fins da Lei Anticorrupção, portanto, o programa de integridade no âmbito da pessoa jurídica consiste "no conjunto de mecanismos e procedimentos internos de integridade, auditoria e incentivo à denúncia de irregularidades e na aplicação efetiva de códigos de ética e de conduta, políticas e diretrizes com objetivo de prevenir, detectar e sanar desvios, fraudes, irregularidades e atos ilícitos praticados contra a Administração Pública, nacional ou estrangeira", bem como "fomentar e manter uma cultura de integridade no ambiente organizacional", consoante preceitua o art. 52 do Decreto n. 11.129/2022.

Nota-se que a disposição do decreto elabora a partir da noção delineada na Lei Anticorrupção, acrescendo, inicialmente, os propósitos essenciais de um programa de integridade. Disto prossegue a legislação para discernir que o programa deve ser estruturado, aplicado e atualizado de acordo com as características e riscos da atividade de cada pessoa jurídica e, então, passa a elencar os parâmetros pelos quais o programa de integridade será avaliado.

Nos incisos do art. 57 do Decreto n. 11.129/2022, estão afirmados os mecanismos que compõem o programa de integridade. São, portanto, os itens que devem ser implementados pela pessoa jurídica que pretenda usufruir das vantagens de ostentar um programa de integridade.

Os parâmetros que devem ser atendidos pelas pessoas jurídicas para a construção de um programa de integridade que possa ser considerado pela legislação como existente e sua aplicação efetiva podem ser reunidos com base na sua finalidade, correspondendo a elementos que servem a (a) direcionamento do comportamento na empresa; (b) políticas internas de integridade; (c) políticas na relação com terceiros; (d) precauções com obrigações contábeis; (e) fortalecimento do programa de integridade.

São relacionados ao direcionamento do comportamento dos colaboradores, inclusive a direção na empresa, os incisos do art. 57 do Decreto n. 11.129/2022, que versam sobre o comprometimento

CAPÍTULO II – LEI ANTICORRUPÇÃO

da alta direção da pessoa jurídica que evidencie inequívoco apoio ao programa de integridade; a destinação de recursos adequados para os objetivos do programa; o estabelecimento de padrões de conduta, externados por código de ética e políticas orientadoras de conduta que sejam aplicáveis a todos os empregados e administradores indistintamente; e padrões de conduta que sejam aplicáveis a terceiros, como fornecedores, prestadores de serviços e associados.

Os parâmetros referentes a políticas internas de integridade são constatados pela implementação de procedimentos de prevenção de fraudes e ilícitos em qualquer interação com o setor público, com a disponibilização de canais de denúncia de irregularidades que sejam abertos e amplamente divulgados a qualquer pessoa e que garantam a proteção de denunciantes de boa-fé, pelo estabelecimento de medidas disciplinares em caso de violação do programa de integridade e, finalmente, pela elaboração de procedimentos que assegurem a pronta interrupção de irregularidades ou infrações detectadas e tempestiva remediação dos danos gerados.

Estão circunscritos a políticas na relação com terceiros os elementos do programa de integridade sobre o estabelecimento de diligências para contratação e supervisão de terceiros, bem como procedimentos de verificação do cometimento de irregularidades ou ilícitos durante processos de fusões, aquisições e reestruturações societárias, as quais tem como propósito apurar a existência de vulnerabilidades nas pessoas jurídicas envolvidas.

São igualmente apreciadas precauções com obrigações contábeis, quais sejam a manutenção de registros contábeis que reflitam de forma completa e precisa as transações da pessoa jurídica, a colocação em prática de controles internos que assegurem a elaboração e a confiabilidade de relatórios e demonstrações financeiras, e a transparência nos casos de doações para candidatos e partidos políticos por parte dos colaboradores da pessoa jurídica.

Por fim, o Decreto n. 11.129/2022 apresenta como parâmetro de avaliação da eficiência do programa de integridade a implementação de elementos que dizem respeito ao fortalecimento do próprio programa. São eles a realização de treinamentos periódicos sobre o programa de integridade; a análise periódica de riscos para realização de adaptações às políticas internas; e o monitoramento contínuo do programa, visando ao aperfeiçoamento do programa de integridade na prevenção, detecção e combate à ocorrência dos atos lesivos previstos na Lei n. 12.846/2013.

Diga-se, aliás, que a implementação de programa de integridade, para além de cumprir os objetivos declarados no Decreto n. 11.129/2022 e de proporcionar a possibilidade de mitigação da sanção estabelecida em processo administrativo em face de pessoa jurídica nos termos da Lei Anticorrupção, é útil a partir do fato de que diversos Estados editaram legislação estabelecendo como exigência a implantação de programa de integridade nas empresas que pretendam celebrar contrato com a Administração Pública.[249]

2.9 O necessário enfrentamento da corrupção

O crime de corrupção é, fatalmente, um dos mais preocupantes comportamentos delituosos tratados pela legislação. É evidente que o prejuízo à coisa pública deve ser evitado e que a repressão desse delito encontra dignidade penal hábil a figurar como objeto de persecução penal, bem como pelas estratégias de persecução alinhadas ao Direito administrativo sancionador.

Outrossim, a criminalização da conduta acompanhada da perseguição dos delinquentes não é suficiente.

---

[249] São exemplos de legislação estadual, nos termos referidos, a Lei Estadual n. 4.730/2018, do Amazonas; Lei Estadual n. 6.112/2018, do Distrito Federal; Lei Estadual n. 10.793/2017, do Espírito Santo; Lei Estadual n. 20.489/2019, de Goiás; Decreto Estadual n. 522/2016, de Mato Grosso; Lei Estadual n. 7.753/2017, do Rio de Janeiro.

CAPÍTULO II – LEI ANTICORRUPÇÃO

Pedro Serrano, em *A justiça na sociedade do espetáculo,* afirma que é preciso haver uma cultura social que acolha o enfrentamento à corrupção, mas que "o verdadeiro combate à corrupção se realiza, como demonstra a experiência histórica global, com a formação de órgãos e instituições estatais independentes, fortes, bem remuneradas e profissionalizadas".[250] Neste sentido, expressa que os caminhos para um eficaz enfrentamento da corrupção encontram maior possibilidade de concretização a partir das instituições destinadas ao objetivo de tratar o problema aliado a uma mudança de cultura social, sem que a resposta para o problema da corrupção resida no socorro pelo judiciário.

É longe do âmbito repressivo, portanto, que se compreende a estratégia da política mais eficaz no controle da corrupção pública – na esfera preventiva –, por meio da criação de programas e órgãos especializados no desenvolvimento de mecanismos de fiscalização e prevenção de atividades ilícitas, tais como a CGU quanto à corrupção, bem como pelos dispositivos presentes nas normas anticorrupção.

O efetivo enfrentamento da corrupção no Brasil está na coordenação de trabalhos entre diferentes esferas, incluída a sociedade civil, que deve ser envolvida nesse processo de alteração da percepção acerca do próprio conteúdo material de um Estado Democrático de Direito e das possibilidades de efetiva participação social daí advindas.[251] É alteração de paradigma do Direito Penal passando, neste âmbito, de regulação repressiva à fundamentação de fórmulas preventivas

---

250 SERRANO, Pedro Estevam Alves Pinto. *A justiça na sociedade do espetáculo*: reflexões públicas sobre direito, política e cidadania. São Paulo: Alameda, 2015, p. 245.

251 BECHARA, Ana Elisa Liberatore S.; FUZIGER, Rodrigo José. "A política criminal brasileira no controle da corrupção pública". *In*: BECHARA, Ana Elisa Liberatore S.; LA TORRE, Ignacio Berdugo Gomes de. *Estudos sobre la corrupción*: una reflexión hispano-brasileña. Salamanca: Universidad de Salamanca, 2013, p. 312.

e, igualmente, transformando o estudo de condutas criminosas de interesse de diferentes ramos do Direito e de outros profissionais.

Esta concepção adequa-se à necessária prevenção do delito de corrupção no âmbito empresarial. Deste prisma preventivo, nas palavras de Cepeda e Sánchez, resulta intervenção jurídico-administrativa e cível dirigida a estabelecimentos empresariais, fora do âmbito exclusivamente penal, com vistas a combater a corrupção em prol de um Estado mais transparente, *in verbis*:

> A prevenção da corrupção exige começar, desde o início, com a adoção de medidas fora da esfera criminal. Juntamente com campanhas voltadas à conscientização cultural e educação cidadã nas demandas, também devem ser promovidas a censura e a reprovação em relação à corrupção. Do ponto de vista preventivo, é igualmente essencial uma maior e mais eficaz intervenção jurídico-administrativa e civil (comercial) visando o estabelecimento de regras que assegurem um funcionamento claro e transparente dos setores público e privado.[252]

Sobre este atual cenário da corrupção Helena da Costa[253] igualmente afasta o simples aumento de penas ou a criação de

---

[252] Do original: "*La prevención de la corrupción requiere partir, desde su inicio, de la adopción de medidas fuera del ámbito penal. Al lado de campañas tendentes a una sensibilización cultural y de educación ciudadana en las exigencias deben propiciarse también la censura y reproche en la relación con la corrupción. Desde un prisma preventivo resulta igualmente esencial una mayor y más eficaz intervención jurídico-administrativa y civil (mercantil) dirigida al establecimiento de reglas que aseguren un funcionamiento claro y transparente del sector público y privado*" (CEPEDA, Ana Isabel Perez; SÁNCHEZ, Demelsa Benito. "La política criminal internacional contra la corrupción". *In*: BECHARA, Ana Elisa Liberatore S.; LA TORRE, Ignacio Berdugo Gomes de. *Estudios sobre la corrupción*: una reflexión hispano-brasileña. Salamanca: Universidad de Salamanca, 2013, p. 45).

[253] COSTA, Helena Regina Lobo da. "Corrupção na história do Brasil: reflexões sobre suas origens no período colonial". *In*: DEBBIO,

CAPÍTULO II – LEI ANTICORRUPÇÃO

sanções como modo de prevenir as condutas indesejadas relacionadas à corrupção. Afirma a autora que "o grande desafio consiste, hoje, não mais em mudar as instituições políticas ou administrativas, mas em algo muito mais difícil e complexo: mudar a cultura cotidiana e endêmica da corrupção".

Mais ainda, além de apontar a necessidade de mudança profunda da mentalidade social para conscientização acerca de práticas que signifiquem desvio de bens públicos para fins privados, também propõe providências concretas para evitar a sobreposição de interesses privados à coisa pública, que se distanciam do mero sancionamento das condutas. Assim, para a referida autora:

> O fortalecimento das instituições públicas, com desenhos claros, atribuições bem distribuídas, estabilidade face às mudanças de governo e evitando-se espaços de sobreposição é de grande relevância. Da mesma forma, a capacitação do funcionário público, exigindo-lhe adequada formação técnica e uma carreira estruturada também é fundamental. Além disso, a nomeação para os cargos não vinculados a concurso público precisa ser feita com fundamentos técnicos, pois a nomeação puramente política gera a atmosfera de influências de pedidos pessoais e realização de favores nem sempre condizentes com a melhor realização do interesse público.[254]

Noutro giro, a manutenção de um programa de integridade, ou, nos termos da norma anticorrupção brasileira, de mecanismos e procedimentos internos de integridade, auditoria e incentivo à

Alessandra Del; MAEDA, Bruno Carneiro; AYRES, Carlos Henrique da Silva (Coord.). *Temas de anticorrupção e compliance.* Rio de Janeiro: Elsevier, 2013, p. 19.

[254] COSTA, Helena Regina Lobo da. "Corrupção na história do Brasil: reflexões sobre suas origens no período colonial". *In*: DEBBIO, Alessandra Del; MAEDA, Bruno Carneiro; AYRES, Carlos Henrique da Silva (Coord.). *Temas de anticorrupção e compliance.* Rio de Janeiro: Elsevier, 2013, pp. 17/18.

denúncia de irregularidades contribui igualmente para o controle das práticas consideradas abrangidas pela corrupção, sem que seja manejado o sistema penal ou, necessariamente, seja o objetivo qualquer sancionamento. A aplicação efetiva de códigos de ética e de conduta surge como um avanço da legislação em prol de uma mudança de perspectiva geral sobre o tratamento do comportamento corrupto, com base na promoção de conscientização e prevenção. Isto não significa, entretanto, que a legislação não pode ser manejada a fins escusos ou manipulada a propósitos que desrespeitam direitos fundamentais ou o próprio conteúdo da democracia.

2.10 Cuidados com o combate à corrupção

Considerando que se trata da presença de elemento autoritários na Lei Anticorrupção, faz-se relevante tecer alguns comentários acerca de uma noção geral de combate à corrupção que degenera a persecução penal. Isso porque o discurso de combate à corrupção serviu em diversos momentos da História como catalisador de movimentos políticos que se tornaram essencialmente autoritários.

É evidente, porém oportuno, ser expresso à exaustão que observar criticamente o discurso anticorrupção não é ser conivente com a corrupção. Fatalmente, a oposição às práticas de corrupção convive com a posição de salvaguardar a democracia. Igualmente, buscar a condenação do agente corruptor não significa concordar com abusos cometidos pelas autoridades públicas responsáveis pela persecução.

Conquanto necessária a persecução penal da corrupção de forma efetiva, é importante também frisar a potencial instrumentalização desse combate à corrupção como ferramenta política para promover retrocessos institucionais, restringir liberdades, e impor regimes autoritários. A obstinação com a persecução da corrupção cria disfunções no sistema de justiça que o alinham a práticas autoritárias, como discorre Rubens Casara, "não raro, com boa

CAPÍTULO II – LEI ANTICORRUPÇÃO

intenção de 'combater a corrupção' do sistema político, acaba-se por corromper o Sistema de Justiça e mesmo as bases democráticas".[255]

Esse aspecto preocupante não passa desapercebido pelos Ministros do STF, de quem é esperada a reflexão sobre a salvaguarda dos valores constitucionais. Em entrevista ao jornal *El País*, o Ministro Ricardo Lewandowski recordou a problemática de forma igualmente cautelosa e precisa:

> O combate à corrupção é necessário. Todos nós queremos combater a corrupção. Mas, infelizmente, no Brasil, o combate à corrupção sempre foi um mote para permitir que se promovessem retrocessos institucionais.[256]

Na mesma linha prossegue Casara, no livro *Sociedade sem lei*, ao aduzir que "a luta contra a corrução que em um primeiro momento parece uma luta pela honestidade, tornou-se cortina de fumaça que leva à corrupção mais grave, a do sistema de direitos e garantias".[257]

A percepção de que há um combate à corrupção que antagoniza a democracia não passa desapercebida por Juarez Tavares, para quem "se o combate à corrupção destrói direitos fundamentais, não

---

[255] CASARA, Rubens. *O estado pós-democrático*: neo-obscurantismo e gestão dos indesejáveis. Rio de Janeiro: Civilização Brasileira, 2017, p. 178.

[256] JIMÉNEZ, Carla; OLIVEIRA, Regiane. "Lewandowski: 'O combate à corrupção no Brasil sempre foi um mote para permitir retrocessos'". *El País*, 2020. Disponível em: https://brasil.elpais.com/politica/2020-01-07/lewandowski-o-combate-a-corrupcao-no-brasil-sempre-foi-um-mote--para-permitir-retrocessos.html. Acessado em: 28.01.2021.

[257] CASARA, Rubens. *Sociedade sem lei*: pós-democracia, personalidade autoritária, idiotização e barbárie. Rio de Janeiro: Civilização Brasileira, 2018, p. 141.

combatemos a corrupção, destruímos a democracia".[258] Coaduna-se à observação de que "combate" é expressão instrumental à guerra e de aceitação de medidas extremas para eliminação do opositor, conquanto, na realidade, o Estado não se encontra em guerra, de modo que o crime deve ser controlado na sociedade, evitado, punido, sem que o enfrentamento do delito implique na destruição de valores democráticos.

Bem assim, pior é a estreita conexão entre o alarde contra o crime de corrupção promovido por lideranças políticas autoritárias e a instauração de regimes ditatoriais e governos autocráticos. Como bem recorda Fernando Fernandes, a ditadura brasileira iniciada em 1964 foi precedida do clamor contra a simbólica ameaça comunista, mas também contra a corrupção:

> Sob o discurso de combate à corrupção, que já foi bandeira de Jânio Quadros, de Fernando Collor e mesmo do Golpe de 1964, encontrou-se terreno fértil para as ideias antidemocráticas em uma nação jovem democracia e de vigência da Constituição.[259]

O historiador Carlos Fico[260] aponta que a velha noção de "crise moral" foi um dos motes utilizados pelos golpistas de 1964 para justificar sua ação. Juntamente com o combate à "subversão" e ao comunismo, "acabar com a corrupção" era uma das bandeiras da época.

---

258 TAVARES, Juarez. "Combate à corrupção que desrespeita direitos fundamentais destrói democracia". *ConJur*, 2019. Disponível em: https://www.conjur.com.br/2019-jun-16/entrevista-juarez-tavares-professor--advogado. Acessado em: 28.01.2023.

259 FERNANDES, Fernando Augusto. *Geopolítica da Intervenção*: a verdadeira história da lava jato. São Paulo: Geração Editorial, 2020, p. 429.

260 FICO, Carlos. *Como eles agiam*: os subterrâneos da ditadura militar. Rio de Janeiro: Record, 2001, p. 149.

CAPÍTULO II – LEI ANTICORRUPÇÃO

Embora, na ocasião do golpe de 1964 no Brasil, os militares tenham tomado o poder sob promessas de combater a corrupção ao mesmo tempo que pretendiam eliminar o inimigo comunista e subversivo, sabe-se bem hoje que estes eram quaisquer pessoas que tentassem expressar posicionamentos ideológicos diversos dos do governo e que a cruzada contra a corrupção serviu apenas como pretexto justificador das barbáries da ditadura militar.

Segundo Habib[261] a partir de 1964[262] o Brasil ingressou em seu ciclo supremo de corrupção, "jamais tantos casos afloraram e de forma seguida como nos governos que sucederam ao golpe militar, passando pela Nova República e indo desaguar no primeiro governo eleito democraticamente pelo povo".

Fica evidente que a declarada luta contra a corrupção é um instrumento falacioso utilizado para criar uma situação de aparente emergência que permita a eliminação de opositores e conduza à instauração de um regime de exceção.

A alardeada intenção de tratar a corrupção, ao contrário do que se poderia esperar com base no discurso comumente utilizado nos momentos que antecedem a tomada do poder por regimes autoritários, deixa de constituir um projeto essencial nestas espécies de governo. Na realidade

---

[261] HABIB, Sérgio. *Brasil*: quinhentos anos de corrupção – enfoque sócio--histórico-jurídico-penal. Porto Alegre: Sergio Antonio Fabris Editor, 1994, p. 42.

[262] Anote-se que em 1968, a Constituição Federal de 1967 sofre um ataque substancial no chamado Ato Institucional n. 5, aprofundando a negação a direitos fundamentais do cidadão. O AI5 teve como objetivo declarado a busca pela "reconstrução moral" do Brasil e a "luta contra a corrupção", quando na verdade o Presidente da República assumiu influência em todos os Poderes da República com o fechamento do Congresso Nacional, o remédio constitucional do *habeas corpus* foi mitigado, a censura foi intensificada e as liberdades civis reduzidas, inaugurando o período mais sombrio da ditadura militar.

numa ditadura, a corrupção não deixa de existir. O que arrefece é a sua percepção, pela ausência de denúncias públicas e punição, ocasionadas pela ausência de uma imprensa livre e de órgãos de apuração independentes.[263]

Importa fixar que no Estado Democrático de Direito há, sim, o enfrentamento do delito de corrupção, que ocorre – ou pelo menos deveria – a partir de apreciação dos fatos pelos órgãos e agentes do Estado com respeito a direitos fundamentais e à condição de pessoa do delinquente. A garantia de direitos é absolutamente compatível com a perseguição e a punição de comportamentos ilícitos.

---

[263] SERRANO, Pedro Estevam Alves Pinto. *A justiça na sociedade do espetáculo*: reflexões públicas sobre direito, política e cidadania. São Paulo: Alameda, 2015, p. 249.

CAPÍTULO III

A EXCEÇÃO À ESPREITA NAS FÓRMULAS ANTICORRUPÇÃO

O presente capítulo reservou-se à demonstração de evidências que aproximam a ideologia propalada na norma anticorrupção brasileira e práticas que estão consignadas no texto legal, ao que se pode reconhecer como medidas de exceção no interior da democracia. Isto é a expressão do autoritarismo difundido na norma de combate e prevenção à corrupção.

3.1 O corrupto como inimigo da nação

Na esteira da preocupação com a manipulação do discurso anticorrupção para fins autoritários, é necessário abordar a eleição de inimigos como uma das principais ferramentas empregadas para alcançar a aceitação de diminuição de direitos fundamentais em favor da persecução de atos ilícitos.

De fato, a importância de delimitar o modelo teórico do inimigo na abordagem sobre autoritarismo reside no vislumbre de que a temática está intimamente imbricada com a da exceção, já que todo Estado autoritário e toda medida de exceção apresentam como fundamento e razão a figura do inimigo, aquele ser vivente que, no campo dos direitos, se diferencia pelo fato de não lhe serem garantidos direito mínimos da condição humana.[264]

A sociedade que se sente ameaçada pelo inimigo, um ícone que desafia a homogeneidade da nação, é conduzida a considerar dispor de direitos para obter segurança. O canto que seduz, na precisa constatação de Leonardo Yarochewsky, advém da noção de que "para aniquilar o inimigo, o estado de exceção se utiliza da falsa ideia de que sacrificando direitos e garantias e a própria liberdade se obtém mais segurança e ordem".[265]

Esse fato é preocupante na formatação do inimigo "bandido", pois, como explica Zaffaroni, quando os destinatários do tratamento dedicado aos inimigos são seres humanos não claramente identificáveis (um grupo com características físicas, étnicas ou culturais diferentes), e sim pessoas misturadas e pertencentes a uma mesma população, é apenas com uma investigação policial ou judicial que poderá ser identificada efetivamente a qualidade de inimigo. Destinar um "tratamento diferenciado para eles importa interrogar-se acerca da possibilidade de que o Estado possa limitar as garantias e as liberdades de todos os cidadãos com o objetivo de identificar e conter os inimigos".[266]

---

[264] SERRANO, Pedro Estevam Alves Pinto. *Autoritarismo e golpes na América Latina*: breve ensaio sobre jurisdição e exceção. São Paulo: Alameda, 2016, p. 31.

[265] YAROCHEWSKY, Leonardo Issac. "O estado de exceção e o aniquilamento do inimigo na obra de Pedro Serrano". *In*: MAGANE, Renata Possi *et al. Democracia e crise*: um olhar interdisciplinar na construção de perspectivas para o Estado brasileiro. São Paulo: Autonomia Literária, 2020, p. 246.

[266] ZAFFARONI, Eugenio Raúl. *O inimigo no Direito Penal*. 2ª ed. Rio de Janeiro: Revan, 2007, p. 116.

CAPÍTULO III – A EXCEÇÃO À ESPREITA NAS FÓRMULAS...

Essa perseguição do inimigo do Estado, ou a idealização da figura de um inimigo, desafia a superação do conceito de pessoa. É dizer que, objetivando afastar um suposto criminoso da proteção legal do Estado, este é desumanizado. Desta feita:

> Opõe-se à concepção da figura do inimigo o conceito de pessoa. Um dos maiores pressupostos de um Estado de Direito é a existência de um Estado racional, que, por meio de decisões racionais, garanta certos valores. E o mais relevante valor já estabelecido na história humana é o conceito de pessoa, que embora sempre tenha existido na humanidade, apenas com a cristandade ganhou maior acabamento, tendo sido, possivelmente, o seu maior legado humanitário para a posteridade.[267]

É para demonstrar e valorizar a credibilidade do sistema de ameaças interno ao Estado perante os cidadãos que manejam meios de mitigação de direitos contra aqueles que são identificados como perturbadores da paz e criminalizados como elementos inimigos, contra estes últimos, como afirma Günter Frankenberg, os meios empregados contra os inimigos são violentos, para que não surjam dúvidas sobre a combatividade do Estado de Direito.[268]

O autor descortina a função oculta dessa técnica, eis que:

> a conjuração de um grupo marginal, de um "inimigo interno" tem a função de desviar a atenção da ameaça real representada

---

[267] SERRANO, Pedro. *Autoritarismo e golpes na América Latina*: breve ensaio sobre jurisdição e exceção. São Paulo: Alameda, 2016, p. 72.

[268] O autor alemão narra que tanto o discurso do inimigo do Estado, que se orientava contra grupos terroristas e extremistas nos anos 1980, quanto as medidas de repulsa a estes grupos e de combate ao terrorismo remetem ao triunfo de uma técnica de Estado marcado por imperativos de segurança interna que se isentam cada vez mais de inibições jurídicas (FRANKENBERG, Günter. *Técnicas de Estado*: perspectivas sobre o Estado de Direito e o Estado de exceção. Trad. Gercelia Mendes. São Paulo: Unesp, 2018, p. 203).

por crises econômicas cuja evolução não pode ser nem calculada pelo indivíduo nem controlada pelo Estado.[269]

A este propósito, é instrumentalizado o medo dos inimigos da Constituição, dos terroristas e da criminalidade organizada como maneira de suplantar os temores de dificuldades econômicas que efetivamente afligem a nação, substituindo-as pela sobreposição da preocupação com inimigos.

A lógica de combate ao inimigo que provoca suspensão de direitos, com a negação de liberdades, foi amplamente utilizada nos momentos prévios à instauração de governos autoritários no século XX, incluindo a ditadura militar brasileira de 1964, que encontrou no combate ao comunismo uma das suas falaciosas motivações para estabelecer situações compreendidas como estado de exceção que, apresentadas como transitórias e temporárias, tornaram-se perenes com instauração de um Estado autoritário.

A estigmatização do comunista como o inimigo do Estado gera um cenário em que o inimigo pode ser qualquer indivíduo. O comunista, diferente de outros inimigos elegidos como antagonistas da nação, não é facilmente identificado à observação de traços específicos, dependendo de uma análise, ainda que superficial, para demonstrar sua adesão ao grupo marginalizado.[270] Esta circunstância auxilia na construção de um temor artificial, eis que o dito inimigo pode ser qualquer um.

No Brasil contemporâneo, todavia, a figura do inimigo deixou de estar dispersa por toda a sociedade e, conforme vislumbra Serrano, "hoje, se identifica com a figura mítica do bandido, o agente

---

[269] FRANKENBERG, Günter. *Técnicas de Estado*: perspectivas sobre o Estado de Direito e o Estado de exceção. Trad. Gercelia Mendes. São Paulo: Unesp, 2018, p. 224.

[270] SERRANO, Pedro. *Autoritarismo e golpes na América Latina*: breve ensaio sobre jurisdição e exceção. São Paulo: Alameda, 2016, p. 97.

CAPÍTULO III – A EXCEÇÃO À ESPREITA NAS FÓRMULAS...

da violência, aquele que quer destruir a sociedade".[271] Mais ainda, este inimigo da sociedade comumente não é cidadão que erra, como recomenda o Estado de Direito, mas indivíduos que têm seus direitos suspensos vivendo sob a égide permanente de um Estado de polícia e que, quase necessariamente, confunde-se com o preto, pobre, morador da periferia. O inimigo, sobretudo, na América Latina,

> é o pobre, não sendo reconhecidos nele os direitos fundamentais inerentes à condição de ser humano. Sob o pretexto de combater esse inimigo que, supostamente, ameaça a segurança e a integridade social, adota-se um verdadeiro Estado de polícia.[272]

À confabulação mítica do bandido passou-se integrar, com clamor especial, o corrupto. No caso do corrupto, assim como com o comunista, o inimigo não é identificável pela sociedade pelo mero olhar, o que dificulta o combate individual e leva à suspensão dos direitos de todos os indivíduos. Os demais escolhidos para figurarem sob o signo de inimigos do Estado permanecem como tal, alargando-se a ideologia de combate da sociedade contra um opositor e, consequentemente, incrementando os elementos que perfazem um Estado securitário e diminuindo liberdades. A eficiência da prática persecutória, ou a quem ela se dirigirá na prática, é circunstância normalmente relevada pelo discurso de combate à corrupção, tomando a frente à realidade de mitigação geral de direitos fundamentais.

Com efeito, na obra *O Inimigo no Direito Penal*, Zaffaroni identifica que:

---

[271] SERRANO, Pedro. *Autoritarismo e golpes na América Latina*: breve ensaio sobre jurisdição e exceção. São Paulo: Alameda, 2016, p. 108.

[272] SERRANO, Pedro. "Estado de exceção e autoritarismo líquido na América Latina". *Poliética – Revista de Ética e Filosofia Política*, vol. 8, nº 1, 2020, p. 110.

Tanto o crime organizado como a corrupção são funcionais para habilitar o poder punitivo e a intromissão do Estado em qualquer atividade econômica incômoda ao governo de plantão ou que seja útil para eliminar ou difamar competidores, sem os limites nem as garantias constitucionais para tais intervenções.[273]

Recorda-se que a Lei Anticorrupção é fruto de clamor social punitivista, dificultando enxergar os contornos que limitam o delinquente de um inimigo. É particular da ideia de combate à corrupção a separação da sociedade entre probos e corruptos, reservando-se a estes últimos um estigma que anteriormente, no Brasil, era conferido ao comunista e, posteriormente, ao traficante de drogas.

A Lei Anticorrupção enfrenta um delito cuja relevância recomenda a atuação repressiva, quer dizer, há dignidade penal no tratamento da questão; na persecução do crime está-se diante de um delinquente, a quem deve ser reservado os rigores da lei, seja a pessoa física respondendo pelo tipo penal do Código Penal, seja a pessoa jurídica respondendo na sistemática do Direito Administrativo sancionador. Todavia, é imprescindível que a atuação do Estado e do aparato repressivo atenda aos preceitos democráticos, direitos fundamentais e garantias judiciais que são reservados a toda pessoa. É dizer, a gravidade em abstrato do delito de corrupção, ainda que se possa entender como um crime grave, não faz do criminoso um pária, nem desumaniza os administradores de uma pessoa jurídica.

Acresça-se, ainda, que a exploração midiática e espetacularização do combate à corrupção implica a formatação de um inimigo e, conforme expõe Rafael Valim,[274] ao inimigo plasmado na figura do corrupto "são negadas as mais óbvias garantias

---

273 ZAFFARONI, Eugenio Raúl. *O inimigo no Direito Penal*. 2ª ed. Rio de Janeiro: Revan, 2007, p. 63.

274 VALIM, Rafael. *Estado de exceção*: a forma jurídica do neoliberalismo. São Paulo: Contracorrente, 2017, p. 51.

CAPÍTULO III – A EXCEÇÃO À ESPREITA NAS FÓRMULAS...

processuais enfeixadas no princípio do devido processo legal, em uma guerra que desconhece limites". Continua o autor afirmando que "o enfrentamento da corrupção, enquanto desafio fundamental das democracias contemporâneas, passa a constituir um cavalo de troia dentro do Estado de Direito, sendo usado em favor de interesses inconfessáveis".

Em ato contínuo ao enfraquecimento de garantias penais sob o pretexto de combate à corrupção, segue-se inevitavelmente a aplicação do maior rigor penal a grupos minoritários e mais vulneráveis, os alvos majoritariamente escolhidos pelo Estado de polícia para submissão ao sistema penal. Nesse sentido, a norma em comento conta entre o que Helena Regina Lobo da Costa identificou, na seara penal, como autoritarismo na sua forma político-social, que virá a ser aplicada com rigor às populações marginalizadas:

> O populismo penal torna-se ferramenta do processo contínuo de dominação de grupos minoritários. Além disso, volta-se aos crimes de colarinho-branco apenas para, qualitativamente, enfraquecer as garantias penais. As consequências serão suportadas, no entanto, sobretudo pela clientela de sempre do sistema penal.[275]

A demonstração de que aqueles que suportam com maior rigor a fragilização de direitos fundamentais resultante do sancionamento da corrupção empresarial são, na realidade, os grupos que sofrem intensamente as angústias de um regime de exceção permanente (aludidos anteriormente, o pobre, o negro, o periférico), é atravessada pela constatação de que a prática do delito admite a lógica de oportunidade à empresa. O custo de oportunidade de praticar corrupção diminui conforme aumenta a concentração de renda,

---

[275] COSTA, Helena Regina Lobo da. "O avanço do populismo também no Direito Penal". *O Estado de São Paulo*, 2021. Disponível em: https://www.estadao.com.br/opiniao/espaco-aberto/o-avanco-do-populismo--tambem-no-direito-penal/. Acessado em: 28.01.2021.

tornando possível arcar com os riscos legais do crime. Isso porque "quanto maior for o negócio empresarial, maior a capacidade de absorção de riscos, sem perder o controle ou com pequenos riscos para os indivíduos envolvidos".[276]

A seguir tal proposição, a quem assusta o risco da persecução embalada pelo discurso de combate à corrupção, delineada em processos administrativos e no diálogo destes com a responsabilização individual pelo processo penal, é menos as grandes corporações ou estruturas empresariais e mais o identificado "inimigo" do Estado – no Brasil, o pobre, a se coadunar com uma aporofobia[277] que macula o país e que lança a população marginalizada ao jugo de um sistema de governo com traços autoritários, bem distante do ideal do Estado Democrático de Direito.

Especialmente no campo penal, com as atenções punitivas voltadas aos crimes de colarinho branco, estimula-se a falsa ideia da democratização da justiça criminal. A imagem veiculada é da

---

[276] CONCEIÇÃO, Pedro Augusto Simões da. *Crime e caos*: proposta para a criminalidade empresarial brasileira. São Paulo: Liber Ars, 2019, p. 173.

[277] A aporofobia é definida por Jessé Souza como o sentimento de rejeição, aversão, temor e desprezo ao pobre que, ao menos aparentemente, não pode devolver nada de bom em troca, e que leva a hostilidades à população desamparada e sem recursos. De acordo com o autor; "o que está em jogo nessas relações é uma luta de classes muito singular: entre uma que tem tudo e outra que não tem nada. O que está em jogo, na verdade, é uma covarde opressão de classe que tende a se eternizar" (SOUZA, Jessé. *A classe média no espelho*. Rio de Janeiro: Estação Brasil, 2018, p. 71).Vale ressaltar que, nos países democráticos que se pronunciam em favor da igualdade e dignidade de todos os seres humanos, é essencial reconhecer a existência e as formas de manifestação de casos de xenofobia, racismo, homofobia e outros preconceitos, tal como a aporofobia, para que sejam tratados devidamente os casos e que seja possível empreender políticas públicas de conscientização que permitam construir uma nação que, ao menos, aproxime-se dos valores democráticos e dos princípios consignados no projeto do Estado de Direito Constitucional.

CAPÍTULO III – A EXCEÇÃO À ESPREITA NAS FÓRMULAS...

submissão de um grupo anteriormente impune ao sistema penal no rol de pessoas que terão seus direitos violados pelo sistema de persecução penal. Contudo, apesar de o discurso afirmar que "os ricos e poderosos finalmente serão punidos, na prática, os clientes tradicionais do sistema de justiça são os maiores prejudicados, pois são eles os alvos prioritários da máquina punitiva".[278] O discurso de punição contra os inimigos, que é acrescido da sedutora ideia de que os corruptos serão punidos, é o que proporciona uma espécie de consenso social de que as ilegalidades e injustiças no sistema estão justificadas, permitindo que medidas e decisões autoritárias sejam aceitas, e até defendidas, mesmo por aqueles que estão inseridos nos grupos propensos à pecha de inimigo.

No Brasil, pode-se identificar que a técnica de reconhecer um inimigo e aplicar a ele um processo de exceção, inclusive com fundamento no instrumental legal do discurso anticorrupção, é acrescido, para além dos grupos e populações desde muito estigmatizados, de alvos do campo da política a partir do processo do Mensalão. Passa-se a enquadrar, com maior intenção e espetacularização, na categoria do inimigo-bandido, o chamado corrupto, facilitando a imposição de medidas de exceção sob o pretexto de combate à corrupção. Nestes termos, a Lei Anticorrupção concretiza a lógica de flexibilização de direitos e garantias fundamentais contra o inimigo corrupto, no que foi acompanhada em ideologia pela Operação Lava Jato.

3.2 O problema da hipernomia e vagueza conceitual

Uma das modalidades de prática de exceção no século XXI, que caminha ao lado e conduz ao autoritarismo líquido, é a hipernomia. Esta tem como efeito o mesmo resultado da anomia, isto é, cria-se um momento no tempo e espaço em que o Direito não atua.

---

[278] ANDRADE, André Lozano. *Populismo penal*: comunicação, manipulação política e democracia. São Paulo: D'Plácido, 2021, p. 134.

As condições que permitem constatar a situação de hipernomia podem ser vislumbradas, na prática, pelas disposições e aplicação da Lei Anticorrupção, especialmente ao se considerar a vagueza conceitual do comportamento que a legislação pretende evitar e a amplitude do procedimento estabelecido para responsabilização administrativa das empresas por atos lesivos ao patrimônio público.

A hipernomia é o elemento legislativo, ou normativo, do autoritarismo líquido. A gênese da verificação deste elemento se dá pela percepção de que as normas sancionatórias são em número excessivo e se dão por conceitos indeterminados. A título de exemplos de legislação brasileira que apontam a uma indeterminação das normas, resultando no fortalecimento de poder discricionário dos agentes que aplicam o Direito, pode-se indicar a Lei das Organizações Criminosas, a Lei de Drogas,[279] a Lei de Lavagem de Dinheiro, a Lei Antiterrorismo, e, aqui a norma que nos interessa, a Lei Anticorrupção. A preocupação crucial neste ponto reside no fato de que, ao estabelecer uma norma que institui uma sanção por um conceito indeterminado, abre-se a possibilidade de que o intérprete enxergue novas condutas enquadradas nessas normas, sem que ocorra alteração legislativa. Produções legais desta espécie culminam na concepção de um aparato de guerra do Estado, manipulada ao prazer da ideologia do governo instalado, contra seus opositores.

---

279 "Nos anos 80 do século passado, toda a região sancionou *leis antidroga* muito parecidas, em geral por pressão da agência estadunidense especializada, configurando uma legislação penal de exceção análoga à que antes havia sido empregada contra o *terrorismo* e a *subversão*. Estas leis, que em sua maioria permanecem em vigor, violaram o princípio de legalidade, multiplicaram verbos conforme a técnica legislativa norte-americana, associaram participação e autoria, tentativa, preparação e consumação, desconheceram o princípio da ofensividade, violaram a autonomia moral da pessoa, apenaram enfermos e tóxico dependentes" (ZAFFARONI, Eugenio Raúl. *O inimigo no Direito Penal*. 2ª ed. Rio de Janeiro: Revan, 2007, p. 52).

CAPÍTULO III – A EXCEÇÃO À ESPREITA NAS FÓRMULAS...

Mais detalhadamente, por hipernomia entende-se o fenômeno de profusão de edição de espécies normativas, com especial atenção à produção de normas com conteúdo impreciso, mas, também, a atuação do intérprete qualificado do dever jurisdicional que, valendo-se de regras e princípios, expressa normas com uma intensidade que lhe é incompatível. Nesse sentido, para Pedro Serrano:

> A textura aberta da linguagem, a vagueza dos princípios e dos conceitos jurídicos indeterminados contribuem, decisivamente, para a hipernomia, conferindo ao intérprete dotado de poder decisório o ilegítimo poder de conferir extensão e alcance casuístico, em detrimento, dentre outros, da segurança jurídica.[280]

O fenômeno não está circunscrito à pura e simples produção legislativa (isto é, à quantidade de normas editadas),[281] mas se desenvolve igualmente, a partir da textura aberta da linguagem, gerando confusões entre sentidos comuns e técnico de determinados termos legais, da vagueza de princípios e da indeterminação de conceitos jurídicos aludidos no texto de lei sem devidas elaborações sobre sua delimitação e precisão na forma de aplicação, comprometendo

---

[280] SERRANO, Pedro Estevam Alves Pinto. "Autoritarismo líquido e as novas modalidades de prática de exceção no século XXI". *Themis: Revista da Esmec*, vol. 18, nº 1, 2020, p. 219.

[281] Vale ressaltar que a alta produção legislação brasileira, embora não seja o único elemento da hipernomia é relevante ao fenômeno. É possível um vislumbre da grande quantidade de legislação editada no Brasil segundo o estudo feito pelo Instituto Brasileiro de Planejamento e Tributação (IBPT), que constatou que o país editou e publicou, desde a Constituição de 1988 até 2017, mais de 5,4 milhões textos normativos. São 769 normas por dia útil entre leis, medidas provisórias, instruções normativas, emendas constitucionais, decretos, portarias e atos declaratórios (CONJUR. "Brasil editou 5,4 milhões de normas desde a Constituição de 1988, diz estudo". *Revista ConJur*, 2017. Disponível em: https://www.conjur.com.br/2017-jul-30/brasil-editou-54-milhoes-normas-1988-estudo. Acessado em: 28.01.2023).

a fidelidade entre as regras jurídicas e a aplicação do texto de lei como norma jurídica.

Ao referir-se especificamente ao âmbito penal e seu cada vez mais numeroso mostruário de tipos, declara Francesco Carnelutti[282] que a multiplicação de normas à disposição do aplicador da legislação converte-se em uma espécie de labirinto, através do qual o juiz deve saber se mover. No entanto, ainda que aquele seja um exímio jurista, não deixa de ser um perigo.

De acordo com Pedro Serrano,[283] ao utilizar cada vez mais rotineiramente de conceitos indeterminados na elaboração das normas, "conceitos muito amplos e que abrangem potencialmente um grande número de situações, dificulta-se ao cidadão prever como o Estado vai reagir frente à conduta dele".

Aliás, a precisão dos conceitos que constam de textos legais não é só ideal, mas é também exigência encontrada na própria legislação, como corolário do princípio da legalidade.

A tal propósito a Lei Complementar (LC) n. 95/1998, que dispõe sobre a redação das leis, estipula em seu art. 11 que as disposições normativas devem ser redigidas com clareza, precisão e ordem lógica.

Destaca-se que a obtenção de clareza no texto legal, conforme a LC referida, é obtida com a prática de "usar as palavras e as expressões em seu sentido comum, salvo quando a norma versar sobre assunto técnico, hipótese em que se empregará a nomenclatura própria da área em que esteja legislando" (art. 11, inc. I, alínea "a" da LC n. 95/1998). Para obtenção de precisão, a legislação estipula ao legislador "articular a linguagem, técnica ou comum, de modo

---

[282] CARNELUTTI, Francesco. *As misérias do processo penal*. Trad. Carlos Eduardo Trevelin Millan. São Paulo: Pillares, 2009, p. 85.

[283] SERRANO, Pedro. "Estado de exceção e autoritarismo líquido na América Latina". *Poliética – Revista de Ética e Filosofia Política*, vol. 8, nº 1, 2020, p. 120.

CAPÍTULO III – A EXCEÇÃO À ESPREITA NAS FÓRMULAS...

a ensejar perfeita compreensão do objetivo da lei e a permitir que seu texto evidencie com clareza o conteúdo" e "evitar o emprego de expressão ou palavra que confira duplo sentido ao texto" (art. 11, inc. II, alíneas "a" e "c", da LC n. 95/1988).

A razão da comentada legislação sobre a redação de textos legais é sintetizada exemplarmente na frase de Tércio Sampaio Ferraz Jr., para quem "ao disciplinar a conduta humana, as normas jurídicas usam palavras, signos linguísticos que devem expressar o sentido daquilo que devem ser".[284] Afinal, a desorientação produzida por vaguezas, ambiguidades e imprecisões não apenas prejudica a interpretação, mas pode levar à degeneração do Direito posto.

Em desvio às regras a respeito da redação de textos legais, a Lei n. 12.846/2013, conhecida notoriamente como Lei Anticorrupção, apesar de suas disposições não utilizarem categoricamente o termo "corrupção", é maculada por ambiguidades em seus conceitos-chave, que permitem situá-la nas fronteiras de uma legislação que contribui para o fenômeno da hipernomia.

Bem assim, é oportuno lançar luz ao fato de que a Lei Anticorrupção, embora tenha sido amplamente divulgada como uma ferramenta a ser empregada contra o delito de corrupção (conforme demostrado anteriormente), suas disposições não mencionam a "corrupção" como o seu objeto, limitando-se a descrever ou indicar apenas atos ilícitos praticados contra a Administração Pública. Na realidade, a única referência ao termo "corrupção" é em artigo sobre a competência da CGU, que apurará os atos ilícitos previstos na lei observando o Decreto n. 3.678/2000; este sim em sua descrição explícita tratar-se sobre o combate da corrupção de funcionários públicos estrangeiros. Há, portanto, uma confusão quanto às palavras e expressões utilizadas com pouco discernimento, pendendo entre acepções técnicas e comuns na aplicação da norma. Eis que,

---

[284] CARNELUTTI, Francesco. *As misérias do processo penal.* Trad. Carlos Eduardo Trevelin Millan. São Paulo: Pillares, 2009, p. 255.

embora seja indubitável tratar do delito de corrupção, a legislação deixa de fixar com parâmetros definidos o espaço de aplicação das condutas que entende como tal delito. É dizer que os atos contra a Administração Pública, que são atos de corrupção, dispostos na Lei n. 12.846/2013, podem alcançar uma abrangência na sua incidência que não está delimitada em fronteiras claras o suficiente para permitir ao intérprete conduzir seu comportamento.[285]

Evidência disto é o cotejo entre os ilícitos elencados no art. 5º da Lei Anticorrupção, que também são crimes de acordo com o ordenamento penal e outras leis de cunho administrativo. Encontram colidência com os atos ilícitos da Lei n. 12.846/2013 o crime de corrupção ativa, a interface com o crime de participação em organização criminosa pelo financiamento, a lavagem de dinheiro na figura da interposta pessoa física ou jurídica, a formação de cartel e crimes licitatórios e a fraude à execução.

A excessiva ampliação do espectro de aplicação das condutas compreendidas como corrupção não é a única fonte de confusão no texto legal comentado. A propósito, Renato Polillo identifica a vagueza em outros elementos, afirmando que um exemplo de ambiguidade na Lei Anticorrupção, "diz respeito à inexistência da

---

[285] A alusão à dificuldade enfrentada pelo intérprete de conduzir seu comportamento no contexto do fenômeno da hipernomia é adequada à função do Direito para o sociólogo Niklas Luhmann, que referencia a necessidade de confiança no sistema do Direito. Conforme aduz o autor em O *direito da sociedade*, é função do Direito "a estabilização de expectativas normativas pela regulação de suas generalizações temporais, objetivas e sociais. O direito torna possível saber quais expectativas encontrarão aprovação social e quais não. Havendo essa certeza de expectativas, podem-se encarar as decepções da vida cotidiana com maior serenidade, ou ao menos se tem a segurança de não cair em descrédito em relação a suas expectativas" (LUHMANN, Niklas. O *direito da sociedade*. Trad. Saulo Krieger. São Paulo: Martins Fontes, 2016, p. 175).

CAPÍTULO III – A EXCEÇÃO À ESPREITA NAS FÓRMULAS...

definição do que seria 'vantagem indevida', sendo certo que a sua construção dependerá da jurisprudência e da doutrina".[286]

A preocupação com a precisão das disposições que dão consistência às normas importa porque, com a profusão e a edição de quantidade exorbitante de disposições normativas e a utilização de termos e conceitos vagos, outro resultado da hipernomia é revelado em função da falta de clareza no texto legal, despontando para uma degeneração do Direito pelos agentes que aplicam as normas. O fenômeno da hipernomia tem como elemento perceptível "também a atuação do intérprete qualificado do dever poder sancionador que, valendo-se de regras e princípios, expressa normas com intensidade que lhe é incompatível".[287]

> Esse imbróglio normativo acaba por delegar a quem executa a lei – o delegado, o promotor, o juiz, o fiscal, o agente público em geral – o poder arbitrário, imperial, absolutista, de selecionar quem é atingido por essa norma e quem não é: isso é a essência da exceção.[288]

A insegurança jurídica decorrente do espaço vazio de Direito que, paradoxalmente, encontra na hipernomia uma das suas causas, é bem delineada por Paola Cantarini Guerra e Willis Santiago Guerra Filho, para quem, ante a evidência do vínculo ambíguo entre o Direito e a anomia "o estado de exceção é transformado numa

---

[286] POLILLO, Renato Romero. *Responsabilidade e corrupção*. São Paulo: Contracorrente, 2020, p. 200.

[287] SERRANO, Pedro. "Autoritarismo líquido e as novas modalidades de prática de exceção no século XXI". *Themis: Revista da Esmec*, vol. 18, nº 1, 2020, p. 219.

[288] SERRANO, Pedro. "Estado de exceção e autoritarismo líquido na América Latina". *Poliética – Revista de Ética e Filosofia Política*, vol. 8, nº 1, 2020, p. 120.

festa sem restrição, na qual se exibe a violência pura para que se usufrua dela em toda a liberdade".[289]

Considera-se a hipernomia como uma fragilização do princípio do *nullum crimen sine lege* – não há crime sem lei anterior que o preveja –, que atende à lógica do Direito sancionatório, debatendo Direito Penal ou no âmbito do Direito Administrativo sancionador. Em todo o caso, o emprego de conceitos indeterminados na elaboração de normas com caráter punitivo obsta ao indivíduo a completa percepção das condutas que a lei previu como crime a partir de sua edição, ao mesmo tempo que permite uma discricionariedade ao aplicador que pode conceber incidências insólitas à partir das disposições abrangentes, dos termos imprecisos e conceitos vagos constantes do texto legal, turvando a regra de que só há ilícito se a lei efetivamente prever a conduta como criminosa.

Aqui, o excesso normativo equivale à inexistência de norma, sendo que a hipernomia, sob este aspecto, tem o mesmo sentido da anomia. Nesta toada, afirmam Pedro Serrano e Renata Megane que

> o pressuposto que antecede a produção de sistemas sancionatórios é a definição do que é lícito e do que é ilícito. Quando tudo se torna ilícito, deixa de existir por não cumprir seu pressuposto sintático e ôntico primário.[290]

A hipernomia, assim, abrange uma concepção pela qual, conforme descreve Serrano na obra *Autoritarismo e golpes na América Latina*: "a lógica do lícito-ilícito, própria do Direito, é

---

[289] GUERRA, Paola Cantarini; GUERRA FILHO, Willis Santiago. "Breve alusão ao Estado (inconstitucional) de exceção em que estamos vivendo e morrendo". *Revista Jurídica*, vol. 4, n° 57, 2019, p. 387.

[290] SERRANO, Pedro Estevam Alves Pinto; MAGANE, Renata Possi. "A governabilidade de exceção permanente e a política neoliberal de gestão dos indesejáveis no Brasil". *Revista de Investigações Constitucionais*, vol. 7, n° 2, 2021, p. 541.

CAPÍTULO III – A EXCEÇÃO À ESPREITA NAS FÓRMULAS...

superada pela lógica do poder próprio da política, mesmo dentro de um tribunal".[291] Recorda-se que a subversão do Direito pela política é, justamente, a principal evidência da presença de atos alinhados à forma do autoritarismo.

Em condições ideais, conforme explica Georges Abboud,[292] os limites do binômio lícito/ilícito se definem e se expandem por meio do discurso abstrato sobre a interpretação das normas jurídicas, com vistas a garantir maior definição e flexibilidade às decisões judiciais. Todavia, na situação de produção hipernômica, o Direito resta fragilizado pelo comprometimento do código lícito e ilícito em razão da indeterminação da norma.

Tal indeterminação, entrelaçada a normas de conceito impreciso, gera o cenário de equivalência à inexistência de normas (a anomia), porque o âmbito da legislação sancionatória é tão extenso que a seleção entre o código lícito e ilícito deixa de atender a um controle de validade sobre o espectro normativo onde existe a norma, submetendo os cidadãos a um poder arbitrário e de exceção. A ocorrência destas condições "faculta que quase todas as condutas humanas que fogem do banal possam, por alguma interpretação jurídica, se tornar passíveis de sanção pelo Estado".[293]

O paradoxo representado pela hipernomia que gera anomia consagra-se num âmbito de abrangência da legislação sancionatória tão extenso que "retira do poder legislativo a prerrogativa de discriminar

---

[291] SERRANO, Pedro. *Autoritarismo e golpes na América Latina*: breve ensaio sobre jurisdição e exceção. São Paulo: Alameda, 2016, p. 35.

[292] ABBOUD, Georges. *Direito Constitucional pós-moderno*. São Paulo: Thompson Reuters, 2021, p. 25.

[293] SERRANO, Pedro. "Estado de exceção e autoritarismo líquido na América Latina". *Poliética – Revista de Ética e Filosofia Política*, vol. 8, nº 1, 2020, p. 120.

quem é potencialmente culpado perante o sistema, incumbindo tal decisão ao arbítrio seletivo do aplicador do sistema normativo".[294]

Trata-se, aqui, de um resultado para o qual contribui a vagueza dos conceitos jurídicos, hipótese contida no fenômeno da hipernomia, que é incidentalmente explicada por Raffaele Di Giorgi, na afirmação de que:

> Normas podem ser transformadas, o direito dos juízes pode desenhar novos percursos, desvios podem ser normatizados, o agir pode ser ulteriormente condicionado sem que se produzam catástrofes nos conhecimentos adquiridos, ou melhor, sem que os indivíduos percebam aquilo que acontece.[295]

Neste sentido, à parte da intenção dos legisladores que criaram a lei, a técnica legislativa permite que a aplicação do texto legal fuja do que foi divisado pelo Congresso Nacional. No caso da Lei Anticorrupção, é possível vislumbrar uma margem a diferentes interpretações pelos operadores do Direito de quais condutas se enquadram como ato ilícito contra a Administração Pública no espectro das disposições da Lei n. 12.846/2013.

Essa circunstância não passou despercebida pelo autor brasileiro Walfrido Warde, que na obra *O espetáculo da corrupção* vislumbra, como resultado da casuística e subjetividade dos ilícitos, a criação de condições para que a relação entre empresas e o Estado possa sofrer deturpações oriundas de manipulações e maquinações, tanto

---

[294] SERRANO, Pedro Estevam Alves Pinto. "Autoritarismo líquido e as novas modalidades de prática de exceção no século XXI". *Themis: Revista da Esmec*, vol. 18, n° 1, 2020, p. 220.

[295] GIORGI, Raffaele de. *Direito, tempo e memória*. São Paulo: Quartier Latin, 2006, p. 188.

CAPÍTULO III – A EXCEÇÃO À ESPREITA NAS FÓRMULAS...

do jurisdicionado quanto do aplicador da lei. Nas palavras do autor; "sem definição exata, tudo pode ser crime -, os ratos farão a farra".[296]

O raciocínio do autor referido acima quanto à falta de objetividade na caracterização do ilícito no âmbito da sanção de empresas pela Lei Anticorrupção está compreendido na percepção de que esta indefinição legal gera riscos ao empresário e, consequentemente, afasta aqueles entes privados que são honestos, restando para negociar com o poder público aqueles que tendem a assumir maiores riscos e que combinam a falta de escrúpulos com ganância:

> A caracterização casuística e subjetiva dos ilícitos leva à paralisia dos honestos. Os sérios não querem arriscar sequer um segundo na cadeia. E, portanto, irão se manter a quilômetros de distância de qualquer relação econômica com o Estado. O escasseamento de agentes econômicos num dado mercado tende a aumentar os lucros. Mais um incentivo àqueles sem qualquer escrúpulo. Falta de escrúpulo combina com ganância. Com os honestos de fora, com medo de tudo – porque sem definição exata tudo pode ser crime -, os ratos farão a festa.[297]

O arbítrio seletivo na incidência da lei como corolário da hipernomia é deveras significativo no contexto da Lei Anticorrupção, especialmente em razão de uma das características particulares da competência para a instauração do processo administrativo cujo objetivo é apurar a responsabilidade no âmbito desta. Fala-se da disposição que confere o poder e responsabilidade à autoridade máxima de cada órgão ou entidade dos Poderes Executivo, Legislativo e Judiciário para instaurar e julgar processos administrativos com fulcro na Lei Anticorrupção, a teor do art. 8º da Lei n. 12.846/2013, o que significa que estados, municípios e autarquias estão habilitados

---

[296] WARDE, Walfrido. *O espetáculo da corrupção*. Rio de Janeiro: Leya, 2018, p. 49.

[297] WARDE, Walfrido. *O espetáculo da corrupção*. Rio de Janeiro: Leya, 2018, p. 49.

a instaurarem o processo administrativo do qual os próprios entes correspondem à parte lesada. Esta circunstância é suficiente para levantar questões a respeito da imparcialidade necessária ao órgão julgador, bem como a viabilidade de conferir à parte requerente uma efetiva observância do sistema acusatório à parte requerida pelo aplicador da lei. Apesar da observação do artigo mencionado de que devem ser assegurados o contraditório e a ampla defesa, causa estranheza que o ente em posição de vítima seja o órgão responsável pelo processamento e julgamento dos fatos.

Ademais, é preciso ter em mente que o Brasil tem, conforme dados do Instituto Brasileiro de Geografia e Estatística (IBGE) de 2020, 5.568 municípios.[298] Todos estes municípios podem instaurar processos administrativos da Lei Anticorrupção, concedendo a estes o poder de criar jurisprudência e, fatalmente, de selecionar quem é atingido pela norma e quem não é. Mais ainda, como pondera Pedro Conceição,[299] as empresas podem ter negócios com vários entes públicos concomitantemente e, caso haja um ato corruptor com efeitos danosos a vários municípios (e estados ou à União) a instauração de diversos processos concomitantes é um risco real. O referido autor enxerga que a Lei Anticorrupção sofre um "excesso-normativo", que culmina na constatação de que "qualquer ideal de segurança jurídica para que regras administrativas tenham uma aplicabilidade mais ou menos uniforme (dentro de uma mesma região, de um mesmo mercado relevante, enfim) se esvai".[300] Evidentemente, da enorme

---

[298] IBGE. Instituto Brasileiro de Geografia e Estatística. *Áreas Territoriais*. 2020. Disponível em: https://www.ibge.gov.br/geociencias/organiza-cao-do-territorio/estrutura-territorial/15761-areas-dos-municipios.html?=&t=o-que-e. Acessado em: 28.01.2023.

[299] CONCEIÇÃO, Pedro Augusto Simões da. *Crime e caos*: proposta para a criminalidade empresarial brasileira. São Paulo: Liber Ars, 2019, p. 148.

[300] CONCEIÇÃO, Pedro Augusto Simões da. *Crime e caos*: proposta para a criminalidade empresarial brasileira. São Paulo: Liber Ars, 2019, p. 150.

CAPÍTULO III – A EXCEÇÃO À ESPREITA NAS FÓRMULAS...

quantidade de agentes responsáveis pela instauração destes procedimentos, e da pouca sistematização entre eles, resta prejudicada a coesão na aplicação da legislação, bem como os parâmetros de sanção. Esta circunstância também é um sintoma da hipernomia, que conduz à possibilidade de ocorrerem arbítrios seletivos pelo aplicador da norma.

Neste cenário, o fenômeno da hipernomia torna impraticável produzir expectativa jurídica de conhecimento do ordenamento, e especificamente sobre o âmbito de aplicação Lei Anticorrupção, o que implica na redução do nível de confiança em respeito ao Direito estabelecido na legislação, ao passo que permite que autoridades atuem discricionariamente em persecução judicial contra qualquer cidadão. Na proposição de Serrano:

> O fato de a sanção estar lastreada em lei não dá ao cidadão a garantia de que a aplicação do sistema normativo sancionatório por parte dos agentes incumbidos de sua execução esteja ocorrendo segundo a lógica própria do Direito e segundo os valores mais elementares do Estado de Democrático de Direito.[301]

A inquietação é que se há uma gama de possibilidades absolutamente abrangente do que pode ser considerado ato de corrupção, as empresas estão sempre em risco de incorrerem em conduta que pode ser enquadrada como ilícito apto a dar início a um processo administrativo de responsabilização. Sobra para quem aplica a norma, agora sim, um poder anômico de quem é o sujeito que é submetido ao poder estatal e ao sancionamento. A consequência última deste cenário é a corrosão do Direito, deixando este de conferir previsibilidade e confiança aos indivíduos submetidos às leis produzidas

---

[301] SERRANO, Pedro Estevam Alves Pinto. "Autoritarismo líquido e as novas modalidades de prática de exceção no século XXI". *Themis: Revista da Esmec*, vol. 18, n° 1, 2020, p. 219.

pelo Estado e interpretadas pelo aplicador, para ser substituído por arbítrios e desígnios políticos estranhos ao Direito.

3.3 Perfil autoritário da responsabilidade objetiva na Lei Anticorrupção

Dentre os elementos normativos da Lei Anticorrupção há uma opção legislativa que se destaca enquanto perfil autoritário, qual seja: a responsabilidade objetiva de pessoas jurídicas por atos lesivos contra a Administração Pública. Ao tempo em que norteia a legislação referida, esta forma de responsabilização é motivo de diversas controvérsias.

A exposição de motivos do projeto de lei original, proposto em 2009 ao Presidente da República, observou desde seu nascedouro que disposição

> inovadora é a da responsabilização objetiva da pessoa jurídica. Isso afasta a discussão sobre a culpa do agente na prática da infração. A pessoa jurídica será responsabilizada uma vez comprovado o fato, o resultado e o nexo causal entre eles,[302]

revelando a forma da responsabilidade como tema central na produção da comentada normativa.

A aferição da responsabilidade por ato ilícito diz-se subjetiva quando é necessário verificar no conjunto de fatos que culminou a causar danos a alguém se o ato foi praticado com dolo ou culpa em

---

[302] BRASIL. Subchefia de Assuntos Parlamentares. *EMI n. 00011 2009* – CGU/MJ/AGU. Brasília, 23 de outubro de 2009. Disponível em: https://www.camara.leg.br/proposicoesWeb/prop_mostrarintegra?-codteor=735505&filename=Tramitacao-PL%206826/2010. Acessado em: 28.01.2023.

CAPÍTULO III – A EXCEÇÃO À ESPREITA NAS FÓRMULAS...

sentido estrito.[303] A responsabilidade objetiva, por sua vez, corresponde a atribuição de responsabilidade independentemente de culpa em sentido amplo.

Responsabilidade objetiva é exceção no sistema brasileiro, coexistindo com a responsabilidade subjetiva em hipóteses específicas. Em âmbito cível, o parágrafo único do art. 927 prevê que quem causar dano a alguém por ato ilícito fica obrigado a reparar o dano, e essa obrigação ocorre "independentemente de culpa, nos casos especificados em lei, ou quando a atividade normalmente desenvolvida pelo autor do dano implicar, por sua natureza, risco para os direitos de outrem".

O Estado está categoricamente submetido à responsabilidade objetiva, nos termos do § 6º do art. 37 da CF/88, conforme será pormenorizado à frente, e do art. 43 do Código Civil (CC), que preleciona que as pessoas jurídicas de direito público interno são civilmente responsáveis por atos de seus agentes que causem danos a terceiros. Em qualquer hipótese fica ressalvado direito de regresso contra o causador do dano quando por parte dele houver culpa ou dolo.

Na Lei n. 12.846/2016, os atos ilícitos previstos nas suas disposições são imputados às empresas por meio da responsabilidade objetiva. Isso significa, como aponta Pierpaolo Bottini, que "a aplicação das sanções não exige a intenção da corporação ou de

---

303 Importa assentar que dolo e culpa, em sentido estrito, são definidos na legislação penal e cível, com acepções semelhantes. O Código Civil estabelece no art. 186 as duas formas de culpa (em sentido amplo), ao dispor que comete ato ilícito aquele que por ação ou omissão voluntária, negligência ou imprudência, violar o direito e causar dano a outrem; representa o dolo pela ação ou omissão voluntária, e a culpa em sentido estrito, na negligência ou imprudência. Por sua vez, o Código Penal dispõe, nos incisos do seu art. 18, que o dolo ocorre quando o agente quis o resultado ou assumiu o risco de produzi-lo e a culpa se dá na hipótese de alguém dar causa a resultado tipificado como crime por imprudência, negligência ou imperícia.

seus dirigentes em corromper ou a demonstração de sua desídia em relação a atos deste gênero que eventualmente ocorram".[304]

Assim, a responsabilidade objetiva não exclui o fenômeno da imputação, que é uma operação jurídica de atribuição de responsabilidade[305] e, como tal, depende de determinados critérios. No caso da Lei Anticorrupção estes critérios estão consubstanciados na prática de um dos atos dispostos em seu art. 5°, e que o respectivo ato tenha sido realizado por algum de seus colaboradores, excetuando-se na espécie a apreciação de dolo ou culpa do agente.

Retomando a exposição de motivos do projeto de lei que se tornou a Lei Anticorrupção, é emblemático observar que o texto não se acanhou em declarar categoricamente que a opção pela responsabilização objetiva visou evitar "a dificuldade probatória de elementos subjetivos, como a vontade de causar um dano, muito comum na sistemática geral e subjetiva de responsabilização de pessoas naturais". Em outras palavras, os motivos da lei expuseram que sua intenção foi mitigar garantias defensivas da pessoa investigada em favor da repressão promovida pelo Estado.

---

[304] BOTTINI, Pierpaolo Cruz; TAMASAUSKAS, Igor Sant'Anna. "A controversa responsabilidade objetiva na Lei n. 12.846/2013". *Revista do Advogado*, São Paulo, AASP, n° 125, 2014, p. 126.

[305] Na definição de Greco Filho e Rassi, a imputação é o processo de atribuição de um fato juridicamente relevante a alguém no sentido de carrear-lhe, se for o caso, responsabilidade e aplicar-lhe a sanção civil, administrativa ou penal (cf. GRECO FILHO, Vicente; RASSI, João Daniel. *O combate à corrupção e comentários à lei de responsabilidade de pessoas jurídicas*. São Paulo: Saraiva, 2015, p. 138). Trata-se de uma operação complexa que envolve elementos objetivos e subjetivos. Apesar de muitas vezes ser a operação feita intuitivamente, não é um processo simples, ou pior, simplório, que se dirige à conclusão: "foi você" ou, ao contrário, "você não tem nada com isso", ou ainda "foi você, mas sem culpa", ou mais ainda "foi você, mas o fato está prescrito". O processo de imputação é inerente ao Direito que se utiliza de modelos em que os partícipes são pessoas, naturais ou jurídicas, sendo indispensável a indagação: "você participou?".

CAPÍTULO III – A EXCEÇÃO À ESPREITA NAS FÓRMULAS...

O modelo de responsabilidade objetiva foi descrito na Lei n. 12.846/2013, em seus arts. 1º e 2º:

> Art. 1º Esta Lei dispõe sobre a responsabilização objetiva administrativa e civil de pessoas jurídicas pela prática de atos contra a administração pública, nacional ou estrangeira.
>
> Art. 2º As pessoas jurídicas serão responsabilizadas objetivamente, nos âmbitos administrativo e civil, pelos atos lesivos previstos nesta Lei praticados em seu interesse ou benefício, exclusivo ou não.

E reafirmado no Decreto regulamentador n. 11.129/2022:

> Art. 1º Este Decreto regulamenta a responsabilização objetiva administrativa e civil de pessoas jurídicas pela prática de atos contra a administração pública, nacional ou estrangeira, de que trata a Lei nº 12.846, de 1º de agosto de 2013.

Com base na responsabilidade objetiva decorrente do texto legal, o único critério adotado para estabelecer a responsabilidade da empresa pelos atos lesivos à Administração Pública inscritos na Lei n. 12.846/2013 e sujeitá-la às sanções é comprovar a ocorrência do fato tipificado na lei averiguando:

> Se a empresa, mediante ação de um agente seu, ainda que não autorizado pela direção, auferiu vantagem com o ato de corrupção, tendo, ou não, o agente também auferido vantagem pessoal. Se a empresa se beneficiou responderá pelo ato praticado por seu agente.[306]

---

[306] GRECO FILHO, Vicente; RASSI, João Daniel. *O combate à corrupção e comentários à lei de responsabilidade de pessoas jurídicas*. São Paulo: Saraiva, 2015, p. 140.

Vale ressaltar que o art. 3º da Lei n. 12.846/2013 determina que a responsabilização da pessoa jurídica é independente da responsabilização individual dos dirigentes, administradores, ou de qualquer pessoa que partícipe do ato ilícitos. Detalha o artigo, em seu § 2º, que "os dirigentes ou administradores somente serão responsabilizados por atos ilícitos na medida de sua culpabilidade", assim estabelece para as pessoas físicas envolvidas no ato lesivo contra a Administração Pública a responsabilidade subjetiva.

Na Lei Anticorrupção, a disposição que esclarece a responsabilidade subjetiva às pessoas físicas evidencia seu foco na punição das pessoas jurídicas. Isto porque a responsabilização das pessoas físicas pelos atos lesivos sequer ocorrerá no processo administrativo previsto pela Lei n. 12.846/2013 e "nem mesmo responderão pelas sanções previstas naquela Lei, que deve ser interpretada restritivamente, considerando que as penalidades previstas são atribuídas apenas às pessoas jurídicas".[307]

Destacado que a Lei Anticorrupção definiu para o sancionamento por atos lesivos contra Administração Pública por pessoas jurídicas a responsabilidade objetiva, que é exceção no sistema, torna-se razoável que o fundamento para tanto seja verificado.

Anote-se que há hipóteses de responsabilidade objetiva admitidas expressamente no ordenamento jurídico, como é o caso da já mencionada responsabilidade do Estado, positivada na CF/88 nos seguintes termos:

> Art. 37, § 6º: As pessoas jurídicas de direito público e as de direito privado prestadoras de serviços públicos responderão pelos danos que seus agentes, nessa qualidade, causarem a

---

[307] DAL POZZO, Antonio Araldo Ferraz *et al*. *Lei Anticorrupção*: apontamentos sobre a Lei n. 12.846/2013. 3ª ed. São Paulo: Contracorrente, 2019, p. 43.

CAPÍTULO III – A EXCEÇÃO À ESPREITA NAS FÓRMULAS...

terceiros, assegurado o direito de regresso contra o responsável nos casos de dolo ou culpa.

Na sistemática da responsabilidade objetiva do Estado, o ente público responde mesmo quando não agir ilicitamente, na medida que "os danos causados pelo Estado resultam de comportamentos produzidos a título de desempenhar missões no interesse de toda a sociedade".[308] É o entendimento de Celso Antônio Bandeira de Mello que:

> O fundamento da responsabilidade estatal é garantir uma equânime repartição dos ônus provenientes de atos ou efeitos lesivos, evitando que alguns suportem prejuízos ocorridos por ocasião ou por causa de atividades desempenhadas no interesse de todos. De conseguinte, seu fundamento é o princípio da igualdade, noção básica do Estado de direito.[309]

Nesta mesma linha, explica Pedro Serrano que "o fundamento da responsabilidade objetiva do Estado em sua acepção original não está na ilicitude, mas na justa repartição do ônus da atividade pública".[310]

O ordenamento jurídico brasileiro também convive com responsabilidade objetiva atribuída a agente poluidor por danos ao meio ambiente. A este respeito, a Lei de Política Nacional do Meio Ambiente, Lei n. 6.938/1981, versa em seu art. 14, § 1º, que "é o poluidor obrigado, independentemente de culpa, a indenizar ou reparar os danos causados ao meio ambiente e a terceiros, afetados por

---

[308] MELLO, Celso Antônio Bandeira de. *Curso de Direito Administrativo*. 31ª ed. São Paulo: Malheiros, 2014, p. 1016.

[309] MELLO, Celso Antônio Bandeira de. *Curso de Direito Administrativo*. 31ª ed. São Paulo: Malheiros, 2014, p. 1023.

[310] SERRANO, Pedro Estevam Alves Pinto. "A responsabilidade objetiva da Lei Anticorrupção". *Revista do Advogado*, São Paulo, AASP, nº 125, 2014, p. 109.

sua atividade". A responsabilidade do poluidor é, portanto, baseada simplesmente no risco da atividade, gerando responsabilidade civil com a simples demonstração do dano ambiental ou da atividade que degrada o meio ambiente, acompanhado do nexo causal entre o dano e atividade.

A exceção à regra da responsabilidade subjetiva no caso do agente poluidor, pela qual se torna irrelevante a análise de culpa do agente, é derivada da justa distribuição do ônus da atividade econômica explorada. Desta feita, possui por fundamento a equidade e razoabilidade, devendo o agente recompor o patrimônio coletivo em face do dano ocasionado por atividade privada da qual se beneficiou, considerado que a atividade econômica poluidora gera um ônus social. O fundamento da responsabilidade civil objetiva por danos ao meio ambiente; nas palavras de Serrano

> está na oneração pelo desempenho de uma atividade nociva ao meio ambiente, já que não é equânime nem razoável onerar a coletividade pelo desempenho de uma atividade econômica fundada exclusivamente no lucro.[311]

Assim, há um fundamento coerente com o ordenamento jurídico para que o dano causado por um agente poluidor seja responsabilizado independentemente de culpa, isto é, na forma de responsabilidade objetiva em que basta a demonstração de dano ambiental e nexo causal.

Ocorre que, diferentemente das hipóteses de responsabilidade objetiva previstas para a responsabilização do Estado ou do agente poluidor, em que se prestigia a isonomia dos administrados e a distribuição do ônus da atividade, a opção pela responsabilidade objetiva das pessoas jurídicas na Lei n. 12.846/2013 decorre, conforme se

---

[311] SERRANO, Pedro Estevam Alves Pinto. "A responsabilidade objetiva da Lei Anticorrupção". *Revista do Advogado*, São Paulo, AASP, n° 125, 2014, p. 110.

CAPÍTULO III – A EXCEÇÃO À ESPREITA NAS FÓRMULAS...

verifica a partir da exposição de motivos da legislação, da pura e simples inspiração de que seria imperativa a repressão aos atos de corrupção. É essa a percepção de Serrano sobre o tema, ao colocar a reponsabilidade objetiva da pessoa jurídica em perspectiva com o Estado Democrático de Direito:

> Na Lei Anticorrupção a responsabilidade objetiva é desprovida de qualquer fundamento que justifique sua consonância com o Estado Democrático de Direito. Ao revés, é apresentada aqui como forma sancionatória, em uma ação punitiva do Estado, embasada na culpa presumida da pessoa jurídica corruptora.[312]

Portanto, a imposição de responsabilidade objetiva à pessoa jurídica, nos termos apresentados pela Lei Anticorrupção, coaduna-se com uma estratégia autoritária direcionada a mitigação do direito de defesa que consta entre as garantias constitucionais.

Nos contundentes dizeres de Guilherme Nucci, a punição da pessoa jurídica com base na responsabilidade objetiva nas penas gravíssimas da Lei Anticorrupção corresponde a "uma forma ardilosa de contornar o princípio constitucional da culpabilidade: ninguém será condenado sem dolo ou culpa".[313] Para o referido autor, operou-se uma responsabilidade penal objetiva camuflada, sob a crítica de que, para a pessoa física, o comportamento corrupto é um crime, de modo que é ilógico que a mesma conduta constitua delito para uma pessoa e um simples ilícito administrativo para outra.[314]

---

[312] SERRANO, Pedro Estevam Alves Pinto. "A responsabilidade objetiva da Lei Anticorrupção". *Revista do Advogado*, São Paulo, AASP, nº 125, 2014, p. 110.

[313] NUCCI, Guilherme de Souza. *Corrupção e anticorrupção*. Rio de Janeiro: Forense, 2015, p. 135.

[314] Nucci defende que a Lei Anticorrupção se disfarça de lei administrativa ou cível, mas que sua natureza é eminentemente penal. O autor afirma que, sendo substancialmente penal, a aplicação da Lei Anticorrupção precisa respeitar princípios penais e processuais penal, vale dizer, o

Fatalmente uma normativa para tratar de estratégias anticorrupção é necessária, porém, disfunções em suas disposições que são incompatíveis com o Estado Democrático de Direito devem ser apontadas.

À parte do debate sobre a natureza da lei, se cível, administrativa, *sui generis* ou lei penal encoberta,[315] a sua aplicação precisa respeitar garantias que têm como base o Direito Constitucional. Ainda que afastada a natureza penal e reconhecido o instrumental do Direito Administrativo sancionador, direitos e garantias atinentes à defesa de pessoas acusadas, sejam elas físicas ou jurídicas, estão mantidas.

O posicionamento pelo qual princípios e garantias penais devem ser recepcionadas pelo Direito Administrativo é corroborado pelo STF, representado pelo voto do Ministro Sepúlveda Pertence no Recurso Extraordinário (RE) n. 154.134-2/SP que, ao ponderar sobre a incidência Direito Administrativo sancionador em confronto com garantias constitucionais, deliberou que:

> A vedação constitucional de determinadas sanções – entre elas a de caráter perpétuo – não pode restringir-se a sanções penais aplicadas jurisdicionalmente mas, com mais razão, há

---

devido processo legal. Deste raciocínio conclui que "é preciso terminar com jogadas jurídicas perigosas, adotando-se teorias incompatíveis com o Estado Democrático de Direito, permeando o cenário do absurdo e da inversão de valores, como acolher a responsabilidade penal objetiva camuflada" (NUCCI, Guilherme de Souza. *Corrupção e anticorrupção*. Rio de Janeiro: Forense, 2015, p. 86).

[315] Lei penal encoberta é como designa a Lei Anticorrupção, segundo Bottini e Tamasauskas (2014, p. 128), que assim a denominam sob o argumento, quanto a responsabilidade das empresas, de que "a qualidade e a quantidade de sanções, os contornos dos ilícitos e o bem jurídico tutelado revelam que a lei trata – em verdade – de crimes e impõe penas, sendo, portanto, vedado o recurso à responsabilidade objetiva".

CAPÍTULO III – A EXCEÇÃO À ESPREITA NAS FÓRMULAS...

de aplicar-se às penas administrativas na medida que essas sejam admissíveis no regime constitucional.[316]

Assim, em qualquer caso de aplicação de punição no contexto do Direito Administrativo sancionador, consoante defende Fábio Medina Osório,[317] sempre se revela necessário o respeito ao princípio ou à cláusula constitucional do devido processo legal, assegurado aos acusados em geral, norma da qual derivam regras e princípios para a produção do conjunto de garantias e direitos fundamentais inerentes a qualquer processo punitivo, seja ele judicial, seja administrativo.

É dizer: a pessoa jurídica não perde o direito a ter direitos por ter se tornado alvo de uma acusação, mesmo que seja investigada por atos compreendidos como corrupção tais os elencados na Lei Anticorrupção. Ao acusado deve ser dedicado o tratamento insculpido no art. 5º, inciso LIV, da CF/88, que prevê fundamentalmente que o indivíduo só terá seus direitos restringidos mediante um processo legal e que, portanto, permita concretamente o contraditório e a ampla defesa.

Conquanto o princípio da culpabilidade encontre amparo constitucional, é temerário assumir que o legislador infraconstitucional, bem como o agente público que sequencialmente aplique a norma, possa afastar a incidência de análise de culpabilidade, ou seja, de um efetivo juízo de reprovação sobre aquele que praticou o tido como ilícito.

---

[316] A reflexão do Ministro Sepúlveda Pertence no RE 154.134-2/SP, de Relatoria do Ministro Sydney Sanches, DJ 29.10.1999, foi inspiração a outro julgado do STF em 2020, quando na ADI n. 2.975/DF, a corte, com o voto do Ministro Gilmar Mendes, determinou a inconstitucionalidade de pena de caráter perpétuo posta na Lei n. 8.112/1990 cuja aplicação se procede por meio do Direito Administrativo sancionador.

[317] OSÓRIO, Fábio Medina. *Direito Administrativo Sancionador*. 2ª ed. São Paulo: Revista dos Tribunais, 2005, p. 37.

Vale ressaltar que a ideia de culpabilidade, que é bem desenvolvida no Direito Penal, corresponde a instituto que serve a dar legitimidade à punição estabelecida no ordenamento jurídico por meio de lei, indicando que o ilícito é fruto da vontade ou da falta de cuidado. Mais precisamente, de acordo com Juarez Tavares, aos elementos que dão base à atribuição de responsabilidade dá-se o nome de culpabilidade; "é uma qualidade da ação que implica a atribuição de responsabilidade a um sujeito pela prática de um fato injusto".[318] Na mesma direção vão as constatações de Juarez Cirino dos Santos, ao examinar o conceito de culpabilidade no Direito Penal:

> A culpabilidade, como juízo de reprovação, tem por objeto o tipo de injusto, e por fundamento: a) a imputabilidade, como conjunto de condições pessoais mínimas que capacitam o sujeito a saber (e controlar) o que faz, excluída ou reduzida em hipóteses de menoridade ou de doenças e anomalias mentais incapacitantes; b) o conhecimento do injusto, como conhecimento concreto do valor que permite ao autor imputável saber, realmente, o que faz, excluído ou reduzido em casos de erro de proibição; c) a exigibilidade de conduta diversa, como expressão de normalidade das circunstâncias do fato e concreta indicação do poder de não fazer o que fez, excluído ou reduzido nas situações de exculpação.[319]

Consequentemente, em vista da acentuada gravidade das sanções trazidas pela Lei n. 12.846/2013, seria expectativa razoável que a norma exigisse para a punição o exame da culpabilidade além da mera relação causal com o resultado, resguardadas devidas proporções para adequação à incidência de sanções à pessoa jurídica.

---

318 TAVARES, Juarez. *Fundamentos da teoria do delito*. Florianópolis: Empório do Direito, 2018, p. 103.

319 SANTOS, Juarez Cirino dos. *Direito Penal*: parte geral. 6ª ed. Curitiba: IPCP, 2014, p. 275.

CAPÍTULO III – A EXCEÇÃO À ESPREITA NAS FÓRMULAS...

De outro lado, enquanto a punição tem finalidade de retribuir o mal causado ou prevenir a ocorrência de outras lesões da mesma espécie, a reparação tem como função impor ônus limitado à restituição ao *status quo ante*.[320]

Por conseguinte, a questão de fundo apresentada gira em torno do fato de que a legislação impõe à empresa uma pena por meio de atividade sancionatória do Estado, e não reparatória. Isso significa que, sem permitir qualquer debate sobre culpa ou dolo, a legislação pretende punir para além da reparação de dano. Tal circunstância conduz à ofensa ao princípio da isonomia e da intranscendência das penas, em razão do fato de que a sanção atingirá pessoas que não participaram do comportamento ilícito, não se beneficiaram dele, e sequer puderam apresentar oposição em defesa de seus interesses. Efetivamente, o art. 5º, inc. XLV, da CF/88,[321] determina a intranscendência das penas como premissa a impedir que sanções e restrições de ordem jurídica superem a dimensão estritamente pessoal do infrator, postulado este que é abandonado na proposição de punição da empresa, especialmente na hipótese da responsabilidade objetiva em que os sancionados não têm elementos subjetivos de vontade apreciados.

Importa recordar, no ponto, que a "pessoa jurídica" é uma ficção jurídica, um ente que não tem vontade própria e nem age por si mesma – sua vontade é aquela que externam as pessoas que o

---

[320] BOTTINI, Pierpaolo Cruz; TAMASAUSKAS, Igor Sant'Anna. "A controversa responsabilidade objetiva na Lei n. 12.846/2013". *Revista do Advogado*, São Paulo, AASP, nº 125, 2014, p. 127.

[321] "Art. 5º, inc. XLV, CF – nenhuma pena passará da pessoa do condenado, podendo a obrigação de reparar o dano e a decretação do perdimento de bens ser, nos termos da lei, estendidas aos sucessores e contra eles executadas, até o limite do valor do patrimônio transferido" (BRASIL. *Constituição da República Federativa do Brasil de 1988*. Disponível em: http://www.planalto.gov.br/ccivil_03/constituicao/constituicao. htm. Acessado em: 28.01.2023).

representam legalmente.[322] Assim, deixar de apreciar a conduta do agente que representa a empresa e figura no centro do ato ilícito, sem perquirir do seu dolo ou culpa é, por via oblíqua, limitar a prova de outra pessoa, a pessoa jurídica, à mera comprovação da ausência de nexo de causalidade ou da materialidade do fato.

Desta lógica decorre, conforme esclarece Serrano, um esvaziamento do devido processo legal, pois a aplicação de sanções à pessoa jurídica pode vir a repercutir na sociedade como um todo, inclusive empregados da empresa e até o mercado como um todo, que – sem processo legal – poderão sofrer consequências de graves sanções, por exemplo, a dissolução da compulsória da pessoa jurídica.

> A análise da responsabilidade objetiva à luz do *due process of law,* é relevante, uma vez que a empresa, como ente coletivo, é formada por diversas pessoas, entre as quais se encontram aquelas alheias à prática do ilícito e que, portanto, não lhe poderiam ter penas atribuídas em decorrência da responsabilização objetiva da empresa por ato de um dos seus funcionários.[323]

Por essa mesma razão se ofende o princípio constitucional da isonomia, pelo qual o Estado de Direito se opõe a arbitrariedades. É princípio cujo alcance não se restringe a nivelar cidadãos diante da norma legal posta, mas a afirmar que a própria lei não pode ser

---

[322] Não obstante a tese pela qual a análise da dimensão subjetiva e da culpabilidade da pessoa jurídica poderia ser verificação por meio da vontade coletiva da empresa pela sua direção, que é produzida em reuniões, deliberações ou votos, conforme leciona Juarez Cirino dos Santos, essa vontade coletiva institucional da pessoa jurídica "não se confunde com a vontade consciente do conceito de ação da pessoa física; a vontade coletiva da ação institucional não contém os requisitos internos da ação humana" (SANTOS, Juarez Cirino dos. *Direito Penal*: parte geral. 6ª ed. Curitiba: IPCP, 2014, p. 681).

[323] SERRANO, Pedro Estevam Alves Pinto. "A responsabilidade objetiva da Lei Anticorrupção". *Revista do Advogado*, São Paulo, AASP, nº 125, 2014, p. 111.

CAPÍTULO III – A EXCEÇÃO À ESPREITA NAS FÓRMULAS...

editada em desconformidade com a noção de isonomia erigida no art. 5º da Constituição Federal.[324] Em confronto à premissa posta pela necessária observância da isonomia, a Lei Anticorrupção atribuiu tratamento igual a sujeitos em situações diferentes, aplicando sanção que impacta pessoas que nada concorreram com a prática dos comportamentos que tipificou.

Além de carente de fundamento adequado ao Estado Democrático de Direito e contrária a elementos inerentes ao devido processo legal, a opção pela responsabilidade objetiva é contraproducente sob a análise da promoção de programas de integridade. Isto porque, embora o modelo de responsabilidade na Lei Anticorrupção esteja baseado na deficiência da organização como pressuposto da sanção, ainda que prescinda de culpa, é em virtude da ausência ou do funcionamento ineficaz de um programa de integridade que advêm o ato lesivo à Administração Pública atribuído à pessoa jurídica. Porém, a adoção de programas de integridade serve tão somente como um mecanismo de atenuação de pena e não de exclusão de responsabilização. Em outros termos:

> Mesmo que a instituição não tenha deliberado cometer atos ilícitos, que apresente um efetivo sistema de prevenção e investigação de irregularidades e que funcione dentro de estritos padrões éticos, será punida caso seja beneficiada pelo comportamento de funcionários ou de terceiros contrários à norma. Note-se: ainda que a corrupção tenha sido detectada e investigada pela própria corporação, e comunicada por ela aos órgãos públicos, será aplicada a pena.[325]

---

[324] MELLO, Celso Antônio Bandeira de. *Conteúdo jurídico do Princípio da Igualdade*. 3ª ed. São Paulo: Malheiros, 1993, p. 10.

[325] BOTTINI, Pierpaolo Cruz; TAMASAUSKAS, Igor Sant'Anna. "A controversa responsabilidade objetiva na Lei n. 12.846/2013". *Revista do Advogado*, São Paulo, AASP, nº 125, 2014, p. 128.

Desta feita, a presença de uma estrutura robusta relativa a programa de integridade, tal como boas políticas de prevenção ou procedimentos de investigação interna, não poderá contribuir com a apreciação do dolo ou da culpa da empresa em um ato lesivo simplesmente porquanto tal análise não é realizada, dada atribuição de responsabilidade na forma objetiva. Ao fim, tal circunstância torna a implementação de um programa de integridade menos atraente, além de ser mais uma evidência de que o direito de defesa das empresas é reduzido.

A responsabilidade objetiva direcionada à empresa leva à punição as pessoas jurídicas que cometerem as condutas descritas no art. 5º da Lei n. 12.846/2013. Os atos lesivos à Administração Pública tipificados na lei podem ser categorizados em um primeiro grupo (i) atos diretamente caracterizados com a corrupção de agentes públicos;[326] (ii) atos relacionados a procedimentos licitatórios e contratos

---

[326] "Lei n. 12.846/2013, art. 5º, inc. I – prometer, oferecer ou dar, direta ou indiretamente, vantagem indevida a agente público, ou a terceira pessoa a ele relacionada; inc. II - comprovadamente, financiar, custear, patrocinar ou de qualquer modo subvencionar a prática dos atos ilícitos previstos nesta Lei; inc. III - comprovadamente, utilizar-se de interposta pessoa física ou jurídica para ocultar ou dissimular seus reais interesses ou a identidade dos beneficiários dos atos praticados;(...)" (BRASIL. *Lei n. 12.846*, de 1º de agosto de 2013. Disponível em: http://www.planalto. gov.br/ccivil_03/_ato2011-2014/2013/lei/l12846.htm. Acessado em: 28.01.2023).

CAPÍTULO III – A EXCEÇÃO À ESPREITA NAS FÓRMULAS...

administrativos;[327] e (ii) atos relativos à atividade investigatória ou de fiscalização.[328]

Dentre as condutas que constituem atos lesivos à Administração Pública, interessa uma aproximação ao ato lesivo correspondente ao art. 5º, inc. V, da Lei n. 12.846/2013, pelo qual a empresa poderá ser punida no âmbito administrativo e cível se comprovado que dificultou a atividade de investigação ou fiscalização de órgãos, entidades ou agentes públicos ou interveio em sua atuação.

A tipificação de dificultar atividade de investigação, de fiscalização ou intervir em atuação de órgãos públicos confere uma amplitude indevida às hipóteses de sua incidência no campo prático, a remontar às hipóteses de hipernomia em função da vagueza dos termos empregados. O espectro de interpretação do que corresponde

---

[327] "Lei n. 12.846/2013, art. 5º, inc. IV – no tocante a licitações e contratos: a) frustrar ou fraudar, mediante ajuste, combinação ou qualquer outro expediente, o caráter competitivo de procedimento licitatório público; b) impedir, perturbar ou fraudar a realização de qualquer ato de procedimento licitatório público; c) afastar ou procurar afastar licitante, por meio de fraude ou oferecimento de vantagem de qualquer tipo; d) fraudar licitação pública ou contrato dela decorrente; e) criar, de modo fraudulento ou irregular, pessoa jurídica para participar de licitação pública ou celebrar contrato administrativo; f) obter vantagem ou benefício indevido, de modo fraudulento, de modificações ou prorrogações de contratos celebrados com a administração pública, sem autorização em lei, no ato convocatório da licitação pública ou nos respectivos instrumentos contratuais; ou g) manipular ou fraudar o equilíbrio econômico-financeiro dos contratos celebrados com a administração pública;(...)" (BRASIL. *Lei n. 12.846*, de 1º de agosto de 2013. Disponível em: http://www.planalto.gov.br/ccivil_03/_ato2011-2014/2013/lei/l12846.htm. Acessado em: 28.01.2023).

[328] "Lei n. 12.846/2013, art. 5º, inc. V – dificultar atividade de investigação ou fiscalização de órgãos, entidades ou agentes públicos, ou intervir em sua atuação, inclusive no âmbito das agências reguladoras e dos órgãos de fiscalização do sistema financeiro nacional" (BRASIL. *Lei n. 12.846*, de 1º de agosto de 2013. Disponível em: http://www.planalto. gov.br/ccivil_03/_ato2011-2014/2013/lei/l12846.htm. Acessado em: 28.01.2023).

dificultar a atividade ou o que significa intervir na atuação do órgão confere um desmedido grau de discricionariedade àquele a quem for aplicar o preceito da Lei Anticorrupção.

No que concerne à atividade de fiscalização dos órgãos públicos em empresas, "a lei cria, por assim dizer, o dever de colaboração das empresas com os órgãos de fiscalização competentes, quando lhes forem solicitadas informações e documentos".[329] E consequentemente, quanto à hipótese de dificultar ou intervir na investigação ou atuação de agente público, a espécie compromete o direito da pessoa jurídica de não se autoincriminar, direito que lhe cabe como a qualquer outra pessoa física no Brasil.

Nesse sentido, a pessoa jurídica submetida a uma investigação ou ao processo administrativo:

> Tem o direito de não produzir prova contra si mesma, além do direito ao silêncio, imposto naturalmente a todos os seus empregados e dirigentes. Não se pode conceber, destarte, que a ocultação de documentos da empresa ou o silêncio dos funcionários chamados a depor pela polícia possa ser considerado o preenchimento do tipo do inciso V. Seria um autêntico absurdo, pois se estaria negando à pessoa jurídica os mesmos direitos e garantias concedidos à pessoa física.[330]

Ademais, embora o Código Penal contemple tipos penais, tais como a fraude processual, o falso testemunho ou a coação no curso do processo, que buscam resultados semelhantes ao ato lesivo à administração substanciado no comportamento de dificultar investigação ou fiscalização à medida que preservam a administração da

---

[329] DAL POZZO, Antonio Araldo Ferraz *et al. Lei Anticorrupção*: apontamentos sobre a Lei n. 12.846/2013. 3ª ed. São Paulo: Contracorrente, 2019, p. 63.

[330] NUCCI, Guilherme de Souza. *Corrupção e anticorrupção*. Rio de Janeiro: Forense, 2015, p. 135.

CAPÍTULO III – A EXCEÇÃO À ESPREITA NAS FÓRMULAS...

justiça, em nenhum dos casos similares no ordenamento jurídico a conduta é punida a partir da responsabilidade objetiva.

No que concerne às sanções propostas pela Lei n. 12.846/2013, cumpre apontar que o texto legal firmou penas distintas ao processo de responsabilização administrativa e ao processo de responsabilização que seja realizado na esfera judicial.

Ao processo que culmina em responsabilização administrativa reservaram-se as sanções correspondentes a multa, que podem variar de um décimo a vinte porcento do faturamento bruto da empresa no exercício anterior à instauração do processo administrativo, e a publicação extraordinária da decisão condenatória.

Por sua vez, no processo de responsabilização judicial, podem ser aplicadas às pessoas jurídicas as penas descritas nos incisos do art. 19 da Lei n. 12.846/2013, quais sejam: (i) perdimento de bens, direitos ou valores que representem vantagem ou proveito obtido com o ato ilícito; (ii) a suspensão ou interdição parcial das atividades empresariais; (ii) dissolução compulsória da pessoa jurídica; e (iv) a proibição de receber incentivos, subsídios, subvenções, doações ou empréstimos.

Como dito anteriormente, as penas estabelecidas vão além do caráter reparatório, determinando restrições de direitos que só poderiam ser admitidas, ainda que à luz do Direito Administrativo Sancionador, a partir da análise de culpabilidade. Até porque, conforme aponta Rafael Munhoz de Mello,[331] o objetivo da sanção administrativa nada mais é do que prevenir a ocorrência futura de comportamentos tipificados. Logo, sem a presença de dolo ou culpa, não há razão plausível para a imposição de uma medida sancionadora, uma vez que seu propósito é tão somente estimular a mudança

---

[331] MELLO, Rafael Munhoz de. *Princípios constitucionais de direito administrativo sancionador*: as sanções administrativas à luz da Constituição Federal de 1988. São Paulo: Malheiros, 2007, p. 40.

de comportamento, ao passo que a responsabilidade objetiva não permite adentrar na discussão ao elemento subjetivo e apreciar a vontade do agente.

Em análise das gravidades das penas às quais ficam submetidas as empresas suspeitas de envolvimento em atos lesivos à Administração Pública, Vicente Greco Filho e Daniel Rassi consideram que podem ocorrer disfunções na aplicação da lei, como a instrumentalização dela para prejudicar concorrentes com denúncias infundadas. Admitem, então, a necessidade de um especial cuidado para que não haja punições indevidas, exemplificado situações como a eventualidade de:

> Oferecimento de vantagem a funcionário em favor de determinada empresa feita por agente de concorrente desleal para provocar-lhe punição; a sanha de "denuncismo" para se obter notoriedade ou algum outro benefício e a rivalidade política, como motivadora de denúncias infundadas. Caberá aos órgãos administrativos e judiciais o cuidado de identificar essas hipóteses, lembrando que o ônus da prova é da acusação e que a prova negativa pode ser muitas vezes impossível.[332]

É de notar que os autores acima referidos atribuem aos órgãos administrativos e judiciais a tarefa de identificar as disfunções que elencou, o que deve ser acrescido do alerta de que as hipóteses de disfunções na persecução da punição elencadas, a exemplo do que chamam de "denuncismo", é prática que pode ser realizada pelos próprios agentes públicos que compõem os órgãos com poderes persecutórios.

Há uma evidente complexidade na abordagem a respeito da responsabilidade objetiva para punição de pessoas jurídicas na Lei n. 12.846/2013, cabendo escrutinar se a opção legislativa é compatível

---

[332] GRECO FILHO, Vicente; RASSI, João Daniel. *O combate à corrupção e comentários à lei de responsabilidade de pessoas jurídicas*. São Paulo: Saraiva, 2015, p. 140.

CAPÍTULO III – A EXCEÇÃO À ESPREITA NAS FÓRMULAS...

com o Estado Democrático de Direito, ou se corresponde a disposição eivada de inconstitucionalidade, ou, ainda, se é representação de uma manifestação autoritária na vigência do Estado de Direito.

Em perspectiva do quanto exposto até aqui, a compatibilidade da responsabilidade objetiva na apuração de atos lesivos à Administração Pública praticados por pessoas jurídicas deve, sim, ser questionada. Argumentos não faltam para elaborar a contraposição daquela forma de responsabilidade aos direitos e garantias previstos a todas as pessoas, incluídas as pessoas jurídicas, eis que afronta a sistemática da culpabilidade, o princípio da isonomia, a intranscendência das penas e, por derradeiro, o devido processo legal.

Bem assim, Pedro Serrano defendeu, logo após a edição da Lei n. 12.846/2013, o raciocínio de que "é inconstitucional o art. 2º da Lei Anticorrupção ao desrespeitar o princípio constitucional do *due processo of law* (art. 5º, inc. LIV, da CF/88) e da isonomia (art. 5º, *caput*, da CF/88)".[333] Ademais, a inexistência de fundamento compatível com o Estado Democrático de Direito para a responsabilização objetiva deslegitima a sua aplicação e, por conseguinte, demanda o reconhecimento de inconstitucionalidade ou, ao menos, que seja a aplicação das sanções mais gravosas submetidas a uma interpretação conforme à CF/88.

De fato, em março de 2015, o Partido Social Liberal (PSL) ajuizou Ação Direta de Inconstitucionalidade (ADI) tendo por objeto os artigos da Lei Anticorrupção que tratam da responsabilidade objetiva da pessoa jurídica, argumentando a inconstitucionalidade material dos dispositivos. A ADI, registrada no STF sob o n. 5261, assevera que a Lei Anticorrupção ao estipular a responsabilidade na forma objetiva visa impedir, substancialmente, o nível de insegurança

---

[333] SERRANO, Pedro Estevam Alves Pinto. "A responsabilidade objetiva da Lei Anticorrupção". *Revista do Advogado*, São Paulo, AASP, nº 125, 2014, p. 112.

coletiva jurídica das empresas, sobretudo na manutenção da garantia da atividade econômica dessas pessoas jurídica.

A inicial da ADI n. 5261, ao elaborar a tese da inconstitucionalidade da responsabilização objetiva administrativa e civil das pessoas jurídicas, cita trecho de emenda modificativa que foi debatida durante as discussões do projeto de lei na Câmara dos Deputados, a qual sintetiza o argumento e merece transcrição ao expor que:

> No Estado Democrático de Direito, em especial na seara do direito administrativo sancionador, o princípio da culpabilidade ou da responsabilização subjetiva do causador do dano é pressuposto de validade de qualquer ato normativo relacionado à matéria. A previsão de responsabilidade objetiva, com o falso pretexto de "agilizar" a punição de eventuais culpados ou "abreviar" a instrução probatória do processo punitivo, fere garantias basilares do Estado de Direito brasileiro. O poder punitivo, seja ele personificado pelo Poder Judiciário ou pelo próprio Poder Executivo, não pode ser implementado de forma arbitrária, devendo ser garantido ao acusado a ampla proteção de seus direitos fundamentais, previstos na Constituição Federal.[334]

De todo modo, a despeito do pedido cautelar exarado na inicial da comentada ADI e da invocação do art. 12, da Lei n. 9.868/1999,[335]

---

[334] A inicial da Ação Direta de Inconstitucionalidade n. 5261 está disponível em matéria jornalística do Consultor Jurídico por Felipe Luchete (LUCHETE, Felipe. "PSL ingressa no Supremo contra normas da Lei Anticorrupção". *ConJur*, 2015. Disponível em: https://www.conjur.com.br/2015-mar-13/partido-ingressa-supremo-normas-lei-anticorrupcao. Acessado em: 28.01.2023).

[335] "Art. 12. Havendo pedido de medida cautelar, o relator, em face da relevância da matéria e de seu especial significado para a ordem social e a segurança jurídica, poderá, após a prestação das informações, no prazo de dez dias, e a manifestação do Advogado-Geral da União e do Procurador-Geral da República, sucessivamente, no prazo de cinco dias, submeter o processo diretamente ao Tribunal, que terá a faculdade de

CAPÍTULO III – A EXCEÇÃO À ESPREITA NAS FÓRMULAS...

que visa acelerar o trâmite de ADIs no STF, a ADI n. 5261, protocolada em 11 de março de 2015, aguarda o julgamento pela Corte Constitucional até o fechamento desta edição.[336]

É preciso enfatizar que, apesar de a Lei Anticorrupção ter

> sido aprovada sob os ditames democráticos previstos em nossa Constituição, especialmente no que diz respeito às instituições formas de participação e aprovação normativa, isso não é suficiente para desvinculá-la de um ideal autoritário.[337]

O argumento é o de que a mera democracia formal não evita contaminações autoritárias, do mesmo modo que a aplicação do Direito pelo intérprete não é isenta de prática autoritárias.

Toda a aplicação de sanção baseada na Lei Anticorrupção a partir da mera asserção de responsabilidade objetiva é autoritária por mitigar garantias processuais, dificultar a defesa, e desrespeitar de forma sistemática o Estado Democrático de Direito. O descaso com garantias constitucionais aponta para uma situação maior do que mera inconstitucionalidade pontual, mas uma sistemática inobservância de direitos. Trata-se de um contexto em que a vontade política de perseguir o ato ilícito e a busca pela condenação com um abreviado e deficiente processo de responsabilização é colocada acima da observância de garantias presentes na Constituição, ignoram-se

---

julgar definitivamente a ação" (BRASIL. *Lei n. 9.868*, de 10 de novembro de 1999. Disponível em: http://www.planalto.gov.br/ccivil_03/leis/l9868.htm. Acessado em: 28.01.2023).

[336] O estado atual da ADI n. 5261 pode ser conferido na página do STF em: https://portal.stf.jus.br/processos/detalhe.asp?incidente=4730342.

[337] LAZZAROTTO, Gabriel Strapasson; NUNES, Pedro Henrique. "O perfil autoritário da Lei n. 12.846/2013 à luz do princípio da culpabilidade". *In*: BUSATO, Paulo César; SÁ, Priscilla Placha (Coord.). *Autoritarismo e controle social punitivo*. São Paulo: Tirant Lo Blanch, 2021, p. 181.

direitos em favor da vontade política representada pela pretensão de punir.

3.4 A personalidade autoritária e discursos anticorrupção

Como afirmado anteriormente, o objetivo destas reflexões não é defender a corrupção ou antagonizar os profissionais que se dedicam ao enfrentamento dessa espécie de crime. Ao contrário, o propósito é permitir uma atuação eficiente que evite o trajeto antidemocrático capaz de culminar em práticas afetas a estados de exceção, nem sejam vazias de conteúdo e acríticas.

Por isso, tal como Marie-Laure Susini em *Elogio da corrupção*, faz-se necessário para assumir um pensamento crítico dizer que "sim, faço-me advogado do diabo. Afirmo que os incorruptíveis é que são perigosos", e manter-se vigilante à recomendação do autor: "estão denunciando os corruptos à sua volta? Procure antes o incorruptível. Desconfie dele".[338]

A disposição de combate à corrupção é colocada como reação à proteção de valores éticos. Com efeito, a regulamentação da Lei Anticorrupção trata sobre a aplicação de padrões de conduta e códigos de ética, que se tornam responsabilidade dos profissionais encarregados pelos programas de integridade. O que à primeira vista pode parecer adequado e positivo tem, todavia, potencial para degeneração ante a subjetividade do elemento moral, trazendo possibilidades em que a necessária defesa da ética versus corrupção se realize em um cenário de perseguição.

---

[338] SUSINI, Marie-Laure. *Elogio da corrupção*: os incorruptíveis e seus corruptos. Trad. Procópio Abreu. Rio de Janeiro: Companhia de Freud, 2010, p. 11.

CAPÍTULO III – A EXCEÇÃO À ESPREITA NAS FÓRMULAS...

> Não é difícil encontrar o incorruptível missionário, justiceiro e guerreiro, inquisidor e cruzado, braço armado do Incorruptível, sustentado pela certeza de uma missão divina, perseguindo sem piedade os corruptos. Hoje mesmo, não há integrismo religioso que não denuncie com violência a corrupção. Logo, a hipótese não é nem só teórica, nem fora de data. Entretanto, no pensamento moderno, o princípio de Eternidade não se nomeia mais sempre Deus.[339]

Alexandre Moraes da Rosa apelida aqueles que aderem a tais discursos de cavaleiros da prometida plenitude, que, "a partir dessas crenças, congregam em si o poder de dizer o que é bom para os demais mortais – neuróticos por excelência –, surgindo daí um objeto de amor capaz de fazer amar ao chefe censurador".[340]

É em razão de um discurso quase fanático de superioridade moral e combate do inimigo a qualquer custo que, junto a Rubens Casara,[341] pode-se afirmar que "a 'luta contra a corrupção' que em um primeiro momento parece uma luta pela honestidade, tornou-se cortina de fumaça que leva à uma corrupção mais grave, a do sistema de direitos e garantias". Prossegue o autor referido a demonstrar a relação entre a instrumentalização de discursos de moralidade e a redução de garantias limitadoras do poder do Estado:

> Não é incomum que fascistas usem a "moralidade" como tapume para seus verdadeiros interesses. Distanciados da

---

[339] SUSINI, Marie-Laure. *Elogio da corrupção*: os incorruptíveis e seus corruptos. Trad. Procópio Abreu. Rio de Janeiro: Companhia de Freud, 2010, p. 36.

[340] ROSA, Alexandre Moraes da. "Compliance e delação como mecanismos complementares do amor ao censor". *In*: LAMY, Eduardo (Coord.). *Compliance*: aspectos polêmicos e atuais. Belo Horizonte: Casa do Direito, 2018, p. 22.

[341] CASARA, Rubens. *Sociedade sem lei*: pós-democracia, personalidade autoritária, idiotização e barbárie. Rio de Janeiro: Civilização Brasileira, 2018, p. 141.

técnica, afirmando barbaridades tais como "convicções" no lugar de provas (lembrem-se dos que ficaram famosos por meio desses absurdos), ou deixando claro que as formas processuais, que historicamente serviram à redução do arbítrio e da opressão estatal, devem agora ser afastadas para permitir mais condenações, os fascistas ganham espaço reduzindo a complexidade dos fenômenos.[342]

O incorruptível pregador do discurso de superioridade moral pode, portanto, corresponder a uma personalidade autoritária. Tal condição se revela por meio do seu credo de que o mundo está em perigo e que sua função tenta tornar o mundo menos selvagem, contudo, vislumbra-se nele a projeção de impulsos emocionais na mesma medida da agressão imaginada. Isto é, "deve-se admitir a hipótese de que os impulsos de caráter autoritário do indivíduo antidemocrático tendem a projetar-se em outras pessoas",[343] de maneira que se deve assumir a possibilidade de que, quanto maior for a preocupação com a "criminalidade organizada", ou com o "aumento da corrupção" ou as "forças do mal", mais fortes serão os próprios impulsos dos cavaleiros da prometida plenitude em direção da mitigação de direitos, da realização de medidas de exceção antidemocráticas e até mesmo da aceitação de atos de corrupção contra a corrupção do outro eleito inimigo.[344]

---

[342] CASARA, Rubens. *Sociedade sem lei*: pós-democracia, personalidade autoritária, idiotização e barbárie. Rio de Janeiro: Civilização Brasileira, 2018, p. 141.

[343] CASARA, Rubens. *Sociedade sem lei*: pós-democracia, personalidade autoritária, idiotização e barbárie. Rio de Janeiro: Civilização Brasileira, 2018, p. 124.

[344] Ao descrever o apelo à moral como reação imunológica de um modo de vida, Eduardo Liron observa que fica explicitado o "odor platônico que se acentua no discurso conservador anticorrupção que parece ter se tornado o mantra político de nossa época (ou pelo menos de nossos jornais). Em termos de apatia, seguimos em um contexto pragmático, imediatista e a-utópico, isto é, desprovido de qualquer meta ou projeto coletivo socializável para além de pequenos grupos de interesse.

CAPÍTULO III – A EXCEÇÃO À ESPREITA NAS FÓRMULAS...

A alusão à projeção de impulsos como indicativo de um caráter autoritário é lastreada nos estudos sobre a personalidade autoritária do filósofo e sociólogo Theodor Adorno,[345] pesquisa que não foi realizada a partir de indivíduos declaradamente antidemocráticos ou fascistas, mas, como se refere o autor, sua "preocupação maior foi como indivíduo potencialmente fascista, aquele cuja estrutura é tal que o torna particularmente suscetível à propaganda antidemocrática",[346] uma observação que se subsome em perfeita medida ao divulgador de discursos moralistas de combate anticorrupção às custas de direitos e garantias judiciais.

As características da personalidade autoritária foram definida por Adorno por meio da pesquisa de algumas variáveis que expressam tendências psicológicas e servem a revelar inclinações antidemocráticas nos indivíduos observados. São elas: convencionalismo

---

Situando-se 'do lado' de tudo que é bom, belo e verdadeiro, nossos neomoralistas repetem mais uma vez a supressão cínica das vias de diálogo e reúnem equivocadamente sobre o termo democracia o mais variado conjunto de aberrações humanas e institucionais". Cf. LIRON, Eduardo Henrique Annize. *A guerra e o mar*: especulações sobre o pensamento político de Peter Sloterdijk. São Paulo: PUC, 2016, p. 11. (Mestrado em Filosofia).

[345] ADORNO, Theodoro W. *Estudos sobre a personalidade autoritária*. Trad. Virginia Helena Ferreira da Costa. São Paulo: Unesp, 2019, p. 71.

[346] A pesquisa de Adorno quanto à personalidade autoritária busca responder se um indivíduo potencialmente fascista existe, como ele parece precisamente, e o que suscita o pensamento antidemocrático? O autor explica sobre seus estudos que "ao concentrarmo-nos no fascista potencial, não queremos com isso sugerir que outros padrões de personalidade e ideologia não possam do mesmo modo ser estudados de maneira profícua. É nossa opinião, no entanto, que nenhuma tendência político-social impõe um perigo maior aos nossos valores e instituições tradicionais do que o fascismo e que o conhecimento das forças de personalidade que favorecem sua aceitação pode em última instância provar-se útil para combatê-lo (ADORNO, Theodoro W. *Estudos sobre a personalidade autoritária*. Trad. Virginia Helena Ferreira da Costa. São Paulo: Unesp, 2019, p. 72).

(adesão rígida a valores convencionais, de classe média); submissão autoritária (atitude submissa, acrítica a autoridades morais idealizadas); agressão autoritária (tendência a vigiar e condenar, rejeitar e punir pessoas que violam os valores convencionais); anti-intracepção (oposição ao subjetivo, ao imaginativo, a um espírito compassivo); superstição e estereotipia (a crença em determinantes místicos, a um espírito compassivo); poder e dureza (preocupação com a dimensão de dominação-submissão, forte-fraco, líder-seguidor, identificação com figuras de poder e ênfase excessiva nos atributos convencionalizados do eu); destrutividade e cinismo (hostilidade generalizada, desprezo pelo humano); projetividade (a disposição para acreditar que coisas tresloucadas e perigosas acontecem no mundo; a projeção para fora de impulsos emocionais inconscientes);[347] e sexo (preocupação exagerada com tópicos sexuais). Estas variáveis, quando identificadas como presentes na personalidade formam uma mesma síndrome que revela uma pessoa receptiva à propaganda antidemocrática, sendo desnecessário que todas as características do padrão sejam verificadas, mas apenas que ocorra uma amostra não desprezível da expressão dessas características.[348]

---

[347] Explica Adorno que as questões projetivas submetidas às pessoas que compuseram as amostras da pesquisa apresentavam ao sujeito um material com estímulos ambíguos e emocionalmente carregados, para permitir que processos de personalidade relativamente profundos pudessem expressar-se, "uma questão projetiva era 'o que você faria se tivesse apenas seis meses de vida e pudesse fazer tudo o que quisesse?' Uma resposta a essa questão não foi encarada como uma afirmação de que o sujeito provavelmente faria de fato, mas, antes, como uma expressão relativa a seus valores, conflitos e assim por diante" (ADORNO, Theodoro W. *Estudos sobre a personalidade autoritária*. Trad. Virginia Helena Ferreira da Costa. São Paulo: Unesp, 2019, p. 99).

[348] O sentido psicológico da personalidade autoritária também é abordado por Bobbio, para quem as disposições psicológicas a respeito do poder são um dos contextos do autoritarismo, e verifica-se no "tipo de personalidade formada por diversos traços característicos centrados no acoplamento de duas atitudes estreitamente ligadas entre si de uma parte, a disposição à obediência preocupada com os superiores, incluindo por vezes o obséquio e a adulação para com todos aqueles que detêm a

CAPÍTULO III – A EXCEÇÃO À ESPREITA NAS FÓRMULAS...

O convite nas entrelinhas dos estudos sobre a personalidade autoritária é observar na realidade dos discursos de promoção de ética, especialmente nas atitudes dos agentes públicos responsáveis pela persecução da corrupção, se estão presentes variáveis que apontam para tendências antidemocráticas. Isto porque o discurso anticorrupção pode não ser profundamente e substancialmente ético, ou não se identificar com valores democráticos da sociedade, mas esconder uma defesa ideológica contra minorias representativa do convencionalismo; é "hipótese bem conhecida a de que a suscetibilidade ao fascismo é mais caracteristicamente um fenômeno de classe média, que está 'na cultura' e que, portanto, aqueles que mais se ajusta a essa cultura serão os mais preconceituosos".[349]

Outrossim, o agente público que se autoproclama combatente da corrupção pode apresentar traços de submissão à autoridade, no desejo de um líder forte e subserviência do indivíduo, que é exposta na maneira de "lidar com sentimentos ambivalentes em relação a figuras de autoridade: impulsos hostis e rebeldes subjacentes,[350] controlados por medo, levavam o sujeito a exagerar na direção do

---

força e o poder; de outra parte a disposição em tratar com arrogância e desprezo os inferiores hierárquicos e em geral todos aqueles que não têm poder e autoridade" (BOBBIO, Norberto; MATTEUCCI, Nicola; PASQUINO, Gianfranco. *Dicionário de política*. Brasília: UNB, 1998, p. 94).

[349] ADORNO, Theodoro W. *Estudos sobre a personalidade autoritária*. Trad. Virginia Helena Ferreira da Costa. São Paulo: Unesp, 2019, p. 137.

[350] Veja-se, a propósito, passagem extraída da nota do autor do livro *Compliance empresarial*, que aparentemente se coaduna ao indicador de Theodor Adorno: "Nós somos os rebeldes. Expomos à luz do sol do meio-dia tropical as horríveis tradições corruptas que envolvem e entrelaçam as práticas públicas e privadas do país por séculos. Mostramos suas feições doentias e o mal que fazem, principalmente aos mais desfavorecidos, mas que também atingem negativamente a maioria de nós em alguma medida" (cf. NEVES, Edmo Colnaghi. *Compliance empresarial*: o tom da liderança. São Paulo: Trevisan, 2018, p. 10).

respeito, da obediência da gratidão",[351] ou revelar agressão autoritária em sua frustração contra quem não vive sob o seu particular sistema de rígidas restrições, lhe despertando uma hostilidade sádica, uma vez que o indivíduo de personalidade autoritária tenha se

> convencido de que há pessoas que deveriam ser punidas, a ele é provido um canal por meio do qual seus mais profundos impulsos agressivos podem ser expressos, mesmo enquanto ele pensa em si mesmo como completamente moral.[352]

A teoria de Theodor Adorno sobre as personalidades autoritárias é capaz de explicar, inclusive no âmbito dos discursos anticorrupção, por que a agressão é tão regularmente justificada em termos moralistas, e por que ela pode se tornar tão violenta e perder toda a conexão com o estímulo que originalmente a desencadeou.

> Tanto o convencionalismo quanto a submissão autoritária e a agressão autoritária têm a ver com o aspecto moral da vida - com padrões de conduta, com as autoridades que impõem esses padrões, com os infratores destes que merecem ser punidos. Devemos esperar que, em geral, sujeitos que pontuam

---

[351] ADORNO, Theodoro W. *Estudos sobre a personalidade autoritária.* Trad. Virginia Helena Ferreira da Costa. São Paulo: Unesp, 2019, p. 141.

[352] O mecanismo da projeção, mencionado anteriormente, opera em conexão com a agressão autoritária, de modo que os impulsos suprimidos do caráter autoritário tendem a ser projetados em outras pessoas que são, então, culpadas, sem que nem se pense a respeito. "Se um indivíduo insiste que alguém tem desígnios hostis sobre ele e não podemos encontrar nenhuma evidência de que isso seja verdade, temos uma boa razão para suspeitar que nosso sujeito tem intenções agressivas e está buscando justificá-las por meio de projeções" (ADORNO, Theodoro W. *Estudos sobre a personalidade autoritária.* Trad. Virginia Helena Ferreira da Costa. São Paulo: Unesp, 2019, p. 144).

CAPÍTULO III – A EXCEÇÃO À ESPREITA NAS FÓRMULAS...

alto em uma dessas variáveis tenham pontuação alta também nas outras.[353]

O discurso do fanatismo moral, além de alinhado ao autoritarismo, é ainda falho inclusive na função de promover ética no plano corporativo de forma eficaz. Eis que, como indica Eduardo Saad-Diniz, "ética negocial não se reduz à retórica empresarial das 'missões e valores' ou ao principialismo kantiano *doing the right thing*, nem mesmo pode-se confundir com desperdício de recursos corporativos".[354] A ética negocial deve convergir com argumentos consistentes sobre a organização social dos negócios e o exercício inteligente de controles para uma delimitação do comportamento empresarial, sem perder de vista a geração de valor à companhia. Além disso, a ética buscada no contexto da Lei Anticorrupção – que está positivada no Decreto regulamentar n. 11.129/2022 como o objetivo dos procedimentos internos de fomentar e manter uma cultura de integridade no ambiente organizacional – não é efetiva se animada por uma ética fundada em senso comum ou que se confunda com outros controles empresariais e, assim, reduzidos a "fachadas"[355] ou carentes de conteúdo.

---

[353] ADORNO, Theodoro W. *Estudos sobre a personalidade autoritária*. Trad. Virginia Helena Ferreira da Costa. São Paulo: Unesp, 2019, p. 145.

[354] SAAD-DINIZ, Eduardo. *Ética negocial e Compliance*: entre a educação executiva e a interpretação judicial. São Paulo: Thompson Reuters Brasil, 2019, p. 197.

[355] Essa preocupação está, inclusive, bem retratada no guia de programas de *compliance* editado pelo Conselho Administrativo de Defesa Econômica. O guia do CADE faz referência expressa à discussão da efetividade que se contrapõe à constituição de programas "de fachada", sendo que estes últimos serviriam apenas para simular um interesse irreal de comprometimento. E é fato: a adoção formal de estruturas de controle não significa automaticamente cumprimento ou eficácia deles (MARCHIONI, Guilherme Lobo; GORGA, Maria Luiza. "Programa de compliance de 'fachada', melhor não ter". *ConJur*, 2017. Disponível em: https://www.conjur.com.br/2017-out-23/opiniao-programa-compliance-fachada-melhor-nao. Acessado em: 28.01.2023).

Entrelaçam-se, como resposta aos discursos vazios de promoção de ética em contraposição aos modelos sérios de tratamento da corrupção, a exposição de Pedro Serrano, para quem "não se combate a corrupção com discursos moralistas, no mais das vezes hipócritas, mas sim com duplo trabalho. Mudança da estrutura estatal de combate e mudança da cultura social",[356] e a posição de Walfrido Warde, que defende "uma política que se afaste do moralismo barato e alienado, que seja capaz de distinguir e de separar o que tem utilidade daquilo que não presta, e que prefira o pleno ressarcimento dos cofres públicos à vingança".[357]

3.5 Manipulação política da legislação em processos de exceção

O discurso anticorrupção, a elaboração da respectiva legislação e a aplicação das sanções invariavelmente se confundem com o campo da política. A relação entre a corrupção e a atividade política é estreitamente conectada ao respeito à moralidade administrativa como uma expectativa da conduta daqueles que exercem atividade política ou agem com autoridade legítima na condição de representantes do Estado.

Neste contexto, o devido enfrentamento da corrupção tem como um resultado secundário lançar luz a condutas daqueles que detêm poder, sejam os representantes eleitos, funcionários públicos, candidatos a cargos eletivos, e até pessoas públicas cujos propósitos estejam alinhados a determinada ideologia com impacto no plano político.

---

[356] SERRANO, Pedro Estevam Alves Pinto. *A justiça na sociedade do espetáculo*: reflexões públicas sobre direito, política e cidadania. São Paulo: Alameda, 2015, p. 245.

[357] WARDE, Walfrido. *O espetáculo da corrupção*. Rio de Janeiro: Leya, 2018, p. 10.

CAPÍTULO III – A EXCEÇÃO À ESPREITA NAS FÓRMULAS...

O escrutínio público e a transparência são elementos imprescindíveis para o bom funcionamento da democracia, especialmente no âmbito da política pela participação em eleições na qual a nação escolhe seus representantes. É certamente correto ponderar que o candidato que tenha contra si denúncia de corrupção, ou o partido cuja bancada tenha se envolvido em escândalo que desafie seu comprometimento com a moralidade pública, terá minguada suas chances de alçar-se ao poder político, e, em termos similares, o funcionário público que arrisca perder da sua função pública em razão de atos de improbidade administrativa.[358]

Ao passo que o enfrentamento da corrupção e o escrutínio público é absolutamente imprescindível para o bom funcionamento da Administração Pública, faz-se relevante também reconhecer a possibilidade de que a legislação anticorrupção seja utilizada como ferramenta para macular adversário político. Denunciar alguém por qualquer aparente comportamento corrupto, ou tecer acusações de

---

[358] A propósito do escrutínio de figuras de autoridade, vale recordar a carta de 1762 de Rousseau, em que este questiona o uso do poder: "o senhor e outros homens de dignidade constituída, como discorrem confortavelmente! Não reconhecendo outros direitos além dos seus, nem leis além das que impõem, longe de assumir o dever de ser justos; não se creem obrigado sequer a ser humanos. Oprimem orgulhosamente o fraco sem dar contas a ninguém de suas iniquidades. Os ultrajes não lhes custam mais que a violência; à menos conveniência de interesses ou de Estado, varrem-nos de sua frente como poeira. Uns aprisionam e queimam, outros difama e desonram sem direito, sem razão, sem desprezo, até mesmo sem cólera, unicamente porque isso lhes convém e o infortunado jaz em seu caminho. Quando nos insultam impunemente, nem mesmo nos é permitido que nos queixemos, e se mostramos nossa inocência e seus erros, acusam-nos ainda de faltar-lhes com o respeito" (ROUSSEAU, Jean-Jacques. *Carta a Christophe de Beaumont e outros escritos sobre a religião e a moral*. São Paulo: Estação liberdade, 2005, pp. 116/117). A parte de eventuais anacronismos para a adaptação do escrito de Rousseau às relações entre a sociedade e o corpo político, serve a passagem transcrita para ressaltar a necessária vigilância aos detentores de autoridade, ao mesmo tempo em que é prudente preocupar-se com a manipulação de discursos críticos a fins autoritários.

que todo um grupo é corrupto, pode servir de excelente estratagema para quem não está necessariamente preocupado primariamente com a moralidade administrativa, mas tem em mente uma forma de lidar com um inimigo político.

Longe de corresponder à elucubração, a instrumentalização dos processos como técnica de exceção no ambiente da política tem ocorrido no Brasil com mais incidência desde a ação julgada pelo STF sob a alcunha de "Mensalão", afligindo políticos e empresários. Desde então:

> Lideranças políticas, preponderantemente de esquerda, e algumas lideranças empresariais, passam a ser vítimas de processos penais de exceção, nos quais se cumpre apenas aparentemente o rito processual formal. Os processos têm aparência de processo penal regular, civilizado, de acordo com as leis, mas seu conteúdo é tirânico, bárbaro, incompatível com o Estado Democrático de Direito. Assemelham-se, em certa medida, aos Processos de Moscou, que julgaram opositores de Stalin e que ficaram famosos pelas confissões obtidas dos acusados por meio de tortura e coerções de todo tipo. Embora tivessem a aparência de um julgamento civilizado – com tribunal, defesa, recurso –, não passavam de uma de uma pantomima, de uma fraude.[359]

É oportuno recordar que os procedimentos promovidos durante a ditadura militar brasileira de 1964 que investigavam o partido comunista e suspeitas de subversão eram instaurados sem objetivo

---

[359] O exemplo mais emblemático no Brasil desta situação, como continua Pedro Serrano a respeito dos processos de exceção, é a prisão do Presidente Luís Inácio Lula da Silva, cujo processo penal se desencadeou para a produção de um resultado político autoritário, objetivando a persecução política de um inimigo, e não a punição de um cidadão que errou (SERRANO, Pedro. "Estado de exceção e autoritarismo líquido na América Latina". *Poliética – Revista de Ética e Filosofia Política*, vol. 8, n° 1, 2020, p. 115).

CAPÍTULO III – A EXCEÇÃO À ESPREITA NAS FÓRMULAS...

definido e sem qualquer expectativa de encerramento, servindo a um propósito autoritário típico de estado de exceção. Porém, não desapareceu esta técnica de persecução com a redemocratização, tendo antes evoluído para disfarçar-se de aplicação de legislação, tal como a norma anticorrupção, com o desígnio de contornar limites civilizatórios insculpidos na Constituição, daí a recomendação de Edson Fachin, em voto proferido na Arguição de Descumprimento de Preceito Fundamental (ADPF) n. 444 julgada pelo STF, na qual pede atenção ao limite constitucional, "até porque o terror tem diversas faces. Nas ditaduras vem nas sombras, nas democracias ele se disfarça em apuros linguísticos de verniz a fim de turvar a realidade".[360]

Bem assim, a manipulação política da legislação anticorrupção se enquadra na concepção de processo penal de exceção e, por conseguinte, em jurisdição de exceção, a qual, conforme explicam Serrano, Bonfim e Serrano, caracteriza-se pela simplificação da decisão a si mesma sem qualquer mediação real pelo Direito e por uma inerente provisoriedade, pois não trata de extinguir o Direito, mas de suspendê-lo em situações específicas, e, portanto,

> a decisão judicial de exceção não se influencia nem produz "jurisprudência" para situações semelhantes juridicamente. Mudando-se os atores envolvidos ou o fim político, muda-se a decisão, retornando-se ao Direito ou produzindo nova exceção.[361]

A técnica de perseguição política via denúncias de corrupção, muitas vezes infundadas e a serviços de interesses pessoais, aprofundam

---

[360] BRASIL. STF. *Arguição de Descumprimento de Preceito Fundamental n. 444*. Relator: Min. Gilmar Mendes, j. 13.06.2018.

[361] SERRANO, Pedro Estevam Alves Pinto; BONFIM, Anderson Medeiros; SERRANO, Juliana Salinas. "Imparcialidade, autoritarismo líquido e exceção na Operação Lava Jato". *Revista Direitos Democráticos & Estado Moderno*, São Paulo, Faculdade de Direito da PUC-SP, n° 2, jan./jun. 2021, p. 43.

ainda mais a visão negativa atribuída ao corpo político e enfraquece as instituições democráticas, "não apenas os políticos, mas grande parte do funcionalismo público são expostos pelos meios de comunicação como ineficientes, imorais, incompetentes e corruptos".[362] Ficam as instituições democráticas enfraquecidas pela instabilidade da confiança dos administrados no corpo político, circunstância que acarreta também aumento da conflitividade social e, com isso, advém um incremento da preocupação social com segurança seguida de pretensões políticas orientadas à diminuição das liberdades civis.

As eleições periódicas nas repúblicas têm como efeito justamente restaurar o tecido da confiança que as gestões tendem a esgarçar.[363] Todavia, este sentimento de insegurança e desconfiança resultante de excessos fazem proliferar na comunicação uma visão negativa para com as instituições públicas e alimenta a intolerância e, tal como ponderam Antônio Castro e Marcelo Freiria,

> talvez sem perceber a desastrosa proporção de seu messianismo simplista, favoreçem o fortalecimento de personagens com discurso autoritário de ódio, de preconceito, mas que, claro, afirmam querer combater a corrupção.[364]

Quando a confiança no Direito e na política se reduz, todo o processamento do Estado se torna mais caro, posto surgirem maiores dispêndios com o aparato de segurança pública e privada para a manutenção da ordem pública; com o aumento dos prêmios de seguros;

---

362 ANDRADE, André Lozano. *Populismo penal*: comunicação, manipulação política e democracia. São Paulo: D'Plácido, 2021, p. 138.

363 PUGLIESI, Márcio. *Filosofia e Direito*: uma abordagem sistêmico-construcionista. São Paulo: Aquariana, 2021, p. 229.

364 CASTRO, Antônio Carlos de Almeida; FREIRIA, Marcelo Turbay. "O movimento de indevida criminalização da atividade política como fator de desestabilização e crise democrática". *In*: MAGANE, Renata Possi *et al. Democracia e crise*: um olhar interdisciplinar na construção de perspectivas para o Estado brasileiro. São Paulo: Autonomia Literária, 2020, p. 218.

CAPÍTULO III – A EXCEÇÃO À ESPREITA NAS FÓRMULAS...

pela redução das aplicações na Bolsa de Valores, pela desvalorização do câmbio, e até mesmo pela perda de valor (e de empregos) das empresas atingidas pela persecução penal inconsequente.

Nessa linha é que, em nome de negócios desalinhados aos interesses comuns, destroem-se os setores produtivos brasileiros e entregam-se recursos aos conglomerados internacionais.[365] Ademais, segundo aponta Zaffaroni,[366] a campanha contra a corrupção parece estar mais preocupada em evitar maiores custos aos investidores estrangeiros em países periféricos do que nos princípios éticos que são enunciados ou nos danos estruturais que causam às economias locais.

3.6 Interpretações autoritárias do Direito anticorrupção como degeneração

As demonstrações e os raciocínios empreendidos até aqui sobre aspectos autoritários no contexto de discursos de combate à corrupção e a aplicação das normas anticorrupção, tanto no contexto de processos judiciais de exceção quanto na iniciativa privada, convergem ao debate acerca da distinção entre Direito e moral e, por conseguinte, ao paradigma de um Direito degenerado.

Cabe, assim, distinguir o Direito da moral, como faz Márcio Cammarosano,[367] reafirmando que ambas não se confundem, "conquanto integrem um mesmo gênero – ordens normativas do comportamento humano. São espécies distintas, sem embargo da possibilidade da existência de mandamento de igual teor em ambos

---

[365] CASARA, Rubens. *Sociedade sem lei*: pós-democracia, personalidade autoritária, idiotização e barbárie. Rio de Janeiro: Civilização Brasileira, 2018, p. 141.

[366] ZAFFARONI, Eugenio Raúl. *O inimigo no Direito Penal*. 2ª ed. Rio de Janeiro: Revan, 2007, p. 63.

[367] CAMMAROSANO, Márcio. *O princípio constitucional da moralidade e o exercício da função administrativa*. Belo Horizonte: Fórum, 2006, p. 41.

os sistemas", sendo dotadas de coercibilidade apenas as normas jurídicas.[368]

> O Direito não se confunde com a Moral (esta ou aquela ordem moral) e nem se confundiria, ainda que num dado instante o próprio Direito determinasse obediência não apenas às normas jurídicas, mas também às normas morais, pois estas não se transformariam em normas jurídicas deixando de existir como normas morais.[369]

A degeneração do Direito, como será visto, está compreendida na consideração da moral comum em substituição ao Direito.

O paradigma do Direito degenerado por excelência é encontrado no período da Alemanha nazista, razão pela qual alguns comentários para a compreensão dos perigos de um Direito interpretado com base em conceitos performáticos, metafísicos ou morais devem partir da análise da estrutura de pensamento que permitiu que um regime totalitarista validasse juridicamente atrocidades humanitárias sob a égide do Direito.

---

[368] Conforme detalha Cammarosano: "são normas jurídicas as dotadas de coercibilidade, e são dotadas de coercibilidade as normas que o Estado quiser que sejam, construindo seus conteúdos normativos ou sacando-os formalmente de outros sistemas normativos que ele mesmo seleciona, sem poder fazê-lo, todavia, de forma insusceptível de objetivação (os costumes podem ser provados), sob pena de negar a razão de ser ao próprio Direito. Este deve propiciar, acima de tudo, um mínimo de certeza e segurança quanto às regras pelas quais administrados e administradores devem pautar seu comportamento, o que só pode ser alcançado mediante a predeterminação formal daquelas" (CAMMAROSANO, Márcio. *O princípio constitucional da moralidade e o exercício da função administrativa*. Belo Horizonte: Fórum, 2006, p. 43).

[369] CAMMAROSANO, Márcio. *O princípio constitucional da moralidade e o exercício da função administrativa*. Belo Horizonte: Fórum, 2006, p. 42.

CAPÍTULO III – A EXCEÇÃO À ESPREITA NAS FÓRMULAS...

Vale ressaltar que não se está a apontar que se vivencia o risco de uma degeneração similar à operada pelo regime nazista, embora a comparação com o fenômeno do autoritarismo líquido seja inevitável. O olhar ao Direito nazista é duplamente oportuno; fundamentalmente permite perceber os riscos da degeneração do Direito e como ela se realiza e, igualmente, serve como recomendação da prudente desconfiança para com discursos moralistas, inclusive aqueles adotados por alguns cavaleiros da prometida plenitude de personalidade autoritária ou dos combatentes da corrupção fiéis a propósitos arbitrários e voluntariosos.

A aproximação do tema à doutrina jurídica do regime nazista se faz à medida que naquele momento histórico a Alemanha sob Hitler não propunha uma nova Constituição, mas a releitura revolucionária de todo o Direito, sob o pretexto de que ocorria a retomada de preceitos morais do povo alemão. A concretização desta releitura equivale a dizer, como explica Georges Abboud,[370] que "para os nazistas, não há distinção entre Direito e moral. Essa é uma premissa do pensamento nazista, o que não significa que toda visão jurídica que una Direito e moral seja nazista ou autoritária".

A união entre Direito e moral realizada pelo regime nazista objetivava assegurar e legitimar uma forma intuitiva de aplicação das normas jurídicas, isto é, o julgador nos tribunais alemães do *Reich* pressupunham a consciência moral do povo como critério de validade do Direito e, assim, criaram-se as condições nas quais "tornaram-se verdadeiros instrumentos do terror". Tudo isso com fundamento e em nome da comunidade do povo alemão (*Volksgemeinschaft*), que suplantaria as noções anteriores de legalidade e, em especial, a distinção entre Estado e sociedade.[371]

---

[370] ABBOUD, Georges. *Direito Constitucional pós-moderno*. São Paulo: Thompson Reuters, 2021, p. 46.

[371] ABBOUD, Georges. *Direito Constitucional pós-moderno*. São Paulo: Thompson Reuters, 2021, p. 46.

Sem nenhum exagero a *fuga do direito em direção à moral* foi um estratagema exitoso na legitimação do direito alemão do período nazista porque impedia qualquer avaliação qualitativa ou de veracidade das determinações à época. Todavia, o uso da moral do povo alemão é um critério metafísico que não pode ser submetido a nenhum teste de racionalidade ou validez.[372]

A transformação do Direito e da moral em uma única unidade corresponde à circunstância crucial na reestruturação da nova ordem jurídica do regime nazista, purificada e desassombrada de qualquer controle democrático ou legislativo. Conforme descreve Georges Abboud[373] em análise sobre o período:

O clamor das ruas foi elevado à fonte do direito, para todo e qualquer fim, seja dirimir conflitos contratuais, solucionar imbróglios administrativos, ou punir os inimigos do povo com a aniquilação total. Aqui, já deixamos o alerta para o risco de se desviar do direito – democraticamente produzido – em atenção a lemas políticos, morais e retóricos como voz das ruas, vontade da sociedade ou combate à corrupção a qualquer custo. O discurso do *eficientismo* em detrimento da visão teórica (intelectual) em relação ao direito encontra origens escabrosas no século XX.

Destaca-se o alerta do autor transcrito acima, para quem o combate à corrupção a qualquer custo representa um dos riscos que culminam em desviar o Direito rumo a uma degeneração. Trata-se, fatalmente, de um elemento que era presente no discurso que elevou o nazismo à liderança de um país, tal como é usado para perseguir políticos e promover devassas em empresas sob a égide da Lei

---

[372] ABBOUD, Georges. *Direito Constitucional pós-moderno*. São Paulo: Thompson Reuters, 2021, pp. 46/47.

[373] ABBOUD, Georges. *Direito Constitucional pós-moderno*. São Paulo: Thompson Reuters, 2021, p. 48.

CAPÍTULO III – A EXCEÇÃO À ESPREITA NAS FÓRMULAS...

Anticorrupção brasileira. É dizer, nas palavras de Abboud,[374] que ainda que se compreenda "superado o risco de uma degeneração completa como foi o nacional-socialismo, ainda convivemos com medidas degenerativas de nossa democracia constitucional. Diversas vezes, contudo, sequer as percebemos".

Assim, foi por meio da elevação da moral como fundamento jurídico que a ordem jurídica alemã se manteve intacta apesar da ascensão do partido nazista, isto porque "o direito vigente foi reinterpretado por juristas corrompidos (conscientes disso ou não), numa subversão total da ordem jurídica alemã".[375]

Para Lenio Streck,[376] a utilização do sistema jurídico como instrumento do *Führer* e seus objetivos é registro histórico da manipulação do Direito contra o Direito: a

> instrumentalização nazi só foi possível por meio do fortalecimento de uma cultura cuja lógica servia de incentivo ao direcionamento interpretativo das leis – e só se direciona a interpretação inautêntica, por meio da qual o intérprete atribui sentido livremente.

É desta forma que o intérprete da lei alemã conduziu raciocínios que adequavam a aplicação do Direito aos objetivos do regime totalitário, promovendo uma degeneração do Direito.

---

[374] ABBOUD, Georges. *Direito Constitucional pós-moderno*. São Paulo: Thompson Reuters, 2021, p. 51.

[375] ABBOUD, Georges. *Direito Constitucional pós-moderno*. São Paulo: Thompson Reuters, 2021, p. 49.

[376] STRECK, Lenio. "E se inicia um longo período de 'Constrangimento Epistemológico' até o dia do julgamento do mérito das Adcs 43, 44 e 54". *In*: STRECK, Lenio; BREDA, Juliano. *O dia em que a Constituição foi julgada*: a história das Adc's 43, 44 e 54. São Paulo: Revista dos Tribunais, 2020, p. 65.

A comentada doutrina da degeneração do Direito foi sistematizada com maestria por Bernd Rüthers, jurista alemão escritor da obra *Direito degenerado: teoria jurídica e juristas do terceiro reich*. Com impressionante didática, o autor extraiu dos seus escritos sobre a perversão jurídica decorrente do período nazista um resumo em vinte e quatro itens, ou lições. Estas lições de Rüthers circunscrevem-se a ressaltar a possibilidade de que um ordenamento jurídico seja invertido sem nada além da sua interpretação, postular que os princípios constitucionais sobre a separação de poderes são absolutamente fundamentais para a manutenção do Estado de Direito, e abordar o papel dos juízes na determinação da validade do Direito.

As lições sintetizadas por Bernd Rüthers proporcionam tópicos que servem a balizar uma aplicação da legislação posta que não permita, ou pelo menos se preocupe em tentar evitar, a degeneração do Direito. A este propósito, e tendo em mente a aplicação das normas anticorrupção que servem de instrumento aos operadores do Direito e aos agentes públicos que a aplicam, algumas das lições se destacam.

Em sua sexta lição, Rüthers alerta que quando são invocados elementos como a "ideia do Direito" ou o "espírito da lei" como fundamentos dos quais se extraem consequências jurídicas, o que aparece na verdade são as ideologias e vontades do intérprete.[377]

A importância desse enunciado reside no fato que uma avaliação do Direito a partir da subjetividade do intérprete, disfarçada de conceito aberto, possibilita a alteração da forma de aplicar o

---

[377] "*6ª lección; Cuando como fundamento del que extraer consecuencias jurídicas se invocan cosas tales como la 'idea del derecho', el 'espíritu' o la 'unidad' del derecho, lo que aparece no son esos espíritus e ideas invocados, sino el espíritu y las ideas de sus invocadores o de su ideología*" (RÜTHERS, Bernd. *Derecho degenerado*: teoria jurídica y juristas de cámara en el Tercer Reich. Madri: Marcial Pons, 2016, p. 228).

CAPÍTULO III – A EXCEÇÃO À ESPREITA NAS FÓRMULAS...

ordenamento jurídico sem que se modifique a legislação.[378] E este é o primeiro passo rumo à degeneração do Direito.

Na décima nona lição, Rüthers pugna o axioma pelo qual o Direito positivado na lei é a expressão de uma vontade política que está plasmada no procedimento legislativo e, consequentemente, corresponde à solidificação das escolhas políticas hábil a se impor. Completando que a teoria do Direito não pode negar que as normas jurídicas servem a um fim ou a uma meta de natureza política, sob pena de errar sobre a realidade do Direito ou de sua execução.[379]

Enfatiza, assim, que a legislação democraticamente aprovada deve orientar a sociedade, independentemente de diferenças ideológicas específicas, respeitada a integridade do Direito, pela qual se assegura princípios basilares como a isonomia. A afirmativa não implica em dizer que o Direito não seja integrado por decisões judiciais, conforme discorre Georges Abboud[380] acerca da décima nona lição, mas "se os juízes deliberadamente pretenderem modificar a lei ou fazer sua suplantação, estará caracterizada quebra no processo democrático".

---

[378] Juristas acrobatas na degeneração do ordenamento é como Georges Abboud define a atuação nestes moldes de interpretação, identificando que "os termos frequentemente usados com função performática são: interesse público, conveniência e oportunidade, livre convencimento motivado, busca da verdade, vontade da lei, princípio republicano e justiça" (ABBOUD, Georges. *Direito Constitucional pós-moderno*. São Paulo: Thompson Reuters, 2021, p. 170).

[379] "*19ª lección; El derecho estatalmente legislado es la expresión de una voluntad política que se plasma en el procedimiento legislativo, es política 'solidificada' como duradera y capaz de imponerse. La respectiva teoría y metodología del derecho no puede negar u olvidar el hecho básico de que las normas jurídicas sirven a fines y metas de carácter político, si no es al precio de perder su objeto o, como consecuencia de ello, errar sobre la realidad del derecho y de su ejecución*" (RÜTHERS, Bernd. *Derecho degenerado*: teoría jurídica y juristas de cámara en el Tercer Reich. Madri: Marcial Pons, 2016, p. 230).

[380] ABBOUD, Georges. *Direito Constitucional pós-moderno*. São Paulo: Thompson Reuters, 2021, p. 185.

Destaca-se, ainda, a vigésima primeira lição, referente à noção de que o Estado e o Direito se assentam em uma base irrenunciável de crenças metafísicas (ideologias, religião, filosofia social transcendental).[381] Isto significa que há uma dimensão histórica que antecede o fenômeno normativo.

Embora haja uma impropriedade na inserção de crenças na interpretação do Direito realizadas por um agente público isoladamente no momento da aplicação da lei, o Estado tem valores orientados por conquistas civilizatórias. E este Estado é composto por diversos organismos que, enquanto fortalecidos, promovem junto ao Direito a proteção das instituições democráticas. Em contrário, ante o enfraquecimento de instituições democráticas, tal como um legislativo que venha a propor textos legais com conteúdo típico de momentos de exceção ou um judiciário que afronte os limites da separação dos poderes, o Direito falhará na função de impedir avanços autoritários.

E, por fim, Bernd Rüthers aborda a dimensão valorativa do Direito ao professar, na vigésima quarta lição, que os juristas devem reconhecer como questão essencial do seu ofício a relação deste com o sistema de valores subjacente ao sistema jurídico. Assevera que não existe uma jurisprudência apolítica, ideologicamente neutra e eticamente livre de valores e que um Direito livre de valores seria literalmente um Direito sem valor.[382]

---

381 *"21ª lección; El Estado y el derecho se asientan en una base irrenunciable de creencias 'metafísicas' (ideología, religión, filosofía social trascendental)"* (RÜTHERS, Bernd. *Derecho degenerado*: teoria jurídica y juristas de cámara en el Tercer Reich. Madri: Marcial Pons, 2016, p. 230).

382 *"24ª lección; Los juristas han de reconocer como un asunto esencial de su oficio su relación con el sistema de valores subyacente al ordenamiento jurídico. No existe una jurisprudencia apolítica, ideológicamente neutral y éticamente libre de valores. Un derecho libre de valores sería literalmente un derecho sin-valor"* (RÜTHERS, Bernd. *Derecho degenerado*: teoria jurídica y juristas de cámara en el Tercer Reich. Madri: Marcial Pons, 2016, p. 230).

CAPÍTULO III – A EXCEÇÃO À ESPREITA NAS FÓRMULAS...

Com esta última advertência aos operadores do Direito, Rüthers faz recordar que defender a necessidade de evitar a invasão de interpretações por conceitos metafísicos no momento da aplicação legislação positivada, isto é, quando o julgador ou o agente público determinar a incidência ou não da lei, não significa abandonar a percepção de que o Direito é resultado de valores construídos historicamente.

Diante destas considerações, embora à primeira vista discursos anticorrupção e aplicação da respectiva norma legal sejam apresentados sob a luz de avanço civilizatório, não é distante perceber que determinadas práticas de persecução que se utilizam de interpretações com perfil autoritário contribuem para a degeneração do Direito democraticamente produzido, ainda que sejam feitas na tentativa de proteger a Administração Pública ou a própria democracia.

É neste sentido a ponderação de Georges Abboud,[383] para quem

> a absorção do direito pela política ou pela moral é perpetrada ainda hoje, por agentes do poder que, em regra, sequer possuem noção do potencial destruidor dos seus atos na democracia constitucional contemporânea.

E prossegue o autor com o alerta de que:

> A troca do direito por fundamentos metafísicos se mostra excepcionalmente útil a uma hermenêutica sem limites, já que permite a persecução de qualquer resultado, a partir de fórmulas de conteúdo vazio que não podem, portanto, ser constrangidas a partir de um juízo de veracidade. Daí o cuidado que deve haver na preservação das fontes do direito juntamente com sua organização sistemática. Atualmente, essa interpretação sem amarras se concretiza na utilização de

---

[383] ABBOUD, Georges. *Direito Constitucional pós-moderno*. São Paulo: Thompson Reuters, 2021, p. 164.

expressões vagas que não suportam teste mínimo de racionalidade e.g., "promover uma sociedade melhor", "moralizar a sociedade", "tornar o Brasil país menos corrupto", entre outras expressões similares.[384]

A fim de que não sejam perdidas as necessárias providências de enfrentamento de crimes de corrupção, bem como não sejam maculadas as bem-intencionadas cruzadas pela ética em entidades privadas, é oportuno compreender a aplicação do Direito a partir de uma moral política e da integridade do Direito.

O verdadeiro Direito contemporâneo aplicado consiste nos princípios que proporcionam a melhor justificativa disponível para as doutrinas e dispositivos do Direito como um todo, na proposição de Ronald Dworkin, "seu deus é o princípio da integridade na prestação jurisdicional, que o força a ver, na medida do possível, o direito como um todo coerente e estruturado".[385]

Uma sociedade política que aceita a integridade como virtude política se transforma, desse modo, em uma forma especial de comunidade, especial num sentido de que promove sua autoridade moral política para assumir e mobilizar o monopólio de força coercitiva.[386] Este não é o único argumento em favor da integridade ou a única consequência de reconhecê-la que poderia ser valorizada pelos

---

[384] ABBOUD, Georges. *Direito Constitucional pós-moderno*. São Paulo: Thompson Reuters, 2021, p. 172.

[385] DWORKIN, Ronald. *O império do Direito*. Trad. Jefferson Luiz Camargo. São Paulo: Martins Fontes, 1999, p. 447.

[386] Dworkin se refere aos princípios de moralidade política, aqueles que interessam à organização da sociedade e não meramente ao comportamento individual. Para o autor, o que se espera do intérprete e aplicador da lei é que seja levado em conta, além de precedentes, os valores protegidos pelas normas (cf. FONTES, Paulo Gustavo Guedes. *O manual definitivo para entender a Filosofia do Direito*. 2ª ed. Rio de Janeiro: Lumen Juris, 2022, p. 100).

CAPÍTULO III – A EXCEÇÃO À ESPREITA NAS FÓRMULAS...

cidadãos, a integridade protege contra a parcialidade, a fraude ou outras formas de corrupção oficial, por exemplo.[387]

Onde faltam estes limites, inclusive na prática persecutórias oriundas da Lei Anticorrupção, o poder se expande e tende a avançar para além do Direito. Nesse sentido, a oposição a discursos anticorrupção fiados em senso comum ou invocando a defesa da moralidade comum na sociedade encontra um aliado na devida interpretação do Direito que considere a evolução das garantias do cidadão, a realizar o chamado constrangimento epistemológico.

Conforme expõe Lenio Streck, não é dado ao intérprete inventar sentidos que não aqueles atribuídos às palavras ou trocar o nome das coisas. No cotidiano o indivíduo sofre constrangimentos decorrentes da linguagem pública que o afastam do desejo de estabelecer sentidos arbitrários ao interpretar um texto qualquer, inclusive os textos legais. Assim, "elaborar constrangimentos epistemológicos equivale a realizar 'censuras significativas', no sentido – democrático – de se poder distinguir, por meio da crítica fundamentada, boas e más decisões".[388] Para o referido autor, é tarefa da doutrina assumir um papel prescritivo que exercite um constrangimento capaz de direcionar o intérprete com poder de aplicar o Direito a não trocar construções de sentido elaboradas ou testadas no campo epistémico por manifestações arbitrárias apoiadas em vontade política e argumentos metafísicos.

É papel precípuo da doutrina criticar os equívocos dos que têm o poder de dizer e construir o Direito. Na medida em

---

[387] DWORKIN, Ronald. *O império do Direito*. Trad. Jefferson Luiz Camargo. São Paulo: Martins Fontes, 1999, p. 227.

[388] STRECK, Lenio Luiz. *Dicionário de hermenêutica*: cinquenta temas fundamentais da Teoria do Direito à luz da Crítica Hermenêutica do Direito. 2a ed. Belo Horizonte: Casa do Direito, 2020, p. 62.

que a própria Constituição Federal estabelece, no artigo 93, IX, que as decisões mal fundamentadas são nulas, o Supremo Tribunal, por exemplo, não tem o direito de errar por último. E, por isso, uma doutrina jurídica crítica pode impedir que decisões erradas, compreendidas como fruto de uma racionalidade ideológica subjetivista/discricionária, sejam repetidas. O Direito não é aquilo que o intérprete quer que ele seja.[389]

Assim como no período após a derrocada do regime nazifascista adveio a necessidade de construção um modelo apto a resistir às possibilidades de repetição de nova barbárie, refletindo um momento em que "o intuito era a construção de mecanismos jurídicos que pudessem impedir novas degenerações da ordem jurídica por uma política ou medidas totalitárias",[390] também na aplicação da Lei Anticorrupção em âmbito coorporativo é necessário desenvolver modelos de interpretação e aplicação da legislação que evoquem o Direito como integridade sem se tornar refém de princípios morais.

3.7 Elementos autoritários na prática da Operação Lava Jato

No item anterior tratou-se sobre a degeneração do Direito, que possui como um dos seus sintomas a aplicação de discursos anticorrupção de forma autoritária, e demonstrou-se a realidade desta premissa a partir da experiência do regime nazista, como exemplo notório de Estado autoritário.

Em mente a formulação daquele regime de exceção, em que não há dúvidas da sobreposição do Direito por interpretações autoritárias dos textos legais e mesmo a sua deturpação a fim de

---

[389] STRECK, Lenio Luiz. *Dicionário de hermenêutica*: cinquenta temas fundamentais da Teoria do Direito à luz da Crítica Hermenêutica do Direito. 2ª ed. Belo Horizonte: Casa do Direito, 2020, p. 64.

[390] ABBOUD, Georges. *Direito Constitucional pós-moderno*. São Paulo: Thompson Reuters, 2021, p. 269.

CAPÍTULO III – A EXCEÇÃO À ESPREITA NAS FÓRMULAS...

favorecer interesses políticos alinhados à tirania, faz-se oportuno reconhecer a continuação desta técnica na atualidade brasileira em eventos que revelam a ocorrência do autoritarismo contemporâneo, caracterizado pela sua fluidez. Para tanto, as investigações policiais e processos judiciais penais vulgarmente apelidadas como Operação Lava Jato oferecem relevante perspectiva quanto a permanência de formas de autoritarismo e de como este pode se manifestar na vigência da democracia.

Não por acaso, em audiência realizada em 2016, em um dos procedimentos que compuseram a Operação Lava Jato, o advogado José Roberto Batochio, ao ser impedido de questionar devidamente uma testemunha, comparou a condução do ato pelo juiz aos obstáculos impostos aos advogados pelo regime nazista:

> Se vossa excelência quiser eliminar a defesa... E eu imaginei que isso já tivesse sido sepultado em 1945 pelos aliados e vejo que ressurge aqui, nesta região agrícola do nosso país. Se vossa excelência quiser suprimir a defesa, então eu acho que não há necessidade nenhuma de nós continuarmos essa audiência.[391]

Longe de representar uma formulação leviana, a comparação entre a Operação Lava Jato e o regime nazista não é argumento falacioso ou uma *reductio ad Hitlerum*,[392] desde que possam ser

---

[391] GAZETA DO POVO. "Advogado de Lula insinua que Moro é nazista e que Curitiba é provinciana". *Gazeta do Povo*, 2016. Disponível em: https://www.gazetadopovo.com.br/vida-publica/advogado-de-lula-in-sinua-que-moro-e-nazista-e-que-curitiba-e-provinciana-5xwy950n7s-9buk1mwpyon9v4d/. Acessado em: 28.01.2021.

[392] Compreende-se a preocupação do filósofo Leo Strauss (STRAUSS, Leo. *Direito natural e história*. Trad. Bruno Costa Simões. São Paulo: Martins Fontes, 2014, p. 52) ao dizer que "devemos evitar a falácia que nas últimas décadas tem sido frequentemente usada como um substituto da *reductio ad absurdum*: a *reductio ad Hitlerum*. Uma concepção não é refutada pelo fato de ela ter sido partilhada por Hitler", porém, o objetivo de apresentar a semelhança entre o regime totalitário e as

verificados elementos comuns entre aquele regime totalitarista e a performance autoritária lastreada em interpretação degenerada do processo penal na operação que buscou o combate à corrupção no país, com impactos especialmente no período entre 2014 e 2022.

Importa assinalar que a Operação Lava Jato, sobretudo durante o seu auge, gozou de uma aura de virtuosidade, esta, sim, falaciosa. Apresentou-se como um marco na história do combate à corrupção, ao ponto de que opor-se a abusos dos agentes públicos que atuavam equiparava-se, aos ouvidos seduzidos pelo discurso anticorrupção, a um ato contra os interesses da nação. Contudo, houve oposição, conforme narra Fabiana Rodrigues em detalhado estudo sobre a Operação Lava Jato:

> Desde o início, a operação foi alvo de críticas, oriundas em especial dos empresários, atos políticos e partidos atingidos pelas investigações criminais, além de juristas que reiteradamente apontaram abusos na condução dessas investigações e ações criminais. Nos tribunais, a operação encontrou poucos obstáculos. Entre cientistas políticos, foram formuladas críticas à politização da Justiça, aos excessos cometidos por agentes do sistema de Justiça e ao uso seletivo e agressivo de acusações de corrupção, fatores que teriam contribuído para os impasses da democracia.[393]

Entre registros históricos, textos argumentativos, e análises políticas e jurídicas, muito se escreveu a respeito da Operação Lava Jato, de modo que o corte metodológico que interessa à presente

---

práticas da Operação Lava Jato, no presente estudo, não decorre da intenção de despertar paixão ao argumento, mas no interesse de conferir objetividade às demonstrações que desnudam o caráter autoritário oculto na atuação dos agentes do sistema de justiça envolvidos naquela operação.

[393] RODRIGUES, Fabiana Alves. *Lava jato*: aprendizado institucional e ação estratégica na Justiça. São Paulo: WMF Martins Fontes, 2020, p. 7.

CAPÍTULO III – A EXCEÇÃO À ESPREITA NAS FÓRMULAS...

abordagem sobre o autoritarismo contemporâneo recomenda o enfoque a situações específicas, como forma de ilustrar a sistemática negação de direito enquanto manifestação do autoritarismo líquido contemporâneo.

3.7.1 Conduções coercitivas

Durante a Operação Lava Jato foi amplamente utilizado o emprego de conduções coercitivas para oitiva de investigado. No período entre 2014 e dezembro de 2017, quando o STF vedou a prática, a operação se valeu desta técnica por 348 vezes.[394]

O Código de Processo Penal (CPP) prevê que testemunhas (art. 218, CPP) ou acusados (art. 260, CPP) podem ser conduzidos à presença da autoridade para prestar depoimento ou comparecer a atos cuja presença seja indispensável, desde que não tenham atendido a uma intimação prévia.

Ocorre que a Operação Lava Jato passou a manejar conduções coercitivas sem prévia intimação como técnica em substituição à regra. Essas conduções forçadas para realização de oitivas no âmbito de operações policiais não se prestavam simplesmente a alguém (testemunha ou acusado) que desobedecera a um mandado de intimação. Ao contrário, funcionavam como verdadeiras "prisões para fins de averiguação" disfarçadas, compreendidas como "pequenas prisões

---

[394] A quantificação de buscas e apreensões, prisões temporárias e conduções coercitivas foi contabilizada por Fabiana Rodrigues (RODRIGUES, Fabiana Alves. *Lava jato*: aprendizado institucional e ação estratégica na Justiça. São Paulo: WMF Martins Fontes, 2020, p. 161), reunindo dados ofertados pela força-tarefa da Lava Jato, que foram publicados na página do Ministério Público Federal na internet e considera casos conexos que compuseram a operação em Curitiba, Rio de Janeiro e Distrito Federal.

temporárias que mantinham o conduzido detido por um curto período, a fim de garantir a conveniência da persecução criminal".[395]

É o que transcorreu em março de 2016 com o ex-Presidente Luís Inácio Lula da Silva, que foi conduzido sob força policial para depoimento na Polícia Federal,[396] em cumprimento a decisão proferida em procedimento da Operação Lava Jato.[397]

Em referência àquela particular condução coercitiva, narram Streck e Oliveira que "a polícia, de sua parte, disse à época que a medida foi requerida para resguardar a segurança do ex-presidente",[398] complementando que Lula e todas as pessoas até hoje foram conduzidas coercitivamente (dentro ou fora da Lava Jato) o foram à revelia do ordenamento jurídico, e ressaltando que:

---

[395] STRECK, Lenio Luiz; OLIVEIRA, Rafael Tomaz de. *O que é isto*: as garantias processuais penais. 2ª ed. Porto Alegre: Livraria do Advogado, 2019, p. 65.

[396] Fernando Fernandes oferece atenta perspectiva sobre o evento: "Lula, que poderia ser escutado em seu apartamento, é cercado por uma tropa de guerra, incluindo helicópteros, e é deslocado até o aeroporto de Congonhas para o ato. Todo o deslocamento fazia parte de uma estratégia para durar mais tempo, causar desgaste e exibir o espetáculo de linchamento público" (FERNANDES, Fernando Augusto. *Geopolítica da Intervenção*: a verdadeira história da lava jato. São Paulo: Geração Editorial, 2020, p. 209).

[397] A condução coercitiva do Presidente Lula, em 4 de março de 2016, foi amplamente noticiada na mídia, causando reações públicas inclusive de autoridades do judiciário. Na data, "o Ministro Marco Aurélio Mello, do Supremo Tribunal Federal, foi um dos que discordaram da condução coercitiva. Ele disse que só concebia a medida se houvesse recusa do intimado a comparecer ao depoimento", conforme matéria jornalística (GLOBO. "Condução coercitiva de Lula provoca polêmica nos meios jurídicos". *Jornal Nacional*, 2016. Disponível em: https://g1.globo.com/jornal-nacional/noticia/2016/03/conducao-coercitiva-de-lula-provoca-polemica-nos-meios-juridicos.html. Acessado em: 28.01.2021).

[398] STRECK, Lenio Luiz; OLIVEIRA, Rafael Tomaz de. *O que é isto*: as garantias processuais penais. 2ª ed. Porto Alegre: Livraria do Advogado, 2019, p. 63.

CAPÍTULO III – A EXCEÇÃO À ESPREITA NAS FÓRMULAS...

Estado de Exceção é sempre feito para resguardar a segurança. O – no caso em análise – *establishment* juspunitivo (MP, PJ e PF) suspendeu mais uma vez a lei. Em termos schmittianos, Soberano é quem decide sobre o Estado de Exceção. E o Estado de Exceção pode ser definido, segundo Agamben, pela máxima latina *necessitas legem non habet* (necessidade não tem lei). Do modo como a medida foi articulada neste caso – e nos outros assemelhados – houve nitidamente uma quebra da ordem jurídica mediante recursos e argumento típicos de Estado de Exceção.[399]

O confronto entre a motivação declarada da condução coercitiva – segurança – que se identifica com um dos objetivos, também meramente declarados, dos regimes de exceção denota a proximidade entre a prática da condução coercitiva e técnicas de governos autoritárias.

Mais ainda, o uso recorrente da condução coercitiva para prestar depoimento, sem prévia intimação, teve por trás, aparentemente, "a estratégia de constranger os investigados a prestar esclarecimentos sem ter o conhecimento anterior das evidências que estão em poder dos investigadores",[400] operando a partir de um agir estratégico da acusação[401] (e, no caso comentado, de um representante do judiciário

---

[399] STRECK, Lenio Luiz; OLIVEIRA, Rafael Tomaz de. *O que é isto*: as garantias processuais penais. 2ª ed. Porto Alegre: Livraria do Advogado, 2019, p. 63.

[400] RODRIGUES, Fabiana Alves. *Lava jato*: aprendizado institucional e ação estratégica na Justiça. São Paulo: WMF Martins Fontes, 2020, p. 177.

[401] Conforme reflexão em voto do Ministro Gilmar Mendes, do STF, na ADPF n. 758, "na ordem constitucional vigente, o Ministério Público recebeu conformação inédita e poderes alargados. Ganhou o desenho de instituição voltada à defesa dos interesses mais elevados da convivência social e política, não apenas perante o Judiciário, mas também na ordem administrativa. Está definido como "instituição permanente, essencial à função jurisdicional do Estado, incumbindo-lhe a defesa da ordem jurídica, do regime democrático e dos interesses sociais e individuais

enviesado), com o fim de prejudicar o direito de defesa das pessoas investigadas.

Noutro giro, não apenas é evidente o abuso na condução coercitiva quando se realiza sem prévia intimação, mas a mera possibilidade de conduzir um investigado perante autoridade policial contra sua vontade para prestar depoimento é prática que não encontra respaldo no ordenamento jurídico norteado pela CF/88. Isto porque foi consagrado o direito do réu de deixar de responder às perguntas que lhe forem feitas, sem ser prejudicado – uma manifestação oriunda da garantia judicial a não autoincriminação, constante do art. 5º, inc. LXIII, da CF/88 e do direito ao silêncio que dela decorre.[402] Desta lógica, a condução coercitiva ao investigado é prática autoritária, que encontrava cabimento durante o período de ditadura anterior à redemocratização brasileira, prática que foi

---

indisponíveis" (art. 127). A instituição foi arquitetada, portanto, para atuar desinteressadamente no arrimo dos valores mais encarecidos da ordem constitucional". Segue por este raciocínio para concluir que, embora órgão de acusação, o Ministério Público deve vigiar que garantias e direitos dos jurisdicionados não sejam inobservadas, eis que quanto "à atuação em processos penais, ainda que os membros dessa instituição possam ocupar posições processuais distintas, entende-se que é dever do *Parquet*, mesmo nos casos em que atua como parte no processo, postular medidas que possam proteger os direitos fundamentais dos réus e condenados em geral" (BRASIL. Superior Tribunal Federal. *Arguição de Descumprimento de Preceito Fundamental n. 758/MF*. Relator: Min. Gilmar Mendes, j. 03.12.2020).

402 No Brasil, é assegurado o direito ao silêncio para além da disposição no art. 5º, LXIII, da CF/88. A garantia está detalhada quanto ao interrogatório de acusado no art. 186 do CPP ao estabelecer que "depois de devidamente qualificado e cientificado do inteiro teor da acusação, o acusado será informado pelo juiz, antes de iniciar o interrogatório, do seu direito de permanecer calado e de não responder perguntas que lhe forem formuladas". Deve ser igualmente observado o art. 8.2.g da Convenção Americana Sobre Direitos Humanos, inserida no ordenamento pátrio por meio do Decreto n. 678/1992, que estabelece que durante o processo toda pessoa tem direito de não ser obrigada a depor contra si mesma, nem a declarar-se culpada.

CAPÍTULO III – A EXCEÇÃO À ESPREITA NAS FÓRMULAS...

substituída pelo simples prosseguimento da marcha processual, à revelia do investigado.

Cumpre recordar, ainda, que o art. 260 do CPP, que permite à autoridade mandar conduzir acusado à sua presença na hipótese de não atendimento de intimação prévia, conserva a redação dada na decretação do diploma processual em 1941, ou seja, em pleno curso do período ditatorial do Estado Novo.

Diante da sistemática utilização da condução coercitiva, sobretudo pela Operação Lava Jato, não obstante a patente violação a presunção de inocência, à liberdade de locomoção, ao direito a não autoincriminação e, fatalmente, ao princípio da dignidade humana, o STF foi chamado a se pronunciar sobre a questão, tendo o feito na ADPF n. 395, apresentada em 10 de abril de 2016.

Do voto do relator, Ministro Gilmar Mendes, na ADPF n. 395, extrai-se precisa constatação do instrumental utilizado como justificação das conduções coercitivas. O ministro evidencia que:

> O art. 260 [do CPP] foi reciclado para, conjugado ao poder do juiz de decretar medidas cautelares pessoais, fundamentar a condução coercitiva de investigados para interrogatório – especialmente, durante a investigação policial. Parte-se do princípio de que, se o juiz pode o mais – decretar a prisão preventiva – pode o menos – ordenar a condução coercitiva. Nos últimos anos, essa engenhosa construção passou a fazer parte do procedimento padrão nas chamadas "operações".[403]

O subterfúgio não prosperou e as conduções coercitivas foram constatadas como contrárias ao modo como a CF/88 enfatiza o direito à liberdade, no deliberado intuito de romper com práticas

---

[403] BRASIL. Superior Tribunal Federal. *Arguição de Descumprimento de Preceito Fundamental n. 395.* Relator: Min. Gilmar Mendes, j. 14.08.2018.

autoritárias como as prisões para averiguação, que se assemelham à técnica da condução forçada de investigados.

O STF definiu, então, que a condução coercitiva para interrogatório representa uma restrição da liberdade de locomoção e da presunção de não culpabilidade, para obrigar a presença em um ato ao qual o investigado ou réu não é obrigado a comparecer. Daí sua incompatibilidade com a CF/88.[404]

Imperioso observar, tal como fez o STF, que o manejo da condução coercitiva é forma de instrumentalização do Direito Penal, mesmo enquanto dissimulada a sua ilegalidade, que flerta com o autoritarismo:

> Há os que julgam ser o direito penal, com suas sanções violentas, a panaceia para todos os males, pugnando pelo recrudescimento de penas, ampliação do rol das condutas a serem tipificadas, redução dos direitos e garantias individuais, adoção de práticas policiais voltadas à uma política de tolerância zero. Flertam com o autoritarismo, são coniventes com a violência policial não institucionalizada e com métodos de investigação que desbordam dos limites legais e constitucionais.[405]

---

[404] Destaca-se a parte final da ementa do referido julgado: "9. A legislação prevê o direito de ausência do investigado ou acusado ao interrogatório. O direito de ausência, por sua vez, afasta a possibilidade de condução coercitiva. 10. Arguição julgada procedente, para declarar a incompatibilidade com a Constituição Federal da condução coercitiva de investigados ou de réus para interrogatório, tendo em vista que o imputado não é legalmente obrigado a participar do ato, e pronunciar a não recepção da expressão 'para o interrogatório', constante do art. 260 do CPP" (BRASIL. Superior Tribunal Federal. *Arguição de Descumprimento de Preceito Fundamental n. 395*. Relator: Min. Gilmar Mendes, j. 14.08.2018).

[405] BRASIL. Superior Tribunal Federal. *Arguição de Descumprimento de Preceito Fundamental n. 395*. Voto do Min. Edson Fachin. Relator: Min. Gilmar Mendes, j. 14.08.2018.

CAPÍTULO III – A EXCEÇÃO À ESPREITA NAS FÓRMULAS...

Bem assim, a condução coercitiva de investigados ou réus para interrogatório foi julgada pelo STF e foi declarada incompatível com a CF/88, sob pena de responsabilidade disciplinar, civil e penal do agente ou da autoridade e de ilicitude das provas obtidas, sem prejuízo da responsabilidade civil do Estado. A referência à responsabilidade das autoridades é apropriada porquanto a condução coercitiva não é interpretação degenerada da legislação de exclusividade da Operação Lava Jato. Investigações menos ambiciosas passaram a valer-se da técnica autoritária, de modo que a Corte Constitucional, ao se pronunciar sobre o tema e determinar a vedação da prática da condução coercitiva cumpriu o papel de salvaguardar a legislação e os direitos fundamentais.

3.7.2 Prisões para obtenção de confissões e acordos de delação

O magistrado que com maior notoriedade presidiu os processos judiciais da Operação Lava Jato na cidade de Curitiba, muito antes do início da operação, já revelava a inclinação por estratégias minimamente polémicas na forma como lidar com jurisdicionados que enfrentam acusação pelo sistema penal. Em 2004, no texto considerações sobre a *mani pulite*,[406] investigação italiana que tratou sobre casos de corrupção na década de 1990 na Itália, escreveu:

> A estratégia de ação adotada pelos magistrados incentivava os investigados a colaborar com a Justiça: A estratégia de investigação adotada desde o início do inquérito submetia

---

[406] O autor italiano Giuliano Empoli relata que a operação mãos limpas representava, em sua essência, uma abordagem populista de pequenos juízes contra as elites corruptas e "não por acaso que diferentes magistrados que protagonizavam as devassas anticorrupção tenham em seguida entrado na política, fundando partidos, fazendo-se eleger no parlamento e tornando-se ministros ou prefeitos" (EMPOLI, Giuliano Da. *Os engenheiros do caos*. Trad. Arnaldo Bloch. São Paulo: Vestígios, 2022, p. 34).

os suspeitos à pressão de tomar decisão quanto a confessar, espalhando a suspeita de que outros já teriam confessado e levantando a perspectiva de permanência na prisão pelo menos pelo período da custódia preventiva no caso da manutenção do silêncio ou, vice-versa, de soltura imediata no caso de uma confissão.[407]

Em que pese texto do referido autor, que abandonou a carreira de juiz quando ainda gozava de algum prestígio em razão da operação, prosseguir para afirmar que "não se prende com o objetivo de alcançar confissões. Prende-se quando estão presentes os pressupostos de decretação de uma prisão antes do julgamento",[408] o que se verificou na prática é a dissimulação desta premissa com o manejo de prisões preventivas estrategicamente decretadas e mantidas para pressionar acusados a considerar a realização de delações premiadas.

Ilustra a gênese do emprego de prisão como forma de obter delações premiadas a narração de Fernando Fernandes,[409] que representou judicialmente investigado preso em cumprimento de prisão preventiva deferida na primeira fase da Operação Lava Jato e atuou em pedidos ao Judiciário, que revelavam o tratamento desumano e degradante a que era submetido seu cliente. O acusado era privado de banho de sol, intimidado pelos agentes de segurança por supostamente "criar confusões", e sofria ameaças de que seria transferido a um presídio em condições precárias. O advogado apresentou a situação argumentando ofensa à Lei de Execução Penal e a tratados de direitos humanos, com ênfase ao art. 5º da Declaração Universal dos Direitos Humanos (DUDH) de 1948 e ao teor do art. 5º, inc.

---

[407] MORO, Sergio Fernando. "Considerações sobre a operação mani pulite". *Revista cej*, vol. 8, nº 26, 2004, p. 56.

[408] MORO, Sergio Fernando. "Considerações sobre a operação mani pulite". *Revista cej*, vol. 8, nº 26, 2004, p. 56.

[409] FERNANDES, Fernando Augusto. *Geopolítica da Intervenção*: a verdadeira história da Lava Jato. São Paulo: Geração Editorial, 2020, p. 124.

CAPÍTULO III – A EXCEÇÃO À ESPREITA NAS FÓRMULAS...

III, da CF/88, os quais estabelecem que ninguém será submetido a tortura nem a penas ou tratamentos cruéis, desumanos ou degradantes. Todavia, a situação perpetuou-se e, conforme expôs Fernando Fernandes, amedrontados, "os presos nunca mais reclamaram da falta de banho e pediam pelo amor de deus para que os advogados não o fizessem. Seus corpos agora pertenciam aos policiais". E conclui, "o mecanismo necessário para se obter as delações por prisões ilegais e verdadeiras torturas lentas, somadas as pressões às famílias, estava pronto".[410]

Em 2015, quando a Operação Lava Jato atingia a fama com suas buscas, apreensões, e prisões noticiadas com prioridade pela mídia, Serrano, alertava que "prisões preventivas com o propósito – não declarado – de se obter delações premiadas são indiscutivelmente as medidas de legitimidade mais duvidosa".[411] A prática é motivo de preocupação legítima, porquanto o procedimento investigatório deve ser coerente com direitos e garantias fundamentais dos investigados e acusados.

Além disso, processos judiciais decorrentes das diligências efetuadas em descompasso com a CF/88 e com o devido processo legal devem resultar em anulações, mesmo quando integrarem grandes operações que despertem interesse geral, de modo que servem ao mero propósito de oferecer o espetáculo do processo penal aos noticiários. Admitir o contrário, isto é, a permanência de prisões preventivas como técnica para obtenção de confissões e delações premiadas, assemelha-se a submeter o corpo do investigado a uma espécie de tortura.

---

[410] FERNANDES, Fernando Augusto. *Geopolítica da Intervenção*: a verdadeira história da Lava Jato. São Paulo: Geração Editorial, 2020.

[411] SERRANO, Pedro Estevam Alves Pinto. *A justiça na sociedade do espetáculo*: reflexões públicas sobre direito, política e cidadania. São Paulo: Alameda, 2015, p. 447.

Anos mais tarde, o Ministro Gilmar Mendes, ao se pronunciar em agravo regimental na Reclamação n. 43.007 no STF, foi contundente quanto esta semelhança entre a prisão para obtenção de delação e a prática de tortura:

> As prisões preventivas tornaram-se mecanismo para "estimular" os investigados a colaborarem com Ministério Público delatando fatos verídicos ou não. Em conversa registrada entre Deltan Dallagnol e outros membros da Força Tarefa, não havia rodeios em se afirmar que a ordem de transferência de um réu para um estabelecimento penitenciário teria sido o mais "eficiente" para forçar uma delação. Veja que tipo de gente nós produzimos, Dra. Cláudia [referindo-se à representante da Procuradoria Geral da República], em uma instituição como o Ministério Público. Estamos ameaçando mandá-lo para uma prisão, em caráter precário, e ele resolveu falar. Isso não tem nome, Dra. Cláudia? Isso não é tortura? Mas feito por essa gente bonita de Curitiba.[412]

Diga-se, à propósito, que para o ordenamento jurídico brasileiro, a tortura é a conduta de constranger alguém com violência ou grave ameaça, causando sofrimento físico ou mental, com o fim de obter informação, declaração ou confissão, conforme disposição do art. 1º, inc. I, alínea "a", da Lei n. 9.455/1997. Assim, a comparação aludida pelo Ministro Gilmar Mendes encontra fundamento, desde que a aplicação da prisão cautelar ou a forma como o investigado preso é tratado no presídio, com a ameaça ou concretização de violência física ou mental, seja orientada ao fim de forçar confissão, a situação adequa-se aos contornos legais da tortura.

Mais claro ainda foi o Ministro Dias Toffoli que, ao analisar o peculiar modelo de obtenção de informações da parte dos

---

[412] BRASIL. Superior Tribunal Federal. *Agravo Regimental na Reclamação n. 43.007*. Voto do Min. Gilmar Mendes. Relator: Min. Ricardo Lewandowski, j. 09.02.2021.

CAPÍTULO III – A EXCEÇÃO À ESPREITA NAS FÓRMULAS...

responsáveis pela Operação Lava Jato em decisão de setembro de 2023 na Reclamação 43007, utilizou a expressão "pau de arara do século 21" para se referir à tortura psicológica naquele contexto:

> Sob objetivos aparentemente corretos e necessários, mas sem respeito à verdade factual, esses agentes desrespeitaram o devido processo legal, descumpriram decisões judiciais superiores, subverteram provas, agiram com parcialidade e fora de sua esfera de competência. Enfim, em última análise, não distinguiram, propositadamente, inocentes de criminosos. Valeram-se, como já se disse em julgamento da Segunda Turma, de uma verdadeira tortura psicológica, um pau de arara do século XXI, para obter "provas" contra inocentes.[413]

Bem assim, as prisões preventivas efetivadas na Operação Lava Jato e as colaborações premiadas que as sucederam apontam uma ligação umbilical entre prisão e (suposta) voluntariedade na confissão e delação, sugerindo que a operação arquitetou:

> Um mecanismo de constrangimento à colaboração premiada, ou ao menos criou a expectativa, entre os investigados e seus advogados, de que colaborar com os investigadores seria o meio mais eficaz para evitar uma iminente prisão ou reduzir seu tempo.[414]

A tática implica fazer parecer aos investigados e seus advogados que a delação é a única estratégia de defesa eficiente, baseado em um cenário no qual se afronta direitos fundamentais de investigados presos e, consequentemente, gera influência em outros investigados

---

[413] BRASIL. Superior Tribunal Federal. Reclamação n. 43.007. Relator: Min. Dias Toffoli, j. 6.9.2023.

[414] RODRIGUES, Fabiana Alves. *Lava jato*: aprendizado institucional e ação estratégica na Justiça. São Paulo: WMF Martins Fontes, 2020, p. 179.

ainda que soltos, mas aterrorizados com a perspectiva da prisão, pressionando à delação em ambas as hipóteses:

> Investigados presos preventivamente, que não têm sucesso na revogação da sua prisão nos tribunais, mas obtêm a liberdade quando resolvem colaborar com as investigações. A manutenção desse fluxo por um período considerável de tempo ajuda a explicar por que acordos foram assinados por pessoas que ainda não tinham sido pressas. O sucesso que os atores do sistema de Justiça tiveram, no início da operação, na obtenção de delações dos primeiros investigados que foram presos leva os investigados soltos a criarem expectativas, e eles passam a vislumbrar a possibilidade de ser os próximos alvos da operação.[415]

A estratégia das prisões preventivas orientadas à obtenção de colaboração, nas quais o fundamento legal desta espécie de prisão provisória é relegado em favor da sua utilização como medida a obter confissões involuntárias não é mera elucubração. Embora decisões judiciais no âmbito da operação tenham acobertado a verdadeira intenção das prisões,[416] em algumas ocasiões, representante do órgão acusador defendeu abertamente a necessidade das prisões preventivas diante da "possibilidade de a segregação influenciá-los na vontade de

---

415 RODRIGUES, Fabiana Alves. *Lava jato*: aprendizado institucional e ação estratégica na Justiça. São Paulo: WMF Martins Fontes, 2020, p. 183.

416 Conforme verificou Rodrigues (RODRIGUES, Fabiana Alves. *Lava jato*: aprendizado institucional e ação estratégica na Justiça. São Paulo: WMF Martins Fontes, 2020, p. 190), não é esperada a admissão do uso da prisão preventiva com a finalidade de constranger alvos-chave da Lava Jato a delatar, o que explica a preocupação do juiz em deixar registrado, em diversas decisões: "que fique muito claro que a prisão preventiva nunca teve por objetivo colher confissão ou colaboração", ou "não se trata de prender preventivamente para obter colaboração".

CAPÍTULO III – A EXCEÇÃO À ESPREITA NAS FÓRMULAS...

colaborar na apuração de responsabilidade, o que tem se mostrado bastante fértil nos últimos tempos".[417]

Em texto intitulado "O passarinho pra cantar precisa estar preso. Viva a Inquisição!", Lenio Streck e André Trindade comentam a declarada intenção do Ministério Público Federal no âmbito da Lava Jato de utilizar a constrição da liberdade como meio de obtenção de prova, correspondendo de fato a uma violência e pressão indevida para que ocorra a delação. Os autores verificam que o proceder da acusação tende para a suspensão da legislação posta ou do sistema de justiça incumbir-se da função típica do poder legislativo, eis que o agente público oficiante na Operação:

> Sem nenhum constrangimento, arvora-se em legislado e estipula uma nova hipótese de fundamentação da segregação cautelar: a prisão preventiva que serve para a delação premiada. Ou seja, a prisão não é exceção, a prisão não tem requisitos constitucionais. Não. A prisão, agora, é para o acusado "abrir o bico". Este é um típico problema de um Estado com baixo grau de secularização, em que os desejos morais do agente público passam por cima da lei e da Constituição.[418]

---

[417] Manifestação que foi exarada nos *Habeas Corpus* n. 5029050-46.2014.404.7000 e 5029016-71.2014.404.7000, ambos do Tribunal Regional Federal da 4ª Região, conforme relata a autora de *Lava Jato: aprendizado institucional e ação estratégica na Justiça*, e complementa narrando que o objetivo buscado pelo procurador federal foi alcançado, pois executivos que foram alvos da Operação "apesar de terem resistido por mais tempo, acabaram formalizando acordo homologado pelo Supremo Tribunal Federal no segundo semestre de 2019" (RODRIGUES, Fabiana Alves. *Lava jato*: aprendizado institucional e ação estratégica na Justiça. São Paulo: WMF Martins Fontes, 2020, p. 191).

[418] STRECK, Lenio Luiz; TRINDADE, André Karam. "'O passarinho pra cantar precisa estar preso'. Viva a inquisição!" *ConJur*, 2014. Disponível em: https://www.conjur.com.br/2014-nov-29/diario-classe-passarinho-pra-cantar-estar-preso-viva-inquisicao. Acessado em: 28.01.2023.

Importa observar que o subterfúgio para dissimular um pretexto aos pedidos de prisão preventiva é a invocação a conveniência da instrução criminal, um dos requisitos para a referida cautelar, a teor do art. 312 do Código de Processo Penal.[419]

Se de um lado, é evidente do texto legal que a conveniência da instrução criminal não carrega como sentido a sua utilização para obter confissões, mas apenas que é recomendada a constrição da liberdade de investigado ou acusado que potencialmente ofereça riscos de prejudicar a investigação ou a colheita de provas, somando-se à necessária fundamentação judicial que considere receio de perigo e existência concreta de fatos novos ou contemporânea que justifiquem a aplicação da medida.[420]

De outro lado, o elemento da conveniência da instrução é conceito que está no mesmo grupo daqueles termos legais que por sua vagueza semântica contribuem para criar uma ampla zona cinzenta, da qual agentes públicos podem se utilizar para selecionar como e contra quem a atuação do sistema de justiça se voltará. É, neste aspecto, um exemplo de hipernomia, conquanto o intérprete

---

[419] Além da conveniência da instrução criminal, a prisão preventiva pode ser aplicação para garantir a ordem pública, a ordem econômica, ou assegurar a lei penal, sempre devendo ser conjugada uma dessas hipóteses com prova da existência do crime, indícios de autoria, e que o estado de liberdade ofereça algum perigo. Conforme, discorre o texto do Art. 312, do CPP: "a prisão preventiva poderá ser decretada como garantia da ordem pública, da ordem econômica, por conveniência da instrução criminal ou para assegurar a aplicação da lei penal, quando houver prova da existência do crime e indício suficiente de autoria e de perigo gerado pelo estado de liberdade do imputado" (BRASIL. *Decreto-lei n. 3.689*, de 3 de outubro de 1941. Código de Processo Penal. Disponível em: http://www.planalto.gov.br/ccivil_03/decreto-lei/del3689compilado.htm. Acessado em: 28.01.2023).

[420] A partir da vigência da Lei n. 12.403/2011, o CPP passou a contar com o § 2º do art. 312, pelo qual foi instituído que "a decisão que decretar a prisão preventiva deve ser motivada e fundamentada em receio de perigo e existência concreta de fatos novos ou contemporâneos que justifiquem a medida adotada.

CAPÍTULO III – A EXCEÇÃO À ESPREITA NAS FÓRMULAS...

da disposição que prevê a possibilidade de prisão preventiva conferiu para si um poder ilegítimo de estender o alcance da previsão processual penal para atingir um fim estratégico, com impacto casuístico no âmbito da Operação Lava Jato, tornando a incidência de Direitos Fundamentais, e da própria segurança jurídica, vítimas do alvedrio do agente público e seu arbítrio em selecionar quem é atingido pela sua peculiar interpretação da norma processual penal.

À parte da discricionariedade da atuação dos órgãos acusadores para propor o momento de apresentação de pedido de prisão preventiva, a incidência desta espécie de medida cautelar deve atender os requisitos legais conformados pelos Direitos Fundamentais e garantias judiciais contempladas na CF/88, do que denota a impossibilidade da espécie de medida cautelar privativa de liberdade servir como meio de prova, ou de se permitir a suspensão da requisitos à sua aplicação em casos selecionados arbitrariamente pelo agentes do sistema de justiça. Em tese, da ofensa a esta premissa decorre nulidades processuais, inconstitucionalidade das decisões, e, quando sistemática, permite afirmar a instauração de uma zona de exceção, de inaplicação do Direito, mesmo que mantido verniz de legalidade.

A técnica da prisão com objetivo de gerar confissão motivou alteração legislativa cujo escopo é promover maior controle do sistema judiciário na constatação da voluntariedade do colaborador, isto porque, ao submeter o corpo do investigado a aflições (leia-se, espécie de tortura física ou psicológica)[421] por meio de imposição de constrição à liberdade, coloca em xeque a disposição do jurisdicionado em oferecer colaboração com a investigação de forma voluntária.

---

[421] Convém recordar que a conduta de constranger alguém causando sofrimento físico ou mental com o fim de obter informação, declaração ou confissão é, tecnicamente, praticar tortura. De modo que, estejam ou não presentes hipóteses de cabimento para decretação de prisão preventiva, se a medida cautelar tiver como propósito pressionar para a realização de uma delação premiada, a técnica equipara-se a tortura e, consequentemente, gera uma colaboração sem validade por ausência de voluntariedade na realização de acordo pelo investigado ou acusado.

Assim, para a homologação do acordo de delação premiada, o juiz, de acordo com a regra do art. 4º, § 7º, inc. IV, da Lei n. 12.850/2013, com redação dada pela Lei n. 13.964/2019, deverá analisar a voluntariedade da manifestação de vontade, especialmente nos casos em que o colaborador está ou esteve sob efeito de medidas cautelares.

Vale dizer que a disposição da Lei n. 12.850/2013 não impede que seja firmado acordo de colaboração com investigado ou acusado recolhido à prisão, mas estabelece como fato determinante para a validade da colaboração premiada que possa ser verificada a liberdade psíquica do imputado estando livre de coações ilegais. Com a alteração de 2019, portanto, agiu o legislativo em regrar com mais detalhes uma situação que permitia a perpetuação de abusos cometidos pelas autoridades contra investigados e acusados submetidos a medidas cautelares, tal como a prisão preventiva.

3.7.3 Restrição de recursos e *habeas corpus* em acordos de delação

No tema da colaboração premiada há um segundo aspecto que revela o alinhamento da Operação Lava Jato a práticas afetas a regimes de exceção, em referência ao momento da negociação das cláusulas do acordo[422] em que passou a ser exigido dos delatores que desistissem de recursos e de *habeas corpus* apresentados em defesa destes.

---

[422] A Lei n. 12.850/2013, com redação incluída pela Lei n. 13.964/2019, define em seu art. 3º-A que: "o acordo de colaboração premiada é negócio jurídico processual e meio de obtenção de prova, que pressupõe utilidade e interesse públicos" (BRASIL. *Lei n. 12.850*, de 2 de agosto de 2013. Disponível em: http://www.planalto.gov.br/ccivil_03/_ato2011-2014/2013/lei/l12850.htm. Acessado em: 28.01.2023). Não obstante o termo legal referir-se à colaboração como negócio, importa observar que se trata de um acordo celebrado entre a Administração Pública e um indivíduo investigado ou acusado pelo Estado, circunstância que desafia a lógica intrínseca a um acordo simplesmente porque uma das partes encontra-se em posição de submissão à outra parte.

CAPÍTULO III – A EXCEÇÃO À ESPREITA NAS FÓRMULAS...

A inclusão de cláusulas restringido a possibilidade de recursos dos réus delatores nos acordos assinados é exemplificada a partir de casos específicos na obra de Fabiana Rodrigues,[423] tendo verificado que acordos homologados contemplam previsões como: "as partes somente poderão recorrer da decisão judicial no que toca à fixação da pena, ao regime de seu cumprimento, à pena de multa e à multa cível, limitadamente ao que extrapolar os parâmetros deste acordo, prejudicados os recursos já interpostos com objetivos diversos" (do colaborador Paulo Roberto Dalmazzo); ou "a defesa desistirá de todos os *habeas corpus* impetrados no prazo de 48 horas, desistindo também do exercício de defesas processuais, inclusive sobre discussões sobre competência e nulidade" (do colaborador Paulo Roberto Costa).

Noutro giro, conforme relatado por José Roberto Batochio e Fernando Fernandes, há registro de acordo de colaboração contendo disposição de desistência do *habeas corpus* anteriormente impetrado pelo colaborador, que não foi homologado pelo judiciário naquela parte específica:

> O ministro Teori Zavascki, quando relator da Lava Jato, não homologou a parte dos contratos de delação premiada que previa desistência de *habeas corpus* e rezava quanto à renúncia ao direito de recurso por entender que isso fere o direito de acesso ao Judiciário. Ocorre que, mesmo com esta indicação de inconstitucionalidade, a força tarefa tem exigido daqueles que estão com seus corpos submetidos às autoridades de Curitiba a desistência do HC impetrado.[424]

---

[423] RODRIGUES, Fabiana Alves. *Lava jato*: aprendizado institucional e ação estratégica na Justiça. São Paulo: WMF Martins Fontes, 2020, p. 217.

[424] BATOCHIO, José Roberto; FERNANDES, Fernando Augusto. "'Lava jato' pressiona seus reféns a desistir de HC para esconder ilegalidades". *ConJur*, 2017. Disponível em: https://www.conjur.com.br/2017-mai-21/lava-jato-pressiona-refens-desistir-hc-esconder-ilegalidades. Acessado em: 28.01.2023.

Os acordos de colaboração que foram homologados e surtiram o efeito de compelir réus delatores a não promover ou desistir de recursos, bem como desistir de *habeas corpus* levados ao judiciário anteriormente, impediram que as nulidades e ilegalidades apontadas naqueles recursos e ações fossem apreciadas pelos tribunais superiores, inclusive o debate de máculas no próprio acordo de colaboração ficaram vedadas aos colaboradores, sob pena do desfazimento do acordo.[425]

Com este proceder a Operação Lava Jato conseguiu mitigar a utilização do *habeas corpus* para debater questões relativas ao direito à liberdade. Não por acaso, o *habeas corpus* é chamado de remédio heroico: a propensão desta espécie de ação em levar às autoridades superiores a análise de abusos e ilegalidades cometidas por agentes públicos, que ameaçam a liberdade de ir e vir dos cidadãos, faz do *habeas corpus* o mais valioso instituto jurídico para a prestação judicial em favor do direito à liberdade de toda pessoa humana. Nas palavras de Pontes de Miranda, sobre o caráter da ação constitucional:

> Tão relevante, tão fundamental, para o homem, para o animal, que, com o fazer-se livre se criou como "homem", é a liberdade de ir, ficar e vir, que na alvorada do direito sobre o *habeas corpus* já se punha em cima, já se alçava, melhor diremos, ao

---

[425] Vale ressaltar que o STF já decidiu que os terceiros eventualmente implicados por delatores também não têm direito à impugnação do acordo, exemplificado o entendimento no julgado de *habeas corpus* no qual se fixou que "por se tratar de negócio jurídico personalíssimo, o acordo de colaboração premiada não pode ser impugnado por coautores ou partícipes do colaborador na organização criminosa e nas infrações penais por ela praticadas, ainda que venham a ser expressamente nominados no respectivo instrumento" (BRASIL. Superior Tribunal Federal. *Habeas Corpus* n. 127.483. Relator: Min. Dias Toffoli, j. 27.08.2015).

CAPÍTULO III – A EXCEÇÃO À ESPREITA NAS FÓRMULAS...

plano do direito constitucional, com o caráter de pretensão pré-processual e de pretensão processual, o *habeas corpus*.[426]

O entrave ao *habeas corpus* imposto aos delatores que firmavam acordos no contexto da Operação Lava Jato inevitavelmente faz recordar o ápice do período da ditadura militar brasileira de 1964, quando o Ato Institucional n. 5 de 1968, suspendeu a garantia do *habeas corpus* nos casos de crimes políticos contra a segurança Nacional, a ordem econômica e a economia popular.[427] Mais uma vez, as práticas daquela operação encontram paralelo nas fórmulas dos regimes de exceção.

A situação a respeito de cláusulas restringindo a possibilidade de recursos do delator foi parcialmente tratada pelo legislativo brasileiro ao incluir no art. 4º, da Lei n. 12.850/2013, que dispõe sobre

---

[426] MIRANDA, Francisco Cavalcanti Pontes de. *História e prática do habeas corpus*. Campinas: Bookseller, 1999, p. 37.

[427] Conforme o art. 10, do Ato Institucional n. 5, de 13 de dezembro de 1968. Em continuação, o Ato Institucional n. 6, de 1o de fevereiro de 1969, alterou a constituição para impedir a impetração de *habeas corpus* substitutivo de recurso em *habeas corpus*. Nota-se que a preocupação do regime ditatorial em proibir a impetração do *habeas corpus* em sua amplitude e mitigar fatalmente sua utilização como substitutivo de recurso revela a importância do instituto para a proteção do Estado Democrático de Direito e também sua relevância histórica. A Constituição de 1988, que se seguiu à ditadura militar instalada em 1964, não autoriza a suspensão da garantia do *habeas corpus* nem mesmo durante a decretação de Estado de Sítio ou Estado de Defesa. Não por outra razão, restabelecida a democracia, o *habeas corpus* passou a ser empregado com força renovada, como constata pesquisa de Bottino (BOTTINO, Thiago. "Habeas Corpus nos Tribunais Superiores – propostas para reflexão". *In*: FERNANDES, Fernando Augusto; MARCHIONI, Guilherme Lobo (Coord.). *Estudos em homenagem a Tristão Fernandes*: 60 anos de advocacia. Rio de Janeiro: Lumen Juris, 2019, p. 228): "Entre 1990 e 2012 o crescimento das impetrações de *habeas corpus* foi de 397%, representado 6,8% de todos os casos julgados pelo STF em 2012 (ficando atrás, em número de feitos julgados, apenas dos recursos extraordinários e agravos de instrumento)".

a investigação de organizações criminosas e contempla previsões quanto à colaboração premiada. O § 7º-B versa que são nulas de pleno direto as previsões de renúncia ao direito de impugnar a decisão homologatória do acordo. A alteração do diploma legal, vigente a partir da Lei n. 13.964/2019, soluciona o impedimento do delator questionar as balizas da homologação de seu próprio acordo, mas deixa em aberto a possibilidade de que cláusulas do acordo exijam a desistência de recursos ou *habeas corpus* em que nulidades processuais, abusos e coações ilegais poderiam ser levadas a conhecimento de autoridades hierarquicamente superiores no sistema de justiça.

3.7.4 Cumprimento de pena de prisão sem trânsito em julgado

Entre 2016 e 2019, a jurisprudência pátria oscilou quanto a um tema polêmico para Direito Criminal. Naquele período, o STF passou a considerar possível a execução antecipada da pena de prisão após a condenação em segunda instância, ainda que não tenha se operado o trânsito em julgado da decisão. Não é coincidência que a época da alteração, no entendimento da Corte Constitucional, coincide com momento de clímax do combate à corrupção a qualquer custo propagado pela Operação Lava Jato, turvando os olhares que costumeiramente estão atentos às garantias judiciais que separam o Estado de Direito do estado de exceção.

A interpretação que pugna pela execução da prisão após decisão condenatória proferida em segundo grau de jurisdição desafia dois dispositivos legais: o art. 5º, inc. LVII, da CF/88, que declara que "ninguém será considerado culpado até o trânsito em julgado de sentença penal condenatória", e a regulamentação inscrita no art. 283 do CPP, pela qual

> ninguém poderá ser preso senão em flagrante delito ou por ordem escrita e fundamentada da autoridade judiciária competente, em decorrência de prisão cautelar ou em virtude de condenação criminal transitada em julgado.

CAPÍTULO III – A EXCEÇÃO À ESPREITA NAS FÓRMULAS...

Destaca-se o termo em comum a ambas as disposições: o trânsito em julgado, sem o qual não pode ser afastada a presunção de inocência, princípio basilar do Estado de Direito.

Importa observar que afirmar que a execução de pena de prisão, como se definitiva fosse, antes do trânsito em julgado de condenação é inconstitucional, não implica obstar a incidência de prisões de natureza cautelar durante o curso do processo. Pelo contrário: desde que motivadas, prisões temporárias, preventivas ou em flagrante estão devidamente reguladas e são inerentes ao ordenamento jurídico.

Desta feita, considerar a execução de prisão antes do trânsito em julgado é questionar frontalmente o princípio presunção de inocência;[428] que protege a toda pessoa de sofrer restrições desnecessárias a seus direitos antes de ser provada a sua responsabilidade criminal.

A perspectiva do princípio de presunção de inocência, sob aspecto constitucional e instrumental no processo de interpretação da norma penal, é bem definida por Juarez Tavares, ao lecionar que:

> A interpretação da norma criminalizadora, em um Estado democrático, não deve ser orientada para obter uma afirmação de responsabilidade, mas sim para limitar o exercício do poder punitivo. Esse é o sentido do princípio da presunção de inocência, que, por estar positivado na ordem jurídica,

---

428 Nereu Giacomolli (GIACOMOLLI, Nereu José. *O devido processo penal*: abordagem conforme a Constituição Federal e o Pacto de São José da Costa Rica. 3ª ed. São Paulo: Atlas, 2016, p. 118) fala em "estado de inocência" e anota que presunção de inocência (fórmula positiva) e presunção de não culpabilidade (formulação negativa) são equivalentes, independentemente das possíveis distinções idiomáticas, semânticas e de purificação conceitual. Distinguir é reduzir o alcance da regra humanitária do *status libertatis*, afastando-se do conteúdo da previsão constante em diplomas internacionais. Diferenciá-las é afastar o estado de inocência, é partir da culpabilidade e não da inocência. O conteúdo não pode gerar dúvidas acerca do estado de inocência e nem desvirtuar o regramento probatório e a proteção da liberdade.

não pode ser relativizado e deve ser tomado como verdadeiro postulado normativo, de atendimento obrigatório. Dadas as características impositivas do princípio de presunção de inocência, não pode ele ser flexibilizado por força de decisão judicial.[429]

O princípio sofreu abalos durante o século XX, com a ascensão de regimes autoritários. A lei processual penal italiana de 1930 é um exemplo de atendimento a influxos autoritários, conforme expõe Luigi Ferrajoli, porquanto, sob a inspiração do regime de Mussolini, repeliu-se por completo a presunção de inocência, liquidando-a sob o argumento de que seria uma "extravagância derivada daqueles conceitos antiquados, germinados pelos princípios da Revolução Francesa, os quais levam as garantias individuais aos mais exagerados e incoerentes excessos".[430]

Não foi por outra razão que a Declaração Universal de Direitos Humanos, proclamada em 1948 na Assembleia Geral da ONU, diante dos abusos cometidos pelos regimes totalitários que antecederam o documento, versa em seu art. 11 que toda a pessoa acusada de um ato delituoso se presume inocente até que a sua culpabilidade fique legalmente provada no decurso de um processo público em que todas as garantias necessárias de defesa lhe sejam asseguradas.[431]

---

[429] TAVARES, Juarez. *Fundamentos da teoria do delito*. Florianópolis: Empório do Direito, 2018, p. 83.

[430] FERRAJOLI, Luigi. *Direito e razão*: teoria do garantismo penal. Trad. Juarez Tavares. São Paulo: Revista dos Tribunais, 2002, p. 442.

[431] Em linha com a referência ao Direito Internacional, é conveniente reproduzir também a Convenção Americana Sobre Direito Humanos (ou Pacto de São José da Costa Rica) promulgada em 1969, que prevê a garantia no art. 8.2: "toda pessoa acusada de um delito tem direito a que se presuma sua inocência, enquanto não for legalmente comprovada sua culpa" (cf. BRASIL. *Decreto n. 678*, de 6 de novembro de 1992. Promulga a Convenção Americana sobre Direitos Humanos (Pacto de São José da Costa Rica), de 22 de novembro de 1969. Disponível em: http://www.planalto.gov.br/ccivil_03/decreto/d0678.htm. Acessado

CAPÍTULO III – A EXCEÇÃO À ESPREITA NAS FÓRMULAS...

No Brasil, o STF foi instado a manifestar-se pela primeira vez após a redemocratização e a promulgação da CF/88 acerca do conflito entre o princípio da presunção de inocência e a pretensão de executar pena antecipadamente, antes do trânsito em julgado de decisão condenatória, em 1991, no *habeas corpus* n. 68.726. Na ocasião, a Corte Constitucional assentou a possibilidade de execução provisória de sentença condenatória na pendência de recursos especial ou extraordinário, com argumento de que aqueles recursos não têm como efeito a suspensão da decisão e desde que a prisão seja decreta para garantir a aplicação da lei ou a execução da pena. Esse entendimento perdurou até o julgamento de outro *habeas corpus*, de n. 84.078, no STF, em que a Corte estabeleceu a exigência de trânsito em julgado da condenação para a execução da pena, assentando que a prisão somente poderá ser decreta ou mantida a título cautelar, e nunca antecipada.[432] Contudo, o entendimento anterior foi retomado quando, em decisão de 2016, o STF se pronunciou no sentido de que

---

em: 28.01.2023). A respeito do princípio da presunção de inocência, consoante expõe Flávia Piovesan (PIOVESAN, Flávia; FACHIN, Melina Girardi; MAZZUOLI, Valerio de Oliveira. *Comentários à Convenção Americana sobre Direitos Humanos*. Rio de Janeiro: Forense, 2019, p. 127), a Corte Interamericana de Direitos Humanos (IDH) já se manifestou asseverando tratar-se de garantia indispensável em um Estado democrático, pois representa um eixo reitor que estabelece limites à subjetividade e à discricionariedade da atividade judicial (cf. CORTE IDH. Caso Zegarra Marín vs. Peru. Sentença 15.02.2017. Série C, n. 331, parágrafo 125). Ademais, com base na presunção de inocência, ninguém pode ser, de fato ou de direito, tratado como culpado antes da comprovação definitiva de sua culpabilidade, isto é, nenhuma pessoa pode ser condenada ou assim considerada antes que o processo penal chegue ao cabo com comprovação plena de culpabilidade (cf. CORTE IDH, Corte Interamericana de Direitos Humanos. Inter-American Court of Human Rights. Caso Cantoral Benavides vs. Peru. Sentença 18.08.2000. Série C, n. 69, parágrafo 120).

[432] FERNANDES, Fernando Augusto. *Geopolítica da Intervenção*: a verdadeira história da Lava Jato. São Paulo: Geração Editorial, 2020, p. 307.

a execução provisória de acórdão penal condenatório proferido em grau de apelação, ainda que sujeito a recurso especial ou extraordinário, não compromete o princípio constitucional da presunção de inocência afirmado pelo art. 5º, inciso LVII da Constituição Federal.[433]

Advieram, em seguida, para análise pelo STF, as Ações Declaratórias de Constitucionalidade (ADCs) n. 43, 44 e 54, pelas quais se pleiteava a declaração de que a restrição da expedição do mandado de prisão em decorrência de sentença penal ao trânsito em julgado de decisão condenatória, regra do art. 283 do CPP, é constitucional. O argumento das ADCs enfatizou que a prisão para fins de cumprimento antecipado da pena consubstancia caso de prisão não previsto na legislação nacional e, portanto, as decisões que

---

[433] O acórdão, não unânime, contou com quatro ministros da Corte vencidos: Rosa Weber, Marco Aurélio, Celso de Melo e Ricardo Lewandowski, que se opuseram ao voto do relator pela prisão antecipada. Em seu voto, o Ministro Celso de Mello assinalou "que a presunção de inocência, legitimada pela ideia democrática – não obstante golpes desferidos por mentes autoritárias ou por regimes autocráticos que absurdamente preconizam o primado da ideia de que todos são culpados até prova em contrário (!?!?) –, tem prevalecido, ao longo de seu virtuoso itinerário histórico, no contexto das sociedades civilizadas, como valor fundamental e exigência básica de respeito à dignidade da pessoa humana". Ademais, dos debates na ocasião do julgamento, foi contundente o Ministro Marco Aurélio ao recordar a orientação civilizatória da CF/88, afirmando que "com o voto de integrantes que buscam sempre a preservação da jurisprudência, revemos jurisprudência, que poderia dizer até mesmo recente, para admitir o que ressalto em votos na Turma como execução precoce, temporã, açodada da pena, sem ter-se a culpa devidamente formada. Esses dois pronunciamentos esvaziam o modelo garantista, decorrente da Carta de 1988. Carta – não me canso de dizer – que veio a tratar dos direitos sociais antes de versar, como fizeram as anteriores, a estrutura do Estado. Carta apontada como cidadã por Ulisses Guimarães, um grande político do Estado-país, que é São Paulo, dentro do próprio País. Tenho dúvidas, se, mantido esse rumo, quanto à leitura da Constituição pelo Supremo, poderá continuar a ser tida como Carta cidadã" (BRASIL. Superior Tribunal Federal. *Habeas Corpus* n. 126.292/SP. Relator: Min. Teori Zavascki, j. 17.02.2016).

CAPÍTULO III – A EXCEÇÃO À ESPREITA NAS FÓRMULAS...

tolhem a liberdade do acusado, determinando o início de pena de forma provisória, ou seja, enquanto pendente recurso, corresponde a inviável exercício do poder normativo pelo judiciário.

As ADCs foram julgadas em 7 de novembro de 2019, concluindo pela constitucionalidade do art. 283 do CPP, a condicionar o início do cumprimento da pena ao trânsito em julgado da sentença penal condenatória, considerado o alcance da garantia versada no art. 5º, inc. LVII, da CF/88 – do qual decorre o princípio da presunção da inocência – no que direciona que tão somente a selada a culpa em virtude de título precluso na via da recorribilidade torna possível efetuar a prisão definida em sentença condenatória, ou seja, prender em execução da sanção, a qual não admite forma antecipada.

Em seu voto, o Ministro Celso de Melo aludiu à antecipação da prisão como uma "tentação autoritária" e ressaltou o papel da Corte Constitucional como garantidora dos princípios que estruturam o Estado Democrático de Direito:

> O Supremo Tribunal Federal, como órgão de cúpula do Poder Judiciário nacional e máximo guardião e intérprete da Constituição da República, garantirá, de modo pleno, às partes de tais processos, na linha de sua longa e histórica tradição republicana, o direito a um julgamento justo, imparcial e independente, em contexto que, legitimado pelos princípios estruturantes do Estado Democrático de Direito, repele a tentação autoritária de presumir-se provada qualquer acusação criminal e de tratar como se culpado fosse aquele em favor de quem milita a presunção constitucional de inocência.[434]

Com efeito, no julgamento das ADCs referidas o STF atende à função de salvaguardar a CF/88 e os Direitos Fundamentais nela

---

[434] BRASIL. Superior Tribunal Federal. Ação Declaratória de Constitucionalidade n. 44. Voto do Min. Celso de Melo. Relator: Min. Marco Aurélio, j. 17.10.2019.

acautelados. Importa fixar que a função do sistema judiciário é, fatalmente, o cumprimento do texto legal, o que significa que mesmo ao STF não é dado reescrever a CF/88 ao ponto de aniquilar uma garantia fundamental. Isto é, a interpretação dos textos legais pelo judiciário não pode ser arbitrária, sob pena de impor a vontade emanada pelo sistema de justiça acima da legislação e, sendo assim, consagrar uma atuação autoritária.

3.7.5 Perseguição de advogados

"The first thing we do, let's kill all the lawyers" ("a primeira coisa que temos a fazer é matar todos os advogados"), sugeriu a personagem Dick, o açougueiro, na peça King Henry VI de William Shakespeare.[435]

A famosa passagem shakespeariana ocorre em meio à narrativa de insurreição para tomada do trono inglês à força por um grupo de pessoas enfurecidas. A cena denota que os advogados seriam o alicerce do sistema, pois estes protegem as leis, na medida que apontam as ilegalidades e abusos cometidos por quem detém poder:

> Numa demonstração de apreço ao mundo jurídico, Shakespeare coloca na boca de Dick, o açougueiro, esse grito

---

[435] O trecho transcorre na segunda parte da peça Henry VI, durante quarto ato: "CADE. Sede bravos, portanto, que o vosso capitão é valente e vai proceder a uma reforma geral. De futuro, sete pães de meio *penny* serão vendidos apenas por um *penny*; as canecas de três aros passarão a conteder dez, farei ser considerado crime beber cerveja fraca. Todo o reino ficará sendo prosperidade, e meu cavalo irá pastar em *Cheapside*. Quando eu for, porque hei de ser rei... TODOS. Deus guarde Vossa Majestade! CADE. Obrigado, bom povo! Não haverá necessidade de dinheiro; todos terão de comer e beber à minha custa. Farei que todos usem uniforme, para que se comportem como irmãos e me adorem como a seu senhor. DICK. A primeira coisa que devemos fazer é matar os advogados. CADE. Está no meu programa" (SHAKESPEARE, William. *Henrique VI*. São Paulo: Peixoto Neto, 2017, pp. 303/304).

CAPÍTULO III – A EXCEÇÃO À ESPREITA NAS FÓRMULAS...

ameaçador: desde logo, matemos os advogados. Na peça, em meio às intrigas e brigas pelo poder entre os nobres, alguns revoltosos pretendem destituir o rei e confrontar totalmente o sistema. Para tanto, é necessário promover a anarquia, afastar a aplicação das leis, desmantelar o ordenamento vigente.[436]

É neste contexto que a CF/88, em seu art. 133, eleva a advocacia a função indispensável à administração da justiça. Os advogados compõem a principal linha de defesa contra abusos e excessos do poder punitivo. Essa característica faz com que sejam considerados um obstáculo a ser eliminado por personalidades autoritárias e seus projetos políticos tirânicos.

O membro da advocacia aqui referido é aquele caracterizado na forma pela qual expressou Sobral Pinto: "o advogado só é advogado quando tem coragem de se opor aos poderosos de todo gênero que se dedicam à opressão pelo poder. É dever do advogado defender o oprimido".[437]

Sobral Pinto foi defensor de presos políticos e declarava publicamente sua oposição ao regime ditatorial de 1964. O advogado falava abertamente das torturas, e em correspondências com Presidentes militares, escreveu:

> No exercício de minha profissão, tenho me deparado com dezenas e dezenas de cidadãos presos nos cárceres políticos da minha nação, que foram longa e terrivelmente torturados. As prisões destes concidadãos são feitas, em geral, sob

---

[436] NEVES, José Roberto de Castro. *Medida por medida*: o Direito em Shakespeare. 6ª ed. Rio de Janeiro: Nova Fronteira, 2019, p. 65.

[437] GOLDMAN, Elisa; MUAZE, Mariana. "Sobral Pinto: uma memória em construção". *In*: SÁ, Fernando; MUNTREAL, Oswaldo; MARTINS, Paulo Emílio (Coord.). *Os advogados e a ditadura de 1964*: a defesa dos perseguidos políticos no Brasil. Rio de Janeiro: PUC, 2010, p. 13.

a forma de sequestros nas residências, nos escritórios ou nas vias públicas.[438]

A dedicação de Sobral Pinto na defesa daqueles atingidos pelo regime autoritário e a sua coragem em, na condição de advogado, denunciar os abusos da ditadura, tornou-o alvo desta. Em dezembro de 1968, quando se preparava para ir a uma formatura de estudantes de Direito, foi preso em Goiânia e transferido para Brasília.[439] Naquele período, especialmente com o recrudescimento do regime definido pelo Ato Institucional n. 5 passou a ser comum uma espécie de sequestro ou a prática de outros tipos de pressão financeira, psicológica ou física aos advogados de presos políticos.

Heleno Fragoso, outro notório advogado defensor de presos políticos, foi submetido a prisão pelos agentes da repressão sem que houvesse motivação ou ordem legal de prisão. Na mesma data, em 1º de novembro de 1970, também foram presos os advogados criminalistas George Tavares e Augusto Sussekind de Moraes Rego, igualmente defensores de direitos ofendidos pelo regime, e levados à subseção de vigilância que era conhecida como "geladeira", no Rio de Janeiro, onde sofreram diversos constrangimentos por três dias.[440]

---

[438] PINTO, Heráclito da Fontoura Sobral. *Lições da liberdade*. Belo Horizonte: Comunicação, 1977, p. 144.

[439] GOLDMAN, Elisa; MUAZE, Mariana. "Sobral Pinto: uma memória em construção". *In*: SÁ, Fernando; MUNTREAL, Oswaldo; MARTINS, Paulo Emílio (Coord.). *Os advogados e a ditadura de 1964*: a defesa dos perseguidos políticos no Brasil. Rio de Janeiro: PUC, 2010, p. 32.

[440] Cf. ROCHA, Jorge Luís. "Heleno Cláudio Fragoso: um mestre nos tribunais de exceção". *In*: SÁ, Fernando; MUNTREAL, Oswaldo; MARTINS, Paulo Emílio (Coord.). *Os advogados e a ditadura de 1964*: a defesa dos perseguidos políticos no Brasil. Rio de Janeiro: PUC-Rio, 2010, p. 93. O relato da prisão, realmente um tipo de sequestro, foi documentado por Fernandes (cf. FERNANDES, Fernando Augusto. *Voz humana*. Rio de Janeiro: Revan, 2004, p. 231). Heleno Fragoso foi detido durante a madrugada em sua casa por homens que se identificaram com carteiras falsas da Polícia Federal, dizendo que o

CAPÍTULO III – A EXCEÇÃO À ESPREITA NAS FÓRMULAS...

Estes são breves exemplos de advogados que foram perseguidos por defender presos políticos e se opor ao regime de exceção. Distante de casos em que o advogado participa de conduta eventualmente criminalizada, a perseguição da advocacia combativa que guarda os preceitos do Estado de Direito é técnica característica de governos autoritários.

A legislação atual prevê a inviolabilidade do escritório e do sigilo da relação advogado/cliente,[441] mas autoriza medidas como busca e apreensão, quando há indícios da participação do advogado nos crimes investigados.[442]

---

advogado teria que comparecer àquela hora na sede da polícia. Heleno tentou se comunicar com o chefe do serviço de ordem política e social, mas um dos homens o impede de usar o telefone e o aconselha a ir sem resistência. Já na cela algumas horas depois, ouviu a chegada de George Tavares e Augusto Rego. Na terceira noite, sem qualquer explicação, colocaram nele um capuz e o conduziram em um automóvel até local ermo, onde lhe retiraram, pelas costas, o capuz e mandaram sair sem olhar para trás, o que o fez pensar que seria fuzilado. Heleno Fragoso e os dois advogados presos com ele foram soltos e abandonados em pontos abandonados da cidade.

[441] Soma-se ao art. 133 da CF/88 – "o advogado é indispensável à administração da justiça, inviolável por seus atos e manifestações no exercício da profissão, nos limites da lei", a Lei n. 8.096/1994, que em seu art. 7º, inc. II, estabelece que é direito do advogado "a inviolabilidade de seu escritório ou local de trabalho, bem como de seus instrumentos de trabalho, de sua correspondência escrita, eletrônica, telefônica e telemática, desde que relativas ao exercício da advocacia" (BRASIL. *Lei n. 8.906*, de 4 de julho de 1994. Disponível em: http://www.planalto. gov.br/ccivil_03/leis/l8906.htm. Acessado em: 28.01.2023).

[442] Nos termos do § 6º, do art. 7º, da Lei n. 8.096/1994, presentes indícios de autoria e materialidade da prática de crime por parte de advogado, a autoridade judiciária competente poderá decretar a quebra da inviolabilidade de que trata o inciso II do *caput* deste artigo, em decisão motivada, expedindo mandado de busca e apreensão, específico e pormenorizado, a ser cumprido na presença de representante da OAB, sendo, em qualquer hipótese, vedada a utilização dos documentos, das mídias e dos objetos pertencentes a clientes do advogado averiguado, bem como dos demais instrumentos de trabalho que contenham informações sobre

A controvérsia sobre buscas em escritório de advocacia, todavia, é marcada por um substancial nível de subjetividade. Investigadores e juízes, ao tratar sobre o tema da valoração de suspeitas em inquéritos, estão invariavelmente em fase preliminar para alegar que um advogado teria participação em crimes investigados e é imperiosa a presença de indício significativo para aventar qualquer constrição aos defensores, sob risco de perseguir profissional que atua em consonância com o papel essencial da advocacia, ao qual alude a CF/88. Essa zona cinzenta causou uma disputa entre advogados e membros da Operação Lava Jato

> sobre os limites do uso de medidas invasivas envolvendo esses profissionais, que vão desde o questionamento sobre objetos apreendidos até propostas de regulamentação pelo Conselho Nacional do Ministério Público.[443]

De fato, a Operação Lava Jato contou com caso em que advogados foram investigados simplesmente por terem como cliente uma empresa ou acusado alvo da operação.

Caso emblemático foi a investigação montada contra o advogado José Roberto Batochio, em que a Polícia Federal requereu busca e apreensão em seu escritório e residência, e que teve parcial deferimento resultando em busca no edifício onde situava-se o escritório do advogado para apreensão de registros de acessos ao local.[444]

---

clientes (cf. BRASIL. *Lei n. 8.906*, de 4 de julho de 1994. Disponível em: http://www.planalto.gov.br/ccivil_03/leis/l8906.htm. Acessado em: 28.01.2023).

[443] RODRIGUES, Fabiana Alves. *Lava jato*: aprendizado institucional e ação estratégica na Justiça. São Paulo: WMF Martins Fontes, 2020, p. 160.

[444] Conforme decisão proferida durante a Operação Lava Jato, nos autos n. 5035691-26.2019.4.04.7000.

CAPÍTULO III – A EXCEÇÃO À ESPREITA NAS FÓRMULAS...

Em vista da apreensão determinada pela operação esbarrar na garantia de sigilo entre cliente e advogado, o Conselho Federal da Ordem dos Advogados do Brasil (OAB) questionou a situação perante o STF, apontando violência às prerrogativas legais dos advogados e a mácula ao sigilo profissional constitucional. Ao apreciar o requerimento proposto, o Ministro Gilmar Mendes identificou o argumento do Conselho Federal da OAB de que é "ilegal e arbitrária a ordem que determinou a apreensão de todos os registros de pessoas e veículos ao edifício mencionado, sem estabelecer quaisquer limites", e concedeu ordem para revogar a medida de busca e apreensão, considerando que:

> A decisão reclamada ultrapassou os limites da legalidade ao deferir a medida cautelar em desfavor de José Roberto Batochio. Além de não restarem devidamente demonstrados, de forma pormenorizada, os crimes cometidos pelo advogado no decreto autorizador da medida, este extrapola qualquer juízo de razoabilidade ao se estender a clientela de José Roberto Batochio e a outros profissionais.[445]

No mesmo procedimento em que a Polícia Federal atuante na Operação Lava Jato requereu a busca e apreensão de José Roberto Batochio, também fez referência a diversos advogados que representavam e aconselhavam judicialmente acusados e empresas que eram alvos da operação.[446] Os advogados se tornaram assim, igualmente alvos da Operação Lava Jato, como se fossem articuladores de pretensos obstáculos à investigação policial. Na ocasião, a Polícia Federal requereu até mesmo a busca de documentos que tivessem

---

[445] BRASIL. Superior Tribunal Federal. *Quinta extensão na Reclamação n. 36.542*. Relator: Min. Gilmar Mendes, j. 28.10.2019.

[446] Conforme representação policial encartada nos autos de n. 5035691-26.2019.4.04.7000, e que instruiu pedido de extensão da Reclamação n. 36.542 julgada pelo STF.

referência ao advogado criminalista Marcio Thomaz Bastos, já falecido à época.

A ofensiva de criminalização da advocacia pela Operação Lava Jato teve como antepassado próximo as perseguições contra advogados durante a ditadura, enunciando o perfil autoritário da investigação, ainda que oculto sob alegações de suspeita de obstrução de justiça.

O STF, ao apreciar um destes casos, determinou a concessão de ordem de *habeas corpus* de ofício para trancamento da investigação contra profissional que atuou em favor de empresa investigada na operação, anotando que

> foi contratado na qualidade de advogado, tendo atuado no espectro do livre exercício da advocacia, sem indícios suficientes de prática de qualquer conduta típica, especialmente de obstrução de justiça, que justifique a manutenção das investigações em seu desfavor.[447]

A referida decisão aproveitou para sustentar o papel essencial da advocacia no Estado Democrático de Direito, pontuando da doutrina que:

> Na atualidade o sentido nacional do termo advogado/advocacia se fixou na garantia de representação argumentativa capaz de comprovar fatos, atos ou posições que permitam o exercício de direitos ou que impeçam o Estado de impor força contra o indivíduo representado, no caso brasileiro, em regra, quando em juízo, representado por um advogado habilitado.[448]

---

[447] BRASIL. Superior Tribunal Federal. *Sexta extensão na Reclamação n. 36.542*. Relator: Min. Gilmar Mendes, j. 19.12.2019.

[448] CANOTILHO, J. J. Gomes; MENDES, Gilmar Ferreira; SARLET, Ingo Wolfgang; STRECK, Lenio Luiz. (Coord.). *Comentários à Constituição do Brasil*. 2ª ed. São Paulo: Saraiva, 2018, p. 1662.

CAPÍTULO III – A EXCEÇÃO À ESPREITA NAS FÓRMULAS...

Desta feita, em hipóteses específicas, a Operação Lava Jato submeteu advogados a investigações ilegais e medidas abusivas. Os advogados foram, na realidade, intimidados justamente porque realizam o exercício da advocacia como *munus* público, do qual decorre a função de obstar a atuação tirânica de quem detém poder, inclusive no caso desta atuação originar-se de membros do sistema de justiça com aptidão ao papel da personagem Dick, em *Henrique VI*, de Shakespeare.

3.7.6 Competência da justiça federal em casos eleitorais

A competência para o julgamento de casos da Operação Lava Jato é dos temas mais polêmicos que atingiram a operação. As regras de competência criminal são minuciosas, envolvendo parâmetros para determinar a qual órgão do judiciário deve um procedimento ser encaminhado e qual instância é competente para apreciar.

Estas regras foram subvertidas em diversas situações, com objetivo de contemplar uma "ação estratégica para se esquivar da incidência dos preceitos legais, em busca de resultados para a operação".[449]

Embora todas as questões sobre competência tenham um interesse histórico para deixar registrada a forma de proceder da comentada operação, no presente estudo é relevante chamar atenção a uma das questões debatidas sobre a competência, que particularmente permite observar a tentativa de suspender disposições legais que não se alinhavam aos interesses da operação: o embate sobre qual justiça deveria julgar os processos da Operação Lava Jato em

---

[449] RODRIGUES, Fabiana Alves. *Lava jato*: aprendizado institucional e ação estratégica na Justiça. São Paulo: WMF Martins Fontes, 2020, p. 222.

que concorriam a apreciação de fatos tipificados na lei de crimes eleitorais e crimes comuns, a Justiça Federal ou a Justiça Eleitoral?

No caso de fatos investigados em um mesmo contexto incluírem crimes eleitorais e delitos comuns, considerado o princípio da especialidade, tem-se caracterizada a competência da justiça especializada. Assim, quando se verifica a suspeita de crimes eleitorais, o órgão judicante dedicado à lei eleitoral prevalece sobre os demais e é o competente para o julgamento dos delitos e, porquanto conexos, também dos crimes comuns.

O regramento de competência da Justiça Eleitoral decorre do art. 35, inc. II, do Código Eleitoral, que firma a competência dos juízes eleitorais para "processar e julgar os crimes eleitorais e os comuns que lhe forem conexos", e do art. 78, inc. IV, do CPP, ao confirmar que para determinar competência por conexão deve ser atendida a regra pela qual prevalecerá a jurisdição especial quando esta concorrer com a jurisdição comum.

De outro lado, a competência criminal da Justiça Federal, nos termos do art. 109, IV, da CF/88, ressalva, expressamente, a competência da Justiça Eleitoral ao estabelecer que compete aos juízes federais julgar os crimes políticos e as infrações penais praticadas em detrimento de bens, serviços ou interesse da União ou de suas entidades autárquicas ou empresas públicas, excluídas as contravenções e ressalvada a competência da Justiça Militar e da Justiça Eleitoral.

Ou seja, a ampla competência residual para crimes federais não envolve delitos eleitorais, pois há órgão dedicado ao assunto.

À evidência dos dispositivos referidos, a interpretação sistêmica das regras de competência afasta da Justiça Comum e da Justiça Federal os crimes tipificados na lei eleitoral, porquanto são justiças residuais em confronto com a jurisdição especializada. E, ainda,

CAPÍTULO III – A EXCEÇÃO À ESPREITA NAS FÓRMULAS...

ocorrendo conexão com crimes comuns subsiste a competência da Justiça Eleitoral em relação a todos os delitos.[450]

O raciocínio quanto à divisão de competência foi desafiado por discussões realizadas no âmbito de procedimentos relacionados à Operação Lava Jato perante a Corte Constitucional, nos quais se pretendeu que crimes eleitorais e crimes comuns fossem cindidos, apesar das regras de competência, para que à Justiça Eleitoral fossem remetidos uma fração dos fatos investigados, enquanto outra fração fosse encaminhada à Justiça Comum ou à Justiça Federal, a depender do interesse ou não da União.

Quando a primeira turma do STF foi chamada a debater o assunto, no Inquérito n. 4.435, a Procuradoria-Geral da República (PGR) enunciou o motivo pelo qual a acusação pretendia acrescer à competência da Justiça Federal em detrimento da Justiça Eleitoral – intenção de ordem "prática", dada a "ausência de aparelhamento

---

450 Este entendimento é igualmente confirmado pela jurisprudência consolidada, como demonstra decisão da Corte Constitucional em Conflito de Competência de 1996: "1. Não há conflito de jurisdição ou de competência entre o Tribunal Superior Eleitoral, de um lado, e o Tribunal Regional Federal, de outro, se, no primeiro, está em andamento Recurso Especial contra acórdão de Tribunal Regional Eleitoral, que determinou investigação judicial para apuração de ilícitos eleitorais previstos no art. 22 da Lei de Inelegibilidades; e, no segundo, isto é, no T.R.F., foi proferido acórdão denegatório de 'Habeas Corpus' e confirmatório da competência da Justiça Federal, para processar ação penal por crimes eleitorais e conexos. 2. Sobretudo, em se verificando que tais julgados trataram de questões, de partes e de finalidades inteiramente distintas. 3. É caso, pois, de não se conhecer do Conflito, por inexistente. 4. Em se verificando, porém, que há processo penal, em andamento na Justiça Federal, por crimes eleitorais e crimes comuns conexos, é de se conceder 'Habeas Corpus', de ofício, para sua anulação, a partir da denúncia oferecida pelo Ministério Público federal, e encaminhamento dos autos respectivos à Justiça Eleitoral de 1ª instância, a fim de que o Ministério Público, oficiando perante esta, requeira o que lhe parecer de direito. 5. Conflito de Competência não conhecido. "Habeas Corpus" concedido de ofício, para tais fins" (BRASIL. Supremo Tribunal Federal. *Conflito de Competência n. 7033*. Relator: Min. Sydney Sanches, j. 29.11.1996).

da Justiça Eleitoral". O relatório do acórdão que afetou a matéria ao plenário da Corte Constitucional sintetiza o quanto sustentou a PGR:

> Sustenta a inaplicabilidade do artigo 78, inciso IV, do Código de Processo Penal, preconizando a repartição da atribuição, no caso, entre a Justiça Eleitoral e a Federal. Afirma a taxatividade da competência da Justiça Federal, definida constitucionalmente – artigo 109, inciso IV, da Lei Maior – dizendo-a material absoluta. Diz não incidir o artigo 35, inciso II, do Código Eleitoral. Alega argumentação de ordem prática, frisando a ausência de aparelhamento da Justiça Eleitoral para processar e julgar delitos de alta complexidade, como os relacionados à Operação Lava Jato.[451]

Convém repetir o argumento que objetivava a inaplicação dos dispositivos quanto à competência da Justiça Eleitoral: esta seria menos aparelhada[452] do que a Justiça Federal para processar os casos relacionados à Operação Lava Jato. O argumento se assemelha à noção de estado de exceção, tal como formulada por Carl Schmitt, isto é, tende a decidir sobre a exceção e suspender a ordem jurídica vigente como exercício de soberania, substituindo a ordem jurídica pela vontade da autoridade.

---

[451] BRASIL. Supremo Tribunal Federal. *Questão de Ordem no Quarto Agravo Regimental n. 4435*, j. 20.11.2018.

[452] O voto do Ministro Alexandre de Morais quanto ao mérito do debate referiu ao argumento que atacou o prestígio da Justiça Eleitoral e buscava a desqualificação desta: "membros da Justiça Eleitoral foram tratados com total desprezo. Não é possível continuar assim. Não é possível uma única pessoa ou um único grupo achar que é dono da verdade, achar que a corrupção só se combate ou só se iniciou a combater enquanto eles exercem as funções, desprezando todos os seus colegas, milhares de colegas promotores de justiça estaduais, milhares de juízes de diversas justiças. Não existe, Senhor Presidente – e algumas pessoas ainda não entenderam –, salvadores da pátria, não existem vigilantes mascarados, o que leva o país a avançar é o fortalecimento institucional" (BRASIL. Supremo Tribunal Federal. *Quarto Agravo Regimental n. 4435*, voto do Min. Alexandre de Moraes, j. 13.03.2019).

CAPÍTULO III – A EXCEÇÃO À ESPREITA NAS FÓRMULAS...

Nota-se que, no caso, trata-se de um exercício de soberania praticado pelo sistema de justiça, que argumenta sua vontade política em torno da premissa de que a Justiça Federal, embora não seja competente, seria mais eficiente para o combate à corrupção na forma vislumbrada pelos responsáveis pela Operação Lava Jato. É dizer que a suspensão da lei que define a competência atende aos interesses dos agentes públicos envolvidos na operação, para quem a legalidade deveria ser suplantada e outras formas de enfrentamento à corrupção seriam menos eficazes do que aquela que promoviam.

Pois bem, no julgamento de Agravo Regimental (AgR) no referido Inquérito, o STF se ocupou de responder se é a Justiça Eleitoral o órgão responsável a julgar crimes comuns quando estes forem conexos a crimes eleitorais, respeitando o teor do art. 35, inc. II do Código Eleitoral em conformidade com o art. 109, inc. IV da CF/88, ou declarar a inconstitucionalidade daquele dispositivo infraconstitucional e determinar a separação de fatos em processos envolvendo crimes comuns conexos aos ilícitos eleitorais para o órgão judicante com competência residual, o que implicaria na alteração de competência de diversos procedimentos da Operação Lava Jato.

Em decisão não unânime, prevaleceu o entendimento que assenta a competência da Justiça Eleitoral, incluídos os delitos conexos a ilícitos eleitorais. Destacando-se o voto do Ministro Gilmar Mendes, preciso ao apontar que a interpretação postulante a relativizar a competência da Justiça Eleitoral esbarra na garantia fundamental ao juiz natural, prevista pelo art. 5º, incs. XXXVIII e LIII, da CF/88, onde está previsto que os julgamentos devem ser realizados pela autoridade jurisdicional competente, sendo proibida a designação de juízos ou tribunais de exceção.

O voto do Ministro Gilmar Mendes no comentado Inquérito n. 4435 ressaltou que a reunião de delitos conexos em um procedimento, evitando soluções díspares sobre fatos semelhantes, é tradição constitucional brasileira e a opção do legislador, inclusive em casos de crimes eleitorais conexos a crimes comuns. Nesse sentido, pontua que "as nomas constitucionais e legais sobre a matéria são absolutamente claras. Portanto, eventual mudança na matéria deverá ser realizada pela via própria, ou seja, mediante alteração legal",[453] constando que o Judiciário não deve alterar, pela via interpretativa, as normas de competência estabelecidas, pois estaria exercendo indevido ativismo judicial que afeta a garantia do juiz natural.

Outrossim, é ainda mais relevante notar a percepção aludida durante o julgamento quanto ao objetivo casuístico do argumento que defendia atribuir o processamento de casos à Justiça Federal:

> Ainda que com boas intenções, eventual decisão neste sentido seria casuística, com base em imprecisos argumentos contingenciais que defendem a suposta superioridade da Justiça Federal em detrimento da Justiça Eleitoral para a apuração de crimes comuns e eleitorais, superioridade essa que não encontra correspondência na realidade histórica. Além disso, entende-se que a decisão pela competência da Justiça Federal, nestes casos, visa claramente a atribuir a Juízes e Procuradores bem definidos, no âmbito da operação Lava Jato, a competência para julgar todos os fatos conexos e diretamente relacionados a crimes eleitorais no país, em detrimento das expressas previsões legais.[454]

O discurso de desprestígio da Justiça Eleitoral ou eficiência da Justiça Federal ocultou a tentativa de construir um precedente que serviria a atribuir competência a juízes e procuradores que participavam da condução da Operação Lava Jato, composta por diversos procedimentos em que se confundiam ilícitos eleitorais e crimes comuns, incluindo o crime de corrupção.

---

[453] BRASIL. Supremo Tribunal Federal. *Quarto Agravo Regimental n. 4435*, voto do Min. Gilmar Mendes, j. 13.03.2019.

[454] BRASIL. Supremo Tribunal Federal. *Quarto Agravo Regimental n. 4435*, voto do Min. Gilmar Mendes, j. 13.03.2019.

CAPÍTULO III – A EXCEÇÃO À ESPREITA NAS FÓRMULAS...

Assim, ao concluir pela competência da Justiça Eleitoral para julgar crimes eleitorais e conexos e, portanto, corroborar a recepção pela CF/88 dos dispositivos do CPP e do Código Eleitoral acerca da distribuição da competência, o STF funcionou a impedir uma interpretação autoritária das regras de competência, que poderia ter servido ao propósito de favorecer um juízo de exceção.

3.7.7 O autoritarismo da operação nas conclusões do STF e da ONU

As situações e decisões abordadas até aqui não encerram os exemplos de ilegalidades que se aproximam de comportamentos típicos de regimes de exceção, mas são suficientes para assegurar uma interpretação decisiva sobre o caráter autoritário da Operação Lava Jato.

Além das circunstâncias pormenorizadas, a Operação Lava Jato também tomou providências visando à condenação do Presidente Luís Inácio Lula da Silva e seu afastamento do pleito eleitoral de 2018. Enquanto respondia às acusações formuladas pela operação, Lula foi objeto de condução coercitiva em 4 de março de 2016, foi preso em antecipação da pena pendente de recursos entre 7 de abril de 2018 e 8 de novembro de 2019, sofreu com o vazamento seletivo e estratégico de interceptações telefônicas determinadas por autoridade incompetente e fora do período autorizado para captação, todo o escritório de advocacia que o defendia foi submetido a interceptação telefônica[455] e a instrução processual foi conduzida por magistrado parcial, que também o julgou.

---

[455] Sobre as interceptações telefônicas realizadas fora do período determinado pelo Judiciário e que tiveram o sigilo levantado, resultando em divulgação midiática que comprometeu o Direito Constitucional à intimidade e a garantia ao sigilo das comunicações, anota-se que a situação foi levada à Corregedoria da Justiça Federal e apreciada pela Corte Especial Administrativa do Tribunal Regional da 4ª Região. O tribunal entendeu por não aplicar infração disciplinar ao magistrado responsável

Conforme expõe Juarez Cirino dos Santos em *Como defendi Lula na Lava-Jato*,[456] a realidade do processo contra Luís Inácio Lula da Silva é de uma aparência meramente formal de processo criminal, e materialmente vincula-se à motivação político-partidária daqueles processos penais, orientados a objetivos estratégicos e às forças opressivo-repressoras neles atuantes. É, na verdade, a utilização de processos penais como instrumento judicial de luta pelo poder por meio do sistema de justiça.

Nas palavras do próprio Luis Inácio Lula da Silva, em prefácio que redigiu ao livro *Bem-vindos ao Lawfare*!, de Eugenio Raúl Zaffaroni, Cristina Caamaño e Valeria Weis, a pretexto de combate a corrupção, violou-se o princípio do devido processo legal e as garantias constitucionais dos acusados e os tribunais tornaram-se o lugar em que os derrotados nas urnas tentam sobrepor

---

à época pelas decisões no âmbito da Operação Lava Jato que ofenderam o direito fundamental ao sigilo. O voto, redigido pelo Des. Rômulo Pizzolatti, oferece comprovação de que decisões da Operação seguiram a lógica autoritária da suspensão do Direito em ocasiões específicas de exceção ao afirmar que "regras jurídicas só podem ser corretamente interpretadas à luz dos fatos a que se ligam e de todo modo verificado que incidiram dentro do âmbito da normalidade por elas abrangido. É que a norma jurídica incide no plano da normalidade, não se aplicando a situações excepcionais". E prossegue, "é sabido que os processos e investigações criminais decorrentes da chamada 'Operação Lava Jato", sob a direção do magistrado representado, constituem caso inédito (único, excepcional) no Direito brasileiro. Em tais condições, neles haverá situações inéditas, que escaparão ao regramento genérico destinado aos casos comuns" (BRASIL. Tribunal Regional Federal da 4ª Região. *P. A. Corte Especial n. 0003021-32.2016.4.04.8000*. Rel. Des. Rômulo Pizzolatti, j. 22.09.2016). Anota-se que a referência à excepcionalidade na decisão significa suspensão pontual da ordem jurídica e exemplifica a ocorrência de autoritarismo líquido, eis que corresponde a aplicação de um regramento jurídico inédito que serve apenas ao caso concreto e, portanto, uma medida de exceção que ignora o Estado Democrático de Direito.

456 SANTOS, Juarez Cirino dos. *Como defendi Lula na Lava-Jato*. Florianópolis: Empório do Direito, 2017, p. 7.

CAPÍTULO III – A EXCEÇÃO À ESPREITA NAS FÓRMULAS...

os interesses à soberania popular. Com assertividade, Lula afirma que a aplicação da Lei Penal e o uso do Poder Judiciário tem sido empregados na América Latina em uma guerra jurídica para fins ilegítimos, tendo sido promovida a corrupção à categoria de "mal cósmico", identificando-a como a origem e causa de todos os males, e alerta "ninguém aprova governantes corruptos. Mas o combate à corrupção é apenas o pretexto de que se valem para atacar governos legitimamente eleitos pelo voto popular".[457]

É de se destacar do prefácio escrito pelo Presidente Lula a identificação do método utilizado para perseguir a referida guerra jurídica, em referência ao instrumental que recorre a práticas autoritárias:

> a imprensa politicamente comprometida cria um fato e o divulga amplamente (uma mentira contada mil vezes torna-se "verdade"); com base apenas nesta notícia forjada a polícia judiciária dá início a uma investigação; o Ministério Público sai em busca de elementos que possam sustentar uma acusação formal; mesmo não havendo qualquer indício de prova, a denúncia é oferecida, muitas vezes, como já ocorreu no Brasil, sob a afirmação de que "não tenho prova, mas tenho convicção". Depois, "basta identificar alguns juízes dispostos a colaborar", em busca do estrelato ou até mesmo de vantagens pessoais. A vida privada e a intimidade dos acusados são expostas diariamente com os *vazamentos*, nome inadequado para a criteriosa escolha dos fatos que são intencionalmente repassados para os parceiros da mídia, especialmente para a televisão. Na impossibilidade de se provar o que não aconteceu, recorre-se às escutas telefônicas ilegais, conduções coercitivas e prisões preventivas, de acusados e de seus familiares, como meios para obter a delação premiada do arrependido

---

[457] SILVA, Luís Inácio Lula da. "Prefácio". *In*: ZAFFARONI, Eugenio Raúl; CAAMAÑO, Cristina; WEIS, Valeria Vegh. *Bem-vindos ao Lawfare!* Manual de passos básicos para demolir o Direito Penal. Trad. Rodrigo Barcellos e Rodrigo Murad Prado. São Paulo: Tirant Lo Blanch, 2021, p. 9.

(como são chamados nos países de língua espanhola queles que "são capazes de inventar qualquer situação para obter um benefício"): a própria liberdade e, pelo menos no caso do Brasil. Arrancada a delação, mesmo sem qualquer prova, o réu delatado é condenado por um juízo de evidência e, se não ficar demonstrado o fato que lhe foi imputado, recorre-se à esdrúxula categoria do fato indeterminado. Para completar o circo basta que a sentença condenatória seja confirmada por um tribunal igualmente parcial.[458]

A ilegalidade dessas situações ocorridas no âmbito da Operação Lava Jato é conclusão oriunda tanto do STF quanto do Comitê de Direitos Humanos da ONU.

A ONU, por meio do Comitê de Direitos Humanos que fiscaliza o cumprimento do Pacto Internacional de Direitos Civis e Políticos de 1966, tratado internacional que integra o ordenamento jurídico brasileiro conforme Decreto n. 592/1992, apreciou o tratamento jurisdicional aplicado a Luís Inácio Lula da Silva na condição de acusado pela Operação Lava jato, em decisão de 27 de março de 2022.

O comitê, composto por dezessete juízes que não possuem vínculo com os procedimentos, oferendo uma visão externa e desinteressada com foco no tratado internacional de Direitos Humanos, concluiu, com apenas dois julgadores em dissenso, pela condenação do Brasil por violações aos artigos do Pacto Internacional de Direitos Civis e Políticos que discorrem sobre direito à liberdade,[459] acesso à

---

[458] SILVA, Luís Inácio Lula da. "Prefácio". *In*: ZAFFARONI, Eugenio Raúl; CAAMAÑO, Cristina; WEIS, Valeria Vegh. *Bem-vindos ao Lawfare*! Manual de passos básicos para demolir o Direito Penal. Trad. Rodrigo Barcellos e Rodrigo Murad Prado. São Paulo: Tirant Lo Blanch, 2021, p. 10.

[459] "Decreto n. 592/1992; art. 9.1. Toda pessoa tem direito à liberdade e à segurança pessoais. Ninguém poderá ser preso ou encarcerado arbitrariamente. Ninguém poderá ser privado de sua liberdade, salvo pelos motivos previstos em lei e em conformidade com os

CAPÍTULO III – A EXCEÇÃO À ESPREITA NAS FÓRMULAS...

justiça e devido processo legal,[460] presunção de inocência,[461] direito à vida privada[462] e direito à participação política.[463]

Em conclusão, o comitê da ONU determinou que o Estado Brasileiro efetivasse reparações àqueles que tiveram seus direitos violados, assegurasse o devido processo legal em procedimentos

---

procedimentos nela estabelecidos" (BRASIL. *Decreto n. 592*, de 6 de julho de 1992. Disponível em: http://www.planalto.gov.br/ccivil_03/decreto/1990-1994/d0592.htm. Acessado em: 28.01.2023).

[460] "Decreto n. 592/1992; art. 14.1. Todas as pessoas são iguais perante os tribunais e as cortes de justiça. Toda pessoa terá o direito de ser ouvida publicamente e com as devidas garantias por um tribunal competente, independente e imparcial, estabelecido por lei, na apuração de qualquer acusação de caráter penal formulada contra ela ou na determinação de seus direitos e obrigações de caráter civil" (BRASIL. *Decreto n. 592*, de 6 de julho de 1992. Disponível em: http://www.planalto.gov.br/ccivil_03/decreto/1990-1994/d0592.htm. Acessado em: 28.01.2023).

[461] "Decreto n. 592/1992; art. 14.2. Toda pessoa acusada de um delito terá direito a que se presuma sua inocência enquanto não for legalmente comprovada sua culpa" (BRASIL. *Decreto n. 592*, de 6 de julho de 1992. Disponível em: http://www.planalto.gov.br/ccivil_03/decreto/1990-1994/d0592.htm. Acessado em: 28.01.2023).

[462] "Decreto n. 592/1992; art. 17.1. Ninguém poderá ser objeto de ingerências arbitrárias ou ilegais em sua vida privada, em sua família, em seu domicílio ou em sua correspondência, nem de ofensas ilegais às suas honra e reputação; e, art. 17.2. Toda pessoa terá direito à proteção da lei contra essas ingerências ou ofensas" (BRASIL. *Decreto n. 592*, de 6 de julho de 1992. Disponível em: http://www.planalto.gov.br/ccivil_03/decreto/1990-1994/d0592.htm. Acessado em: 28.01.2023).

[463] "Decreto n. 592/1992; art. 25. Todo cidadão terá o direito e a possibilidade, sem qualquer das formas de discriminação mencionadas no art. 2º e sem restrições infundadas: a) de participar da condução dos assuntos públicos, diretamente ou por meio de representantes livremente escolhidos; b) de votar e de ser eleito em eleições periódicas, autênticas, realizadas por sufrágio universal e igualitário e por voto secreto, que garantam a manifestação da vontade dos eleitores; c) de ter acesso, em condições gerais de igualdade, às funções públicas de seu país" (BRASIL. *Decreto n. 592*, de 6 de julho de 1992. Disponível em: http://www.planalto.gov.br/ccivil_03/decreto/1990-1994/d0592.htm. Acessado em: 28.01.2023).

criminais e assumisse cautelas necessárias para prevenir violações similares no futuro:

> 9. O Comitê de Direitos Humanos, agindo de acordo com o artigo 5 (4) do Protocolo Facultativo ao Pacto Internacional sobre Direitos Civis e Políticos, é de opinião que os fatos apresentados revelam violações dos artigos 9 (1), 14 (1) e (2), 17, e artigo 25 (b). O Comitê também é da opinião que os fatos apresentados revelam uma violação do artigo 1 do Protocolo Facultativo ao Pacto. 10. De acordo com o artigo 2 (3) (a) do Pacto, o Estado Parte tem a obrigação de fornecer ao autor a efetiva remediação das violações. Isso requer que a reparação total seja feita aos indivíduos cujos direitos do Pacto foram violados. Assim, o Estado Parte é obrigado, entre outras coisas, a assegurar que o processo penal contra o autor cumpra todas as garantias do devido processo legal estabelecidas no artigo 14 do Pacto. O Estado Parte também tem a obrigação de tomar todas as medidas necessárias para evitar que violações semelhantes ocorram no futuro.[464]

---

[464] Do original: "9. *The Human Rights Committee, acting under article 5 (4) of the Optional Protocol to the International Covenant on Civil and Political Rights, is of the view that the facts before it disclose violations of articles 9 (1), 14 (1) and (2), 17, and article 25 (b). The Committee is also of the view that the facts before it disclose a violation of article 1 of the Optional Protocol to the Covenant. 10. In accordance with article 2 (3) (a) of the Covenant, the State party is under an obligation to provide the author with an effective remedy. This requires that full reparation be made to individuals whose Covenant rights have been violated. Accordingly, the State party is obligated, inter alia, to ensure that the criminal proceedings against the author comply with all the due process guarantees set out in article 14 of the Covenant. The State party is also under an obligation to take all steps necessary to prevent similar violations from occurring in the future*". A decisão do comitê da ONU pode ser acessada na página do órgão internacional (UNITED NATIONS. *UN Treaty Body Database*. CCPR/C/134/D/2841/2016. Disponível em: https://tbinternet.ohchr.org/_layouts/15/treatybod-yexternal/Download.aspx?symbolno=CCPR%2FC%2F134%2FD%-2F2841%2F2016&Lang=en. Acessado em: 28.01.2023).

CAPÍTULO III – A EXCEÇÃO À ESPREITA NAS FÓRMULAS...

No Brasil, em 2021, o STF constatou a incompetência do juízo federal onde tramitou o procedimento contra o Presidente Luis Inácio Lula da Silva no julgamento do AgR no *habeas corpus* n. 193.726,[465] e a parcialidade do magistrado que o condenou em primeira instância, conforme o julgamento do *habeas corpus* n. 164.493.[466]

Do julgamento que reconheceu a suspeição do magistrado alinhado à Operação Lava Jato é significativo trecho do voto redigido pelo Ministro Gilmar Mendes, no qual alude às práticas autoritárias que se opuseram aos direitos e garantias fundamentais estabelecidas constitucionalmente:

> Anseio que os alicerces deste julgado sejam fortes o suficiente para marcar o fim de um trágico ciclo histórico de reprodução de práticas autoritárias que pretendiam substituir a estrutura

---

[465] "5. No âmbito da 'Operação Lava Jato', a competência da 13ª Vara Federal da Subseção Judiciária de Curitiba é restrita aos crimes praticados de forma direta em detrimento apenas da Petrobras S/A. 6. Na hipótese, restou demonstrado que as condutas atribuídas ao paciente não foram diretamente direcionadas a contratos específicos celebrados entre o Grupo OAS e a Petrobras S/A, constatação que, em cotejo com os já estudados precedentes do Plenário e da Segunda Turma do Supremo Tribunal Federal, permite a conclusão pela não configuração da conexão que autorizaria, no caso concreto, a modificação da competência jurisdicional" (BRASIL. Supremo Tribunal Federal. *Ag Reg. no habeas corpus n. 193.726*, Rel. Min. Edson Fachin, j. 15.04.2021).

[466] "3. Imparcialidade como pedra de toque do processo penal. A imparcialidade judicial é consagrada como uma das bases da garantia do devido processo legal (...) 4. Antecedentes da biografia de um Juiz acusador. O STF já avaliou, em diversas ocasiões, alegações de que o ex-magistrado Sergio Fernando Moro teria ultrapassado os limites do sistema acusatório (...) 6. Existência de 7 (sete) fatos que denotam a parcialidade do magistrado. As alegações suscitadas neste HC são restritas a fatos necessariamente delimitados e anteriores à sua impetração (...) 7. Ordem de habeas corpus concedida. O reconhecimento da suspeição do magistrado implica a anulação de todos os atos decisórios praticados pelo magistrado" (BRASIL. Supremo Tribunal Federal. *Habeas Corpus* n. 164.493. Rel. Min. Gilmar Mendes, j. 23.03.2021).

constitucional do sistema de proteção de direitos por um modelo estruturado de sua abnegação, baseado na promoção de personalidades heroicas maiores que o Estado, que substituía o ser humano pelo projeto individual de poder.[467]

O reconhecimento da parcialidade do juiz que julgava os procedimentos da Operação Lava Jato em Curitiba, inclusive aqueles do Presidente Luís Inácio Lula da Silva, teve como premissa a maneira como o magistrado assumiu a tarefa de investigar e se colocar na condição de agente de segurança pública ou de combate à corrupção, inclusive em termos ideológicos. Nessas condições, o juiz foge de sua posição legitimamente demarcada no campo processual penal e acaba por se unir ao polo acusatório, desequilibrando de modo incontornável a balança da paridade de armas na justiça criminal.

Ainda sobre o impacto do comentado julgamento quanto ao modelo de combate à corrupção perpetrado pela Operação Lava Jato, consignou-se a preocupação de vigiar práticas de combate ao crime que desvirtuem o Estado de Direito:

> Não podemos aceitar que o combate à corrupção se dê sem limites. Não podemos aceitar que ocorra a desvirtuação do próprio Estado de Direito. Não podemos aceitar que uma pena seja imposta pelo Estado de modo ilegítimo. Não podemos aceitar que o Estado viole as suas próprias regras.[468]

O discurso anticorrupção como instrumento de um processo judicial autoritário é igualmente abordado em Reclamação julgada pelo Ministro Dias Toffoli em 2023, quando afirmou-se que o controverso combate à corrupção pela Operação Lava Jato constituiu

---

[467] BRASIL. Supremo Tribunal Federal. *Habeas Corpus* n. 164.493. Relator: Min. Gilmar Mendes, j. 23.03.2021.

[468] BRASIL. Supremo Tribunal Federal. *Habeas Corpus* n. 164.493. Relator: Min. Gilmar Mendes, j. 23.03.2021.

CAPÍTULO III – A EXCEÇÃO À ESPREITA NAS FÓRMULAS...

um *cover-up*, uma falácia para encobrir a substituição do Direito por vontade política:

> Aqui não se está a dizer que no bojo da mencionada operação não tenha havido investigação de ilícitos verdadeiramente cometidos, apurados e sancionados, mas, ao fim e ao cabo, o que esta Reclamação deixa evidente é que se utilizou um *cover-up* de combate à corrupção, com o intuito de levar um líder político às grades, com parcialidade e, em conluio, forjando-se "provas".[469]

Mais ainda, a decisão proferida pela Corte Constitucional em 2023, além de identificar a prisão do presidente Luiz Inácio Lula da Silva como "um dos maiores erros judiciários da história do país", também ofereceu fundamentação que bem poderia ser considerada o início de uma definição de autoritarismo líquido via sistema de justiça ao entender que a Operação Lava Jato se utilizou de meios legais na aparência que, na prática, significaram a suspensão estratégica e temporária de direitos, normalizaram um estado de exceção permanente e colocaram em risco as instituições democráticas:

> Tratou-se de uma armação fruto de um projeto de poder de determinados agentes públicos em seu objetivo de conquista do Estado por meios aparentemente legais, mas com métodos *contra legem*. Digo sem medo de errar, foi o verdadeiro ovo da serpente dos ataques à democracia e às instituições que já se prenunciavam em ações e vozes desses agentes contra as instituições e ao próprio STF.[470]

---

[469] BRASIL. Superior Tribunal Federal. *Reclamação* n. 43.007. Relator: Min. Dias Toffoli, j. 6.9.2023.

[470] BRASIL. Superior Tribunal Federal. *Reclamação* n. 43.007. Relator: Min. Dias Toffoli, j. 6.9.2023.

Fica evidenciado que as diversas e sistemáticas mitigações de garantias processuais dos cidadãos em que procedimentos persecutórios reunidos sob a alcunha Operação Lava Jato, focados supostamente no combate à corrupção, são manifestações de uma fragilização do Estado de Direito, uma zona de inaplicação de direitos fundamentais e de garantias judiciais que marcam um espaço de exceção no interior da democracia.

É o que se apresenta como o paradigma autoritário na contemporaneidade, a demonstração do autoritarismo líquido, caracterizado pela prática de medidas de exceção, diluídas e fragmentadas na rotina democrática com o propósito de camuflar seu conteúdo tirânico em um verniz fraudulento de legalidade, nos termos assentados por Serrano e Lacerda ao relacionar processos de exceção, como aqueles procedimentos penais gestados pela Operação Lava Jato, e a formulação do autoritarismo líquido:

> O autoritarismo líquido se oculta em um jogo de aparências encenado pela mediação do conteúdo tirânico com as formas democráticas. Nesse contexto, o processo penal deixa de ser uma garantia da pessoa contra o poder penal e passa a ser uma arma de guerra manipulada pelos setores hegemônicos que controlam a burocracia estatal. Essa estratégia bélica é justificada pela retórica eficientista do direito penal, assumindo-se o processo penal de exceção como a forma jurídica pela qual o truque ilusório é encenado no espetáculo midiático.[471]

A Operação Lava Jato, com seu discurso anticorrupção inflamado, levou à deturpação de aspectos fundantes do Estado de Direito. Desnecessário dizer da importância do Estado opor-se ao crime de corrupção e comportamentos que mercantilizem a política,

---

[471] SERRANO, Pedro Estevam Alves Pinto; LACERDA, Fernando Hideo. "Operação Lava Jato e o processo penal de exceção". *In*: RAMOS FILHO, Wilson *et al*. *Relações obscenas*: as revelações do Intercept/ BR. São Paulo: Tirant lo blanch, 2019, p. 129.

CAPÍTULO III – A EXCEÇÃO À ESPREITA NAS FÓRMULAS...

porém, o enfrentamento deve atender aos direitos fundamentais do homem, sob pena de se tornar manifestação de tirania. Verifica-se dos elementos autoritários presentes em momentos diversos dos registros da Operação Lava Jato a condução do sistema de justiça através de um caminho em que o combate à corrupção subverteu direitos que distinguem o Estado de Direito dos regimes de exceção.

Foi esta, aliás, a maneira pela qual a Operação Lava Jato fez uso do sistema de Justiça na realização de processos penais de exceção:

> O sistema de justiça criminal, o qual é composto por vários agentes estatais (Judiciário, Ministério Público, Delegados de Polícia e Polícia, especialmente), com o apoio fundamental da mídia, tornou-se o autor soberano de medidas de exceção. Na referida concepção, a lógica do lícito-ilícito própria do Direito é superada por uma jurisdição de exceção. A jurisdição de exceção caracteriza-se por uma provisoriedade inerente, pois não trata de extinguir o Direito, mas de suspendê-lo em situações específicas.[472]

Quem investiga tem de observar os limites do Estado de Direito, que não é compatível com o combate à corrupção por agentes públicos que ignoram princípios constitucionais como a presunção de inocência, ameaçam investigados exigindo delações, fazem acordos de colaboração abusivos, pretendem a realização dos processos em regras especialmente desenhadas a casos específicos, cerceiam a defesa e perseguem os defensores dos acusados. Estas condutas por agentes do Estado são, por sua vez, criminosas. Representam, fatalmente, o emprego de mecanismos do autoritarismo típicos de exceção que surgem inseridos no interior da democracia como técnica de governo.

---

[472] SERRANO, Pedro Estevam Alves Pinto; BONFIM, Anderson Medeiros; SERRANO, Juliana Salinas. "Imparcialidade, autoritarismo líquido e exceção na Operação Lava Jato". *Revista Direitos Democráticos & Estado Moderno*, São Paulo, Faculdade de Direito da PUC-SP, nº 2, jan./jun. 2021, p. 43.

As várias decisões do STF, em que se pronunciou sobre abusos dos agentes responsáveis pela Operação Lava Jato, somadas à decisão do Comitê de Direitos Humanos da ONU, que identificou as ilegalidades do Estado no processo penal desenvolvido com base na operação, puderam demonstrar que a persecução empreendida foi além de meras inconstitucionalidades, despontou, na realidade, como práticas autoritárias por meio de medidas de exceção desenvolvidas a sistematicamente substituir o Direito, em casos selecionados pelos agentes públicos sob o discurso de combate à corrupção, por um poder político que desafia os poderes legítimos do Estado.

A crítica da Operação Lava Jato sob o prisma dos direitos civilizatórios faz perceber manifestações autoritárias diluídas na rotina democrática, cuja manutenção se perpetuou no tempo por um período suficiente a permitir a constatação de que se criaram zonas em que o Direito era suspenso em atenção a objetivos políticos. Constituiu, portanto, na espécie de autoritarismo que se amolda a situação diversas e flui entre a permanência de direitos que não pretende atingir, perfazendo o autoritarismo na sua forma líquida.

CONSIDERAÇÕES FINAIS:

LIÇÕES APREENDIDAS

A democracia não é um projeto concluído; alcançá-la no texto constitucional é insuficiente e não permite descanso. O repouso daqueles que deram a vida na luta por liberdade e igualdade durante a História é menos tranquilo do que seria esperado no período de Estado Democrático de Direito pós-experiências autoritárias do século XX. As formas de negar direitos para realização de projetos políticos às margens dos direitos naturais, em desrespeito a direitos humanos, simplesmente evoluiu.

Os direitos civis, políticos, garantias fundamentais e valores democráticos são resultado da imposição de limites ao poder soberano na construção de um Estado de Direito, tendo tomado forma com as revoluções burguesas e liberais. A defesa pela observância de direitos em contraposição à concretização de práticas autoritárias e o Estado de Direito em conflito com a tendência a um estado de exceção é, contudo, permanente.

O autoritarismo na contemporaneidade subsiste, não meramente em ilegalidades ou inconstitucionalidades pontuais, mas em sistemáticas ofensas ao Estado Democrático de Direito, sem que este sofra uma ruptura. As formas autoritárias que permeiam o campo social, político e jurídico não mais buscam a substituição do Estado de Direito por um Estado formatado como regime de exceção. O autoritarismo contemporâneo é dissimulado, oculto, mas suficiente a se fazer presente em situações estratégicas para assegurar a sobreposição do poder político acima do Direito em favor de interesses daqueles que detêm a soberania, ainda que uma soberania diluída nos poderes do Estado, à maneira de um estado de exceção permanente.

É o que se identifica sob o modelo teórico do autoritarismo líquido, correspondente a um mecanismo sofisticado de autoritarismo em que medidas de exceção são fragmentadas na rotina democrática e camuflam seu conteúdo tirânico adaptando-se a moldes que lhe dão a aparência de legalidade.

Diversos pensadores corroboram, com abordagens específicas, com a noção de que o autoritarismo contemporâneo subsiste como técnicas de governo capazes de mitigar direitos e subverter a democracia; todos estão abrangidos na percepção da ocorrência de autoritarismo na forma líquida. Mais ainda, a observação da realidade permite constatar a ocorrência do modelo teórico, o que é conferido na proximidade entre discursos anticorrupção e práticas autoritárias.

O combate à corrupção serviu, historicamente, como argumentação que precedeu a instalação de regimes de exceção, circunstância que recomenda cautela na persecução do crime contra a Administração Pública. Evidentemente, é necessário tratamento legal para realização do enfrentamento da corrupção, devendo atender aos limites legais que constituem o Estado de Direito. Fatalmente, o discurso de combate à corrupção cego à prudência que deve acompanhar a aplicação do Direito tem potencial para degenerar as interpretações sobre a aplicação da legislação e, assim, vulnerar garantias fundamentais, valores democráticos e desativar a estrutura do Estado de Direito.

CONSIDERAÇÕES FINAIS – LIÇÕES APREENDIDAS

No contexto do autoritarismo líquido, este cenário acontece sem que seja perceptível a ruptura do sistema político.

A Lei Anticorrupção brasileira oferece um relevante ponto de inflexão para o alerta sobre o autoritarismo líquido. Uma legislação de natureza conflitiva entre o Direito Administrativo sancionador e o Direito Penal, que ao mesmo tempo em que traz dispositivos que tratam da corrupção a partir de instrumentos e políticas de prevenção, como faz com o incentivo a programas de integridade, contempla-os a partir de uma origem de motivação punitivista; ou seja, é fruto de pressões políticas e estabelece dispositivos vagos que podem ser interpretados para a perseguição de cidadãos, que passam a ser considerados inimigos do Estado, e destes são extraídos garantias e direitos fundamentais inerentes à pessoa humana.

O aprofundamento entre o autoritarismo líquido e os discursos anticorrupção permite verificar na contemporaneidade a presença de uma espécie de estado de exceção na sombra do combate à corrupção orientado por práticas assemelhadas à tirania e conduzido por agentes públicos de personalidade autoritária. A Lei Anticorrupção, com seus dispositivos vagos e imprecisões tendentes à mitigação de direitos fundamentais, é conjugada à interpretação voluntariosa pelo aplicador da lei interessado, que substitui o norte dos valores democráticos por fundamentos de ordem moral comum arbitrariamente selecionados.

Portanto, disto resulta a relevância da constatação acerca do fenômeno do autoritarismo líquido como função essencial das ciências jurídicas em defesa do Estado Democrático de Direito. Em concordância com a perspectiva do jurista Luigi Ferrajoli, o constitucionalismo confere à ciência jurídica um papel que não é mais concebível ou praticável pela mera contemplação ou descrição do Direito vigente, mas circunscreve-se à responsabilidade de investigar criticamente a aplicação do Direito pelo Estado, a fim de projetar técnicas idôneas a superar ou reduzir medidas de governo e interpretações da norma legal hábeis a mitigar as conquistas civilizatórias ou de sobrepujar os limites legais impostos ao poder absolutista e tirânico pelo Estado Democrático de Direito.

Em atenção à lógica pela qual o Direito é orientado a servir como instrumento para coordenar a sociedade, resolver disputas e assegurar a justiça, alinha-se o papel fundamental da ciência jurídica na observação da aplicação do Direito. Para tanto, é pertinente a adaptação de ferramentas para o constrangimento epistemológico de agentes públicos de perfil autoritários e para a oposição ao exercício da soberania de maneira arbitrária, bem como para contrariar técnicas de governo que afrontem os limites do Estado de Direito e normalizem zonas de estado de exceção. Assim, a exemplo do método eleito por Bernd Rüthers, ao elaborar a tese sobre a degeneração do Direito, é possível pretender a elaboração de lições essenciais apreendidas no curso da ponderação entre o autoritarismo contemporâneo e as fórmulas anticorrupção:

Primeira lição: o autoritarismo evolui junto ao aperfeiçoamento do Estado de Direito e do fortalecimento da universalização de direitos fundamentais. Na contemporaneidade, o autoritarismo é líquido e o estado de exceção é permanente, sem que seja declarada ruptura democrática. Este autoritarismo ocorre na rotina democrática com a fluidez dos líquidos; em um momento, funciona devidamente o Estado de Direito, e, em seguida, há a suspensão de direitos a partir de técnicas de governo com conteúdo tirânico sob uma camada superficial de legalidade, retornando-se à aplicação do mesmo Direito em situações diversas. Contempla-se, assim, uma sistemática maré de enfraquecimento dos controles jurídicos e administrativos que impõem limites ao poder absoluto do Estado.

Segunda lição: as medidas de exceção são o instrumental pelo qual o autoritarismo líquido se manifesta no interior da democracia, com a diluição da figura do soberano entre o executivo, legislativo e o sistema de justiça. Cada um dos poderes do Estado serve como receptáculo para o autoritarismo formalmente legítimo que flui e se adequa diante do tratamento de emergências alardeadas, como

CONSIDERAÇÕES FINAIS – LIÇÕES APREENDIDAS

justificativa para medidas excepcionais ou a ressignificação do cumprimento da lei em favor de processos de exceção que se afastam das regras político-jurídicas; esta fluidez das medidas de exceção confere ao modelo contemporâneo de autoritarismo, que se apresenta sob diferentes formatos, a habilidade de ocultar-se e, consequentemente, dificulta a percepção da corrosão do Estado Democrático de Direito.

Terceira lição: discursos de combate à corrupção serviram em diversos momentos da história como catalisadores de movimentos políticos que se tornaram essencialmente autoritários, por isso a observação de discursos e providências com tal perfil autoritário devem ser analisados sob a luz de garantias fundamentais. O enfrentamento à corrupção deve ocorrer, inclusive, por meio do sistema de justiça, mas são mais eficientes as providências de tratamento do crime que se concentram na realização de políticas públicas e envolvimento da sociedade civil, a exemplo dos esforços para desenvolvimento de programas de integridade com fulcro na prevenção e na remediação de delitos que configurem corrupção e condutas antiéticas.

Quarta lição: a Lei Anticorrupção brasileira é a norma que disciplina a responsabilização de pessoas jurídicas por atos lesivos contra a Administração Pública, nascida de um contexto de pressão internacional e atendimento a demandas punitivistas internas. Legislação que, como tema central, institui a responsabilidade objetiva das empresas, de modo que para seu sancionamento é desnecessário apreciar dolo ou culpa na conduta do corruptor. Esta espécie de responsabilidade para a aplicação das pesadas sanções da norma anticorrupção é carente de fundamento e esvazia o devido processo legal, tratando-se da representação de um ideal autoritária via legislação. Ademais, a aplicação da Lei Anticorrupção se entrelaça com a atividade pública de representantes do Estado, sofrendo de potencial para ser manipulada, a fim de atender a interesses políticos, o que transcorre por meio de processos de exceção direcionados à perseguição via acusações de corrupção apresentadas ao sistema de justiça.

Quinta lição: práticas autoritárias costumeiramente apresentam a figura de um inimigo como fundamento para incidência de técnicas que mitigam direitos fundamentais. Dentre os grupos eleitos como inimigos internos do Estado estão os estigmatizados como diferentes e marginalizados da sociedade que pretende a homogeneidade; entre eles, acrescem-se o corrupto e corruptor, que são considerados o inimigo-bandido do colarinho-branco, cuja eliminação justificaria a suspensão temporária e flexibilização de direitos por meio de medidas de exceção.

Sexta lição: o autoritarismo líquido tem como elemento legislativo a hipernomia. O excesso de leis sancionadoras, a textura aberta da linguagem e a vagueza de conceitos jurídicos nas normas legais confere ao agente público responsável pela aplicação destas um poder decisório que supera a lógica do Direito e avança para escolhas fundamentadas na vontade política do intérprete. A Lei Anticorrupção é exemplo de norma maculada de imprecisões que dão margem a aplicações casuísticas baseadas em arbítrios seletivos, prejudicando a segurança jurídica e criando condições para a realização de medidas de exceção com aparência de legalidade.

Sétima lição: discursos anticorrupção, que servem de apoio à aplicação de legislação sancionatória, funcionam como a substituição do Direito a elementos morais, os quais podem levar ao conflito de legitimação do Estado Democrático de Direito. Interpretações das normas legais a partir desse paradigma degeneram o Direito, visando à adequação deste a objetivos autoritários. Assim, sob o pretexto de promover a eficiência do combate ao crime de corrupção, interpretações que favorecem escolhas políticas, em detrimento de princípios e valores do Estado Democrático de Direito, desafiam a integridade do próprio Direito e pavimentam o caminho que leva à reinterpretação das normas e reconfiguram o Estado de Direito em regime de exceção.

REFERÊNCIAS BIBLIOGRÁFICAS

ABBOUD, Georges. *Direito Constitucional pós-moderno*. São Paulo: Thompson Reuters, 2021.

ADORNO, Theodoro W. *Estudos sobre a personalidade autoritária*. Trad. Virginia Helena Ferreira da Costa. São Paulo: Unesp, 2019.

AGAMBEN, Giorgio. *Homo sacer*: o poder soberano e a vida nua I. Trad. Henrique Burigo. Belo Horizonte: Editora UFMG, 2002.

_____. *Estado de exceção*: *Homo sacer*, II. Trad. Iraci Poleti. 2ª ed. São Paulo: Boitempo, 2004.

ANDRADE, André Lozano. *Populismo penal*: comunicação, manipulação política e democracia. São Paulo: D'Plácido, 2021.

ARENDT, Hannah. *Origens do totalitarismo*. Trad. Roberto Raposo. São Paulo: Companhia das Letras, 2012.

_____. *Entre o passado e o futuro*. Trad. Mauro Barbosa. São Paulo: Perspectiva, 2016.

AVRITZER, Leonardo *et al*. *Corrupção, ensaios e críticas*. Belo Horizonte: UFMG, 2008.

BATOCHIO, José Roberto; FERNANDES, Fernando Augusto. "'Lava jato' pressiona seus reféns a desistir de HC para esconder ilegalidades". *ConJur*, 2017. Disponível em: https://www.conjur.com.br/2017-mai-21/lava-jato-pressiona-refens-desistir-hc-esconder-ilegalidades. Acessado em: 28.01.2023.

BAUMAN, Zygmunt. *Modernidade líquida*. Trad. Plínio Dentzien. Rio de Janeiro: Zahar, 2001.

_____. *Legisladores e intérpretes*: sobre a modernidade, pós-modernidade e intelectuais. Trad. Renato Aguiar. Rio de Janeiro: Zahar, 2010.

BECHARA, Ana Elisa Liberatore S.; FUZIGER, Rodrigo José. "A política criminal brasileira no controle da corrupção pública". *In*: BECHARA, Ana Elisa Liberatore S.; LA TORRE, Ignacio Berdugo Gomes de. *Estudos sobre la corrupción*: una reflexión hispano-brasileña. Salamanca: Universidad de Salamanca, 2013.

BENJAMIN, Walter. *Magia e técnica, arte e política*: ensaios sobre literatura e história da cultura. Trad. Sérgio Paulo Rouanet. 8ª ed. São Paulo: Brasiliense, 2012.

BERCOVICI, Gilberto. *Constituição e estado de exceção permanente*. Rio de Janeiro: Azougue Editorial, 2004.

BIGNOTTO, Newton. *O tirano e a cidade*. São Paulo: Edições 70, 2020.

BILL OF RIGHTS. 1688 CHAPTER 2 1 Will and Mar Sess 2. Disponível em: https://www.legislation.gov.uk/aep/WillandMarSess2/1/2/2015-03-26. Acessado em: 28.01.2023.

BOBBIO, Norberto; MATTEUCCI, Nicola; PASQUINO, Gianfranco. *Dicionário de política*. Brasília: UNB, 1998.

_____. *Contra os novos despotismos*: escritos sobre o berlusconismo. Trad. Erica Salatini; César Mortari Barreira. São Paulo: Unesp, 2016.

_____. *Liberalismo e democracia*. Trad. Marco Aurélio Nogueira. São Paulo: Edipro, 2017.

BOTTINI, Pierpaolo Cruz; TAMASAUSKAS, Igor Sant'Anna. "A controversa responsabilidade objetiva na Lei n. 12.846/2013". *Revista do Advogado*, São Paulo, AASP, nº 125, 2014.

BOTTINO, Thiago. "Habeas Corpus nos Tribunais Superiores – propostas para reflexão". *In*: FERNANDES, Fernando Augusto; MARCHIONI, Guilherme Lobo (Coord.). *Estudos em homenagem a Tristão Fernandes*: 60 anos de advocacia. Rio de Janeiro: Lumen Juris, 2019.

BRASIL. Câmara dos Deputados. *MSC 52/2010 – PL 6826/2010*. Disponível em: https://www.camara.leg.br/proposicoesWeb/fichadetramitacao?idProposicao=466398. Acessado em: 28.01.2023.

_____. *Comissão especial destinada a proferir parecer ao Projeto de Lei n. 6.826, de 2010*. Disponível em: https://www.camara.leg.br/

REFERÊNCIAS BIBLIOGRÁFICAS

proposicoesWeb/prop_mostrarintegra?codteor=970659&filename=Tramitacao-PL%206826/2010. Acessado em: 28.01.2023.

_____. *Comissão especial destinada a proferir parecer ao Projeto de Lei n. 6.826*, de 2010. Disponível em: https://www.camara.leg.br/proposicoesWeb/prop_mostrarintegra?codteor=982072&filename=Tramitacao-PL%206826/2010. Acessado em: 28.01.2023.

_____. *Constituição da República Federativa do Brasil de 1988*. Disponível em: http://www.planalto.gov.br/ccivil_03/constituicao/constituicao.htm. Acessado em: 28.01.2023.

_____. *Decreto n. 592*, de 6 de julho de 1992. Disponível em: http://www.planalto.gov.br/ccivil_03/decreto/1990-1994/d0592.htm. Acessado em: 28.01.2023.

_____. *Decreto n. 678*, de 6 de novembro de 1992. Disponível em: http://www.planalto.gov.br/ccivil_03/decreto/d0678.htm. Acessado em: 28.01.2023.

_____. *Decreto n. 3.678*, de 30 de novembro de 2000. Disponível em: http://www.planalto.gov.br/ccivil_03/decreto/D3678.htm. Acessado em: 28.01.2023.

_____. *Decreto n. 4.410*, de 7 de outubro de 2002. Disponível em: http://www.planalto.gov.br/ccivil_03/decreto/2002/d4410.htm. Acessado em: 28.01.2023.

_____. *Decreto n. 5.687*, de 31 de janeiro de 2006. Disponível em: http://www.planalto.gov.br/ccivil_03/_ato2004-2006/2006/decreto/d5687.htm. Acessado em: 28.01.2023.

_____. *Decreto n. 8.420*, de 18 de março de 2015. Disponível em: http://www.planalto.gov.br/ccivil_03/_Ato2015-2018/2015/Decreto/D8420.htm. Acessado em: 28.01.2023.

_____. *Decreto n. 11.129*, de 11 de julho de 2022. Disponível em: http://www.planalto.gov.br/ccivil_03/_ato2019-2022/2022/Decreto/D11129.htm. Acessado em: 28.01.2023.

_____. *Decreto-lei n. 2.848*, de 7 de dezembro de 1940. Código Penal. Disponível em: http://www.planalto.gov.br/ccivil_03/decreto-lei/del2848compilado.htm. Acessado em: 28.01.2023.

_____. *Decreto-lei n. 3.689*, de 3 de outubro de 1941. Código de Processo Penal. Disponível em: http://www.planalto.gov.br/ccivil_03/decreto-lei/del3689compilado.htm. Acessado em: 28.01.2023.

_____. *Lei Complementar n. 95*, de 26 de fevereiro de 1998. Disponível em: http://www.planalto.gov.br/ccivil_03/leis/lcp/lcp95.htm. Acessado em: 28.01.2023.

_____. *Lei n. 6.938*, de 31 de agosto de 1981. Disponível em: http://www.planalto.gov.br/ccivil_03/leis/l6938.htm. Acessado em: 28.01.2023.

_____. *Lei n. 7.492*, de 16 de junho de 1986. Disponível em: http://www.planalto.gov.br/ccivil_03/leis/l7492.htm. Acessado em: 13.09.2022.

_____. *Lei n. 8.069*, de 13 de julho de 1990. Disponível em: http://www.planalto.gov.br/ccivil_03/leis/l8069.htm. Acessado em: 28.01.2023.

_____. *Lei n. 8.666*, de 21 de junho de 1993. Disponível em: http://www.planalto.gov.br/ccivil_03/leis/l8666cons.htm. Acessado em: 28.01.2023.

_____. *Lei n. 8.906*, de 4 de julho de 1994. Disponível em: http://www.planalto.gov.br/ccivil_03/leis/l8906.htm. Acessado em: 28.01.2023.

_____. *Lei n. 9.099*, de 26 de setembro de 1995. Disponível em: http://www.planalto.gov.br/ccivil_03/leis/l9099.htm. Acessado em: 28.01.2023.

_____. *Lei n. 9.455*, de 7 de abril de 1997. Disponível em: http://www.planalto.gov.br/ccivil_03/leis/l9455.htm Acessado em: 28.01.2023.

_____. *Lei n. 9.868*, de 10 de novembro de 1999. Disponível em: http://www.planalto.gov.br/ccivil_03/leis/l9868.htm. Acessado em: 28.01.2023.

_____. *Lei n. 10.467*, de 11 de junho de 2002. Disponível em: http://www.planalto.gov.br/ccivil_03/leis/2002/l10467.htm. Acessado em: 28.01.2023.

_____. *Lei n. 10.763*, de 12 de novembro de 2003. Disponível em: https://www.planalto.gov.br/ccivil_03/leis/2003/l10.763.htm. Acessado em: 28.01.2023.

_____. *Lei n. 12.403*, de 4 de maio de 2011. Disponível em: https://www.planalto.gov.br/ccivil_03/_ato2011-2014/2011/lei/l12403.htm. Acessado em: 28.01.2023.

_____. *Lei n. 12.846*, de 1º de agosto de 2013. Disponível em: http://www.planalto.gov.br/ccivil_03/_ato2011-2014/2013/lei/l12846.htm. Acessado em: 28.01.2023.

_____. *Lei n. 12.850*, de 2 de agosto de 2013. Disponível em: http://www.planalto.gov.br/ccivil_03/_ato2011-2014/2013/lei/l12850.htm. Acessado em: 28.01.2023.

REFERÊNCIAS BIBLIOGRÁFICAS

_____. *Lei n. 13.964*, de 24 de dezembro de 2019. Disponível em: http://www.planalto.gov.br/ccivil_03/_ato2019-2022/2019/lei/l13964.htm. Acessado em: 28.01.2023.

_____. *Projeto de Lei n. 6826/2010*. Disponível em: https://www.camara.leg.br/proposicoesWeb/fichadetramitacao?idProposicao=466400. Acessado em: 28.01.2023.

_____. Senado Federal. *Parecer n. 649*, de 2013. Disponível em: https://legis.senado.leg.br/sdleg-getter/documento?dm=4003724&ts=1630411033410&disposition=inline. Acessado em: 28.01.2023.

_____. Subchefia de Assuntos Parlamentares. *EMI n. 00011 2009* – CGU/MJ/AGU. Brasília, 23 de outubro de 2009. Disponível em: https://www.camara.leg.br/proposicoesWeb/prop_mostrarintegra?codteor=735505&filename=Tramitacao-PL%206826/2010. Acessado em: 28.01.2023.

_____. *Requerimento n. , de 2011* (Do Sr. Carlos Zarattini). Disponível em: https://www.camara.leg.br/proposicoesWeb/prop_mostrarintegra?codteor=930760&%20filename=Tramitacao-PL+6826/2010. Acessado em: 28.01.2023.

_____. *Requerimento n. , de 2011* (Do Sr. Carlos Zarattini). Disponível em: https://www.camara.leg.br/proposicoesWeb/prop_mostrarintegra?codteor=930761&%20filename=Tramitacao-PL+6826/2010. Acessado em: 28.01.2023.

_____. Supremo Tribunal Federal. *Ação Declaratória de Constitucionalidade n. 44*. Relator: Min. Marco Aurélio, j. 17.10.2019.

_____. Supremo Tribunal Federal. *Ação Direta de Inconstitucionalidade n. 5261/DF*. Relator: Min. André Mendonça. Disponível em: https://portal.stf.jus.br/processos/detalhe.asp?incidente=4730342. Acessado em: 28.01.2023.

_____. Supremo Tribunal Federal. *Ação Penal n. 470*. Relator: Min. Joaquim Barbosa, j. 17.12.2012.

_____. Supremo Tribunal Federal. *Agravo Regimental no Habeas. Corpus n. 193.726*. Relator: Min. Edson Fachin, j. 15.04.2021.

_____. Superior Tribunal Federal. *Arguição de Descumprimento de Preceito Fundamental n. 395*. Relator: Min. Gilmar Mendes, j. 14.08.2018.

_____. Supremo Tribunal Federal. *Arguição de Descumprimento de Preceito Fundamental n. 444*. Relato: Min. Gilmar Mendes, j. 13.06.2018.

_____. Superior Tribunal Federal. *Arguição de Descumprimento de Preceito Fundamental n. 758/MF*. Relator: Min. Gilmar Mendes, j. 03.12.2020.

_____. Supremo Tribunal Federal. *Conflito de Competência n. 7033.* Relator: Min. Sydney Sanches, j. 29.11.1996.

_____. Supremo Tribunal Federal. *Habeas Corpus n. 127.483.* Relator: Min. Dias Toffoli, j. 27.08.2015.

_____. Supremo Tribunal Federal. *Habeas Corpus n. 126.292/SP.* Relator: Min. Teori Zavascki, j. 17.02.2016.

_____. Supremo Tribunal Federal. *Habeas Corpus n. 164.493.* Relator: Min. Gilmar Mendes, j. 23.03.2021.

_____. Supremo Tribunal Federal. *Quarto Agravo Regimental n. 4435*, j. 13.03.2019.

_____. Supremo Tribunal Federal. *Questão de Ordem no Quarto Agravo Regimental n. 4435*, j. 20.11.2018.

_____. Supremo Tribunal Federal. *Quinta extensão na Reclamação n. 36.542.* Relator: Min. Gilmar Mendes, j. 28.10.2019.

_____. Supremo Tribunal Federal. *Sexta extensão na Reclamação n. 36.542.* Relator: Min. Gilmar Mendes, j. 19.12.2019.

_____. Supremo Tribunal Federal. *Agravo Regimental na Reclamação n. 43.007.* Relator: Min. Ricardo Lewandowski, j. 09.02.2021.

_____. Superior Tribunal Federal. Reclamação n. 43.007. Relator: Min. Dias Toffoli, j. 6.9.2023.

_____. Tribunal Regional Federal da 4ª Região. *P. A. Corte Especial n. 0003021-32.2016.4.04.8000.* Rel. Des. Rômulo Pizzolatti, j. 22.09.2016.

CONJUR. "Brasil editou 5,4 milhões de normas desde a Constituição de 1988, diz estudo". *Revista ConJur*, 2017. Disponível em: https://www.conjur.com.br/2017-jul-30/brasil-editou-54-milhoes-normas-1988-estudo. Acessado em: 28.01.2023.

BROWNE, Ryan; LABOTT, Elise; STARR, Barbara. "Trump signs order to keep Guantanamo open". *CNN*, jan. 2018. Disponível em: https://edition.cnn.com/2018/01/30/politics/trump-guantanamo-bay-reverse--obama/index.html. Acessado em: 28.01.2023.

BRUTUS, Junius. *Vindiciae contra tyrannos*: a defence of liberty against tyrants or, of the lawful power of the prince over the people, and of the people over the prince. Colorado: Portage Publications, 2021.

REFERÊNCIAS BIBLIOGRÁFICAS

CAIRES, Bruno Cesar; MAGDALENO, Rafael Tubone. "Constituição, representação e poder político: prolegômenos para sair da crise da democracia constitucional". *In*: PIRES, Luis Manoel Fonseca; FRANÇA, Nathalia Penha Cardoso de; SERRANO, Pedro Estevam Alves Pinto (Coord.). *Autoritarismo líquido e crise constitucional*. Belo Horizonte: Fórum, 2021.

CALAFATE, Pedro; LOUREIRO, Silva Maria da Silveira. *As origens do Direito Internacional dos povos indígenas*: a Escola Ibérica da Paz e as gentes do novo mundo. Porto Alegre: Sergio Antonio Fabris, 2020.

CAMARGO, Beatriz Corrêa. "Instrumentos internacionais no combate à corrupção. Transformações e harmonização do Direito Penal Brasileiro: Considerações sobre os crimes praticados por particular contra a administração pública estrangeira". *In*: BECHARA, Ana Elisa Liberatore S.; LA TORRE, Ignacio Berdugo Gomes de. *Estudios sobre la corrupción*: una reflexión hispano-brasileña. Salamanca: Universidad de Salamanca, 2013.

CAMMAROSANO, Márcio. *O princípio constitucional da moralidade e o exercício da função administrativa*. Belo Horizonte: Fórum, 2006.

CANOTILHO, J. J. Gomes; MENDES, Gilmar Ferreira; SARLET, Ingo Wolfgang; STRECK, Lenio Luiz (Coord.). *Comentários à Constituição do Brasil*. 2ª ed. São Paulo: Saraiva, 2018.

CARNELUTTI, Francesco. *As misérias do processo penal*. Trad. Carlos Eduardo Trevelin Millan. São Paulo: Pillares, 2009.

CASARA, Rubens. *O estado pós-democrático*: neo-obscurantismo e gestão dos indesejáveis. Rio de Janeiro: Civilização Brasileira, 2017.

_____. *Sociedade sem lei*: pós-democracia, personalidade autoritária, idiotização e barbárie. Rio de Janeiro: Civilização Brasileira, 2018.

CASTRO, Antônio Carlos de Almeida; FREIRIA, Marcelo Turbay. "O movimento de indevida criminalização da atividade política como fator de desestabilização e crise democrática". *In*: MAGANE, Renata Possi *et al*. *Democracia e crise*: um olhar interdisciplinar na construção de perspectivas para o Estado brasileiro. São Paulo: Autonomia Literária, 2020.

CEPEDA, Ana Isabel Perez; SÁNCHEZ, Demelsa Benito. "La política criminal internacional contra la corrupción". *In*: BECHARA, Ana Elisa Liberatore S.; LA TORRE, Ignacio Berdugo Gomes de. *Estudios sobre la corrupción*: una reflexión hispano-brasileña. Salamanca: Universidad de Salamanca, 2013.

COIMBRA, Marcelo de Aguiar; MANZI, Vanessa Alessi. *Manual de Compliance*: preservando a boa governança e a integridade das organizações. São Paulo: Atlas, 2010.

CONCEIÇÃO, Pedro Augusto Simões da. *Crime e caos*: proposta para a criminalidade empresarial brasileira. São Paulo: Liber Ars, 2019.

CONCI, Luiz Guilherme Arcaro. *Democracia Constitucional e populismos na América Latina*. São Paulo: Contracorrente, 2023.

CORTE IDH. Caso Zegarra Marín vs. Peru. Sentença 15.02.2017. Série C, n. 331, parágrafo 125.

_____. Corte Interamericana de Direitos Humanos. Inter-American Court of Human Rights. Caso Cantoral Benavides vs. Peru. Sentença 18.08.2000. Série C, n. 69, parágrafo 120.

COSTA, Helena Regina Lobo da. "Corrupção na história do Brasil: reflexões sobre suas origens no período colonial". *In*: DEBBIO, Alessandra Del; MAEDA, Bruno Carneiro; AYRES, Carlos Henrique da Silva (Coord.). *Temas de anticorrupção e compliance*. Rio de Janeiro: Elsevier, 2013.

_____. "O avanço do populismo também no Direito Penal". *O Estado de São Paulo*, 2021. Disponível em: https://www.estadao.com.br/opiniao/espaco-aberto/o-avanco-do-populismo-tambem-no-direito-penal/. Acessado em: 28.01.2021.

DAL POZZO, Antonio Araldo Ferraz *et al. Lei Anticorrupção*: apontamentos sobre a Lei n. 12.846/2013. 3ª ed. São Paulo: Contracorrente, 2019.

DARDOT, Pierre; LAVAL, Christian. *A nova razão do mundo*: ensaio sobre a sociedade neoliberal. Trad. Mariana Echalar. São Paulo: Boitempo, 2016.

DIPP, Gilson; CASTILHO, Manoel Volkemer. *Comentários sobre a lei anticorrupção*. São Paulo: Saraiva, 2016.

DWORKIN, Ronald. *O império do Direito*. Trad. Jefferson Luiz Camargo. São Paulo: Martins Fontes, 1999.

_____. *Uma questão de princípio*. Trad. Luiz Carlos Borges. São Paulo: Martins Fontes, 2001.

_____. *Is democracy possible here? Principles for a new political debate*. Nova Jersey: Princeton University Press, 2006.

REFERÊNCIAS BIBLIOGRÁFICAS

EATWELL, Roger; GOODWIN, Matthew. *Nacional-populismo*: a revolta contra a democracia liberal. Trad. Alessandra Bonrruquer. 2ª ed. Rio de Janeiro: Record, 2020.

ECO, Umberto. *O fascismo eterno*. Trad. Eliana Aguiar. 14ª ed. Rio de Janeiro: Record, 2023.

EMPOLI, Giuliano Da. *Os engenheiros do caos*. Trad. Arnaldo Bloch. São Paulo: Vestígios, 2022.

ESPAÑA. Legislación consolidada. *Ley Orgánica 10/1995*, de 23 de noviembre, del Código Penal. Disponível em: https://www.boe.es/buscar/act.php?id=BOE-A-1995-25444. Acessado em: 28.01.2021.

FATTORELLI, Maria Lucia; ÁVILA, Rodrigo. "Gasto com dívida pública sem contrapartida quase dobrou de 2019 a 2021". *Auditoria Cidadã da Dívida*, 15 fev. 2022. Disponível em: https://auditoriacidada.org.br/conteudo/gasto-com-divida-publica-sem-contrapartida-quase-dobrou--de-2019-a-2021/. Acessado em: 28.01.2023.

_____. "Gastos com a dívida consumiram 46,3% do orçamento federal em 2022". *Auditoria Cidadã da Dívida*, 23 fev. 2023. Disponível em: https://auditoriacidada.org.br/conteudo/gastos-com-a-divida-consumiram-463-do-orcamento-federal-em-2022/. Acessado em: 28.02.2023.

FERNANDES, Fernando Augusto. *Voz humana*. Rio de Janeiro: Revan, 2004.

_____. *Geopolítica da Intervenção*: a verdadeira história da lava jato. São Paulo: Geração Editorial, 2020.

_____. "Exceção e resistência". *In*: MAGANE, Renata Possi *et al. Democracia e crise*: um olhar interdisciplinar na construção de perspectivas para o Estado brasileiro. São Paulo: Autonomia Literária, 2020.

FERNANDES, Florestan. *Apontamentos sobre a teoria do autoritarismo*. São Paulo: Expressão Popular, 2019.

FERRAJOLI, Luigi. *Poderes selvagens*: a crise na democracia italiana. Trad. Alexander de Souza. São Paulo: Saraiva, 2014.

_____. *Direito e razão*: teoria do garantismo penal. Trad. Juarez Tavares. São Paulo: Revista dos Tribunais, 2002.

FERRAZ JR., Tércio Sampaio. *Introdução ao estudo do Direito*. São Paulo: Atlas, 2003.

FERREIRA FILHO, Manoel Gonçalves. *O poder constituinte*. 6ª ed. São Paulo: Saraiva, 2014.

FICO, Carlos. *Como eles agiam*: os subterrâneos da ditadura militar. Rio de Janeiro: Record, 2001.

FISHER QC, Jonathan. "Overview of the UK Bribery Act". *In*: DEBBIO, Alessandra Del; MAEDA, Bruno Carneiro; AYRES, Carlos Henrique da Silva (Coord.). *Temas de anticorrupção e compliance*. Rio de Janeiro: Elsevier, 2013.

FONTES, Paulo Gustavo Guedes. *O manual definitivo para entender a Filosofia do Direito*. 2ª ed. Rio de Janeiro: Lumen Juris, 2022.

FRAENKEL, Ernest. *The Dual State*: a contribution to the theory of dictatorship. Nova York: Oxford University Press, 1941.

FRAGOSO, Christiano Falk. *Autoritarismo e sistema penal*. Rio de Janeiro: Lumen Juris, 2015.

FRANÇA, Nathalia. *Aspectos da exceção no Direito Internacional*. São Paulo: Contracorrente, 2021.

FRANKENBERG, Günter. *Técnicas de Estado*: perspectivas sobre o Estado de Direito e o Estado de exceção. Trad. Gercelia Mendes. São Paulo: Unesp, 2018.

FURTADO, Regina Helena Fonseca Fontes. "A importância do compliance no novo Direito Penal espanhol". *Boletim do IBCCrim*, nº 235, jun. 2012.

GARZILLO, Rômulo Monteiro. *Elementos autoritários em Carl Schmitt*. São Paulo: Contracorrente, 2022.

_____. "Pedro Serrano e as medidas de exceção na modernidade periférica: sistematização de elementos conceituais". *In*: MAGANE, Renata Possi *et al*. *Democracia e crise*: um olhar interdisciplinar na construção de perspectivas para o Estado brasileiro. São Paulo: Autonomia Literária, 2020.

GARZILLO, Rômulo Monteiro; LACERDA, Fernando Hideo Iochida; BURDMANN, Emmanuel Cais. "O conceito de medidas de exceção segundo Pedro Serrano: sistematização dos elementos constitutivos". *In*: PIRES, Luis Manoel Fonseca; FRANÇA, Nathalia Penha Cardoso de; SERRANO, Pedro Estevam Alves Pinto (Coord.). *Autoritarismo líquido e crise constitucional*. Belo Horizonte: Fórum, 2021.

GAZETA DO POVO. "Advogado de Lula insinua que Moro é nazista e que Curitiba é provinciana". *Gazeta do Povo*, 2016. Disponível em: https://www.gazetadopovo.com.br/vida-publica/

REFERÊNCIAS BIBLIOGRÁFICAS

advogado-de-lula-insinua-que-moro-e-nazista-e-que-curitiba-e-provinciana-5xwy950n7s9buk1mwpyon9v4d/. Acessado em: 28.01.2021.

GIACOMOLLI, Nereu José. *O devido processo penal*: abordagem conforme a Constituição Federal e o Pacto de São José da Costa Rica. 3ª ed. São Paulo: Atlas, 2016.

GIORGI, Raffaele de. *Direito, tempo e memória*. São Paulo: Quartier Latin, 2006.

GLOBO. "Condução coercitiva de Lula provoca polêmica nos meios jurídicos". *Jornal Nacional*, 2016. Disponível em: https://g1.globo.com/jornal-nacional/noticia/2016/03/conducao-coercitiva-de-lula-provoca--polemica-nos-meios-juridicos.html. Acessado em: 28.01.2021.

GOLDMAN, Elisa; MUAZE, Mariana. "Sobral Pinto: uma memória em construção". *In*: SÁ, Fernando; MUNTREAL, Oswaldo; MARTINS, Paulo Emílio (Coord.). *Os advogados e a ditadura de 1964*: a defesa dos perseguidos políticos no Brasil. Rio de Janeiro: PUC, 2010.

GRECO FILHO, Vicente; RASSI, João Daniel. *O combate à corrupção e comentários à lei de responsabilidade de pessoas jurídicas*. São Paulo: Saraiva, 2015.

GUERRA, Paola Cantarini; GUERRA FILHO, Willis Santiago. "Breve alusão ao Estado (inconstitucional) de exceção em que estamos vivendo e morrendo". *Revista Jurídica*, vol. 4, nº 57, 2019.

HABIB, Sérgio. *Brasil*: quinhentos anos de corrupção – enfoque sócio-histórico-jurídico-penal. Porto Alegre: Sergio Antonio Fabris Editor, 1994.

HOBSBAWM, Eric J. *A era das revoluções*, 1789-1848. 46ª ed. Rio de Janeiro: Paz e Terra, 2021.

HUNGRIA, Nélson. *Comentários ao Código Penal*. vol. IX. Rio de Janeiro: Forense, 1958.

IBGE. Instituto Brasileiro de Geografia e Estatística. *Áreas Territoriais*. 2020. Disponível em: https://www.ibge.gov.br/geociencias/organizacao-do-territorio/estrutura-territorial/15761-areas-dos-municipios.html?=&t=o-que-e. Acessado em: 28.01.2023.

JIMÉNEZ, Carla; OLIVEIRA, Regiane. "Lewandowski: 'O combate à corrupção no Brasil sempre foi um mote para permitir retrocessos'". *El País*, 2020. Disponível em: https://brasil.elpais.com/politica/2020-01-07/lewandowski-o-combate-a-corrupcao-no-brasil-sempre-foi-um-mote--para-permitir-retrocessos.html. Acessado em: 28.01.2021.

LACERDA, Fernando Hideo Iochida. *Processo penal de exceção*. São Paulo: PUC, 2018. (Tese de Doutorado em Direito).

_____. "Sistema penal e autoritarismo na contemporaneidade". *In*: MAGANE, Renata Possi *et al. Democracia e crise*: um olhar interdisciplinar na construção de perspectivas para o Estado brasileiro. São Paulo: Autonomia Literária, 2020.

LAZZAROTTO, Gabriel Strapasson; NUNES, Pedro Henrique. "O perfil autoritário da Lei n. 12.846/2013 à luz do princípio da culpabilidade". *In*: BUSATO, Paulo César; SÁ, Priscilla Placha (Coord.). *Autoritarismo e controle social punitivo*. São Paulo: Tirant Lo Blanch, 2021.

LIRON, Eduardo Henrique Annize. *A guerra e o mar*: especulações sobre o pensamento político de Peter Sloterdijk. São Paulo: PUC, 2016. (Mestrado em Filosofia).

LOCKE, John. *Segundo tratado sobre o governo civil*: ensaio sobre a origem, os limites e os fins verdadeiros do governo civil. Trad. Magda Lopes e Marisa da Costa. Petrópolis: Vozes, 1994.

LOW, Lucinda; BONHEIMER, Owen. "The U.S. Foreign Corrupt Practices Act: past, present, and future". *In*: DEBBIO, Alessandra Del; MAEDA, Bruno Carneiro; AYRES, Carlos Henrique da Silva (Coord.). *Temas de anticorrupção e compliance*. Rio de Janeiro: Elsevier, 2013.

LUCHETE, Felipe. "PSL ingressa no Supremo contra normas da Lei Anticorrupção". *ConJur*, 2015. Disponível em: https://www.conjur.com.br/2015-mar-13/partido-ingressa-supremo-normas-lei-anticorrupcao. Acessado em: 28.01.2023.

LUHMANN, Niklas. *O direito da sociedade*. Trad. Saulo Krieger. São Paulo: Martins Fontes, 2016.

LYNCH, Christian; CASSIMIRO, Paulo Henrique. *O populismo reacionário*: a ascensão e legado do bolsonarismo. São Paulo: Contracorrente, 2022.

MAEDA, Bruno Carneiro. "Programas de compliance anticorrupção: importância e elementos essenciais". *In*: DEBBIO, Alessandra Del; MAEDA, Bruno Carneiro; AYRES, Carlos Henrique da Silva (Coord.). *Temas de anticorrupção e compliance*. Rio de Janeiro: Elsevier, 2013.

MAGANE, Felipe Toledo; MAGANE, Renata Possi. "O Legado bonapartista da violência e o Estado de exceção: contingência ou continuidade?" *In*: PIRES, Luis Manoel Fonseca; FRANÇA, Nathalia Penha Cardoso

REFERÊNCIAS BIBLIOGRÁFICAS

de; SERRANO, Pedro Estevam Alves Pinto (Coord.). *Autoritarismo líquido e crise constitucional*. Belo Horizonte: Fórum, 2021.

MANZI, Vanessa Alessi. *Compliance no Brasil*: consolidação e perspectivas. São Paulo: Saint Paul, 2008.

MARCHIONI, Guilherme Lobo; GORGA, Maria Luiza. "Programa de compliance de 'fachada', melhor não ter". *ConJur*, 2017. Disponível em: https://www.conjur.com.br/2017-out-23/opiniao-programa-compliance-fachada-melhor-nao. Acessado em: 28.01.2023.

MARX, Karl. *O 18 de brumário de Luís Bonaparte*. Trad. Nélio Schneider. São Paulo: Boitempo, 2011.

MBEMBE, Achille. *Crítica da Razão Negra*. Lisboa: Antígona, 2014.

MELLO, Celso Antônio Bandeira de. *Conteúdo jurídico do Princípio da Igualdade*. 3ª ed. São Paulo: Malheiros, 1993.

_____. *Curso de Direito Administrativo*. 31ª ed. São Paulo: Malheiros, 2014.

MELLO, Rafael Munhoz de. *Princípios constitucionais de Direito Administrativo sancionador*: as sanções administrativas à luz da Constituição Federal de 1988. São Paulo: Malheiros, 2007.

MIRANDA, Francisco Cavalcanti Pontes de. *História e prática do habeas corpus*. Campinas: Bookseller, 1999.

MORO, Sergio Fernando. "Considerações sobre a operação *mani pulite*". *Revista cej*, vol. 8, nº 26, 2004.

MOUNK, Yasha. *O povo contra a Democracia*: por que nossa liberdade corre perigo e como salvá-la. Trad. Cássio de Arantes Leite. São Paulo: Companhia das Letras, 2019.

NEISSER, Fernando Gaspar. *Dolo e culpa na corrupção política*: improbidade e imputação subjetiva. Belo Horizonte: Fórum, 2019.

NEUMANN, Franz. *Estado democrático e estado autoritário*. Trad. Luiz Corção. Rio de Janeiro: Zahar, 1969.

NEVES, Edmo Colnaghi. *Compliance empresarial*: o tom da liderança. São Paulo: Trevisan, 2018.

NEVES, José Roberto de Castro. *Medida por medida*: o direito em Shakespeare. 6ª ed. Rio de Janeiro: Nova Fronteira, 2019.

NORONHA, Magalhães. *Direito Penal*. 27ª ed. São Paulo: Saraiva, 2003.

NUCCI, Guilherme de Souza. *Corrupção e anticorrupção*. Rio de Janeiro: Forense, 2015.

OSÓRIO, Fábio Medina. *Direito Administrativo Sancionador*. 2ª ed. São Paulo: Revista dos Tribunais, 2005.

PAGOTTO, Leopoldo. "Esforços globais anticorrupção e seus reflexos no Brasil". *In*: DEBBIO, Alessandra Del; MAEDA, Bruno Carneiro; AYRES, Carlos Henrique da Silva (Coord.). *Temas de anticorrupção e compliance*. Rio de Janeiro: Elsevier, 2013.

PEREIRA, Cláudio José Langroiva. *Proteção jurídica-penal e direitos universais*: tipo, tipicidade e bem jurídico universal. São Paulo: Quartier Latin, 2008.

PINTO, Heráclito da Fontoura Sobral. *Lições da liberdade*. Belo Horizonte: Comunicação, 1977.

PIOVESAN, Flávia; FACHIN, Melina Girardi; MAZZUOLI, Valerio de Oliveira. *Comentários à Convenção Americana sobre Direitos Humanos*. Rio de Janeiro: Forense, 2019.

PIRES, Luis Manuel Fonseca. *Estados de exceção*: a usurpação da soberania popular. São Paulo: Contracorrente, 2021.

POLILLO, Renato Romero. *Responsabilidade e corrupção*. São Paulo: Contracorrente, 2020.

PRZEWORSKI, Adam. *Crises da democracia*. Trad. Berilo Vargas. Rio de Janeiro: Zahar, 2020.

PUGLIESI, Márcio. *Filosofia e Direito*: uma abordagem sistêmico-construcionista. São Paulo: Aquariana, 2021.

REALE, Miguel. *O Estado Democrático de Direito e o conflito das ideologias*. São Paulo: Saraiva, 1999.

RÉPUBLIQUE FRANÇAISE. *Déclaration des Droits de l'Homme et du Citoyen de 1789*. Disponível em: https://www.legifrance.gouv.fr/contenu/menu/droit-national-en-vigueur/constitution/declaration-des-droits-de--l-homme-et-du-citoyen-de-1789. Acessado em: 28.01.2023.

ROCHA, Jorge Luís. "Heleno Cláudio Fragoso: um mestre nos tribunais de exceção". *In*: SÁ, Fernando; MUNTREAL, Oswaldo; MARTINS, Paulo Emílio (Coord.). *Os advogados e a ditadura de 1964*: a defesa dos perseguidos políticos no Brasil. Rio de Janeiro: PUC-Rio, 2010.

RODRIGUES, Fabiana Alves. *Lava jato*: aprendizado institucional e ação estratégica na Justiça. São Paulo: WMF Martins Fontes, 2020.

REFERÊNCIAS BIBLIOGRÁFICAS

ROSA, Alexandre Moraes da. "Compliance e delação como mecanismos complementares do amor ao censor". *In*: LAMY, Eduardo (Coord.). *Compliance*: aspectos polêmicos e atuais. Belo Horizonte: Casa do Direito, 2018.

ROUSSEAU, Jean-Jacques. *Carta a Christophe de Beaumont e outros escritos sobre a religião e a moral*. São Paulo: Estação liberdade, 2005.

RÜTHERS, Bernd. *Derecho degenerado*: teoria jurídica y juristas de cámara en el Tercer Reich. Madri: Marcial Pons, 2016.

SAAD-DINIZ, Eduardo. *Ética negocial e Compliance*: entre a educação executiva e a interpretação judicial. São Paulo: Thompson Reuters Brasil, 2019.

SANTOS, Boaventura de Sousa. *A difícil democracia*: reinventar as esquerdas. São Paulo: Boitempo, 2016.

_____. "Da expansão judicial à decadência de um modelo de justiça". *In*: SOUSA JUNIOR, José Geraldo de *et al.* (Coord.). *O Direito Achado na Rua*: introdução crítica ao direito como liberdade. vol. 10. Brasília: Editora Universidade de Brasília, 2021.

SANTOS, Juarez Cirino dos. *Como defendi Lula na Lava-Jato*. Florianópolis: Empório do Direito, 2017.

SCHMITT, Carl. *Teologia política*. Trad. Elisete Antoniuk. Belo Horizonte: Del Rey, 2006.

SERRANO, Pedro Estevam Alves Pinto. *A justiça na sociedade do espetáculo*: reflexões públicas sobre direito, política e cidadania. São Paulo: Alameda, 2015.

_____. "A responsabilidade objetiva da Lei Anticorrupção". *Revista do Advogado*, São Paulo, AASP, n° 125, 2014.

_____. *Autoritarismo e golpes na América Latina*: breve ensaio sobre jurisdição e exceção. São Paulo: Alameda, 2016.

_____. "Estado de exceção e autoritarismo líquido na América Latina". *Poliética – Revista de Ética e Filosofia Política*, vol. 8, n° 1, 2020.

SERRANO, Pedro Estevam Alves Pinto; BONFIM, Anderson Medeiros. "Lava-Jato e o princípio da imparcialidade". *In*: STRECK, Lenio Luiz; CARVALHO, Marco Aurélio (Coord.). *O livro das suspeições*: o que fazer quando sabemos que sabemos que Moro era parcial e suspeito? São Paulo: Grupo Prerrogativas, 2020.

SERRANO, Pedro Estevam Alves Pinto; BONFIM, Anderson Medeiros; SERRANO, Juliana Salinas. "Legalidade extraordinária e Constituição". *In*: WARDE, Walfrido; VALIM, Rafael *et al*. *As consequências da COVID-19 no Direito brasileiro*. São Paulo: Contracorrente, 2020.

_____. "Notas sobre autoritarismo na contemporaneidade". *In*: PIRES, Luis Manoel Fonseca; FRANÇA, Nathalia Penha Cardoso de; SERRANO, Pedro Estevam Alves Pinto (Coord.). *Autoritarismo líquido e crise constitucional*. Belo Horizonte: Fórum, 2021.

_____. "Imparcialidade, autoritarismo líquido e exceção na Operação Lava Jato". *Revista Direitos Democráticos & Estado Moderno*, São Paulo, Faculdade de Direito da PUC-SP, nº 2, jan./jun. 2021.

SERRANO, Pedro Estevam Alves Pinto. "Autoritarismo líquido e as novas modalidades de prática de exceção no século XXI". *Revista da Esmec*, Themis, vol. 18, nº 1, 2020.

SERRANO, Pedro Estevam Alves Pinto; LACERDA, Fernando Hideo. "Operação Lava Jato e o processo penal de exceção". *In*: RAMOS FILHO, Wilson *et al*. *Relações obscenas*: as revelações do Intercept/BR. São Paulo: Tirant lo blanch, 2019.

SERRANO, Pedro Estevam Alves Pinto; BONFIM, Anderson Medeiros. "O ocaso da lava jato". *In*: PRONER, Carol *et al*. *O livro das parcialidades*. Rio de Janeiro: Telha, 2021.

SERRANO, Pedro Estevam Alves Pinto; MAGANE, Renata Possi. "A governabilidade de exceção permanente e a política neoliberal de gestão dos indesejáveis no Brasil". *Revista de Investigações Constitucionais*, vol. 7, no 2, 2021.

SHAKESPEARE, William. *Henrique VI*. São Paulo: Peixoto Neto, 2017.

SIEYÈS, Emmanuel Joseph. *A constituinte burguesa*: que é o Terceiro Estado. Trad. Norma Azeredo. 3ª ed. Rio de Janeiro: Lumen Juris, 1997.

_____. "Ensaio sobre os privilégios". Trad. Jade Oliveira Chade *et al*. *Pólemos – Revista de Estudantes de Filosofia da Universidade de Brasília*, vol. 10, nº 21, 2022.

SILVA, Luís Inácio Lula da. "Prefácio". *In*: ZAFFARONI, Eugenio Raúl; CAAMAÑO, Cristina; WEIS, Valeria Vegh. *Bem-vindos ao Lawfare! Manual de passos básicos para demolir o Direito Penal*. Trad. Rodrigo Barcellos e Rodrigo Murad Prado. São Paulo: Tirant Lo Blanch, 2021.

REFERÊNCIAS BIBLIOGRÁFICAS

SILVEIRA, Renato de Mello Jorge; DINIZ, Eduardo Saad. *Compliance, Direito penal e lei anticorrupção*. São Paulo: Saraiva, 2015.

SINGER, André; ARAUJO, Cicero; BELINELLI, Leonardo. *Estado e democracia*: uma introdução ao estudo da política. Rio de Janeiro: Zahar, 2021.

SINGER, Paul. "A cidadania para todos". *In*: PINSKY, Jaime; PINSKY, Carla Bassaneli (Coord.). *A história da cidadania*. São Paulo: Contexto, 2003.

SOUZA, Jessé. *A classe média no espelho*. Rio de Janeiro: Estação Brasil, 2018.

STRAUSS, Leo. *Direito natural e história*. Trad. Bruno Costa Simões. São Paulo: Martins Fontes, 2014.

STRECK, Lenio Luiz. *Dicionário de hermenêutica*: cinquenta temas fundamentais da Teoria do Direito à luz da Crítica Hermenêutica do Direito. 2a ed. Belo Horizonte: Casa do Direito, 2020.

_____. "E se inicia um longo período de 'Constrangimento Epistemológico' até o dia do julgamento do mérito das Adcs 43, 44 e 54". *In*: STRECK, Lenio; BREDA, Juliano. *O dia em que a Constituição foi julgada*: a história das Adc's 43, 44 e 54. São Paulo: Revista dos Tribunais, 2020.

_____. "Lockdown e Estado de Sítio: operar uma unha não exige anestesia geral!" *ConJur*, 2020. Disponível em: https://www.conjur.com.br/2020-mai-11/lenio-streck-operar-unha-nao-exige-anistia-geral/. Acessado em: 12.11.2023.

STRECK, Lenio Luiz; OLIVEIRA, Rafael Tomaz de. *O que é isto*: as garantias processuais penais. 2ª ed. Porto Alegre: Livraria do Advogado, 2019.

STRECK, Lenio Luiz; TRINDADE, André Karam. "'O passarinho pra cantar precisa estar preso'. Viva a inquisição!" *ConJur*, 2014. Disponível em: https://www.conjur.com.br/2014-nov-29/diario-classe-passarinho-pra-cantar-estar-preso-viva-inquisicao. Acessado em: 28.01.2023.

SUSINI, Marie-Laure. *Elogio da corrupção*: os incorruptíveis e seus corruptos. Trad. Procópio Abreu. Rio de Janeiro: Companhia de Freud, 2010.

TAVARES, Juarez. "Combate à corrupção que desrespeita direitos fundamentais destrói democracia". *ConJur*, 2019. Disponível em: https://www.conjur.com.br/2019-jun-16/entrevista-juarez-tavares-professor-advogado. Acessado em: 28.01.2023.

_____. *Fundamentos da teoria do delito*. Florianópolis: Empório do Direito, 2018.

TELES, Edson. "Entre justiça e violência: estado de exceção nas democracias do Brasil e da África do Sul". *In*: TELES, Edson; SAFATLE, Vladimir (Coord.). *O que resta da ditadura*: a exceção brasileira. São Paulo: Boitempo, 2010.

TRANSPARÊNCIA INTERNACIONAL BRASIL. *Índice de Percepção da Corrupção*. Disponível em: https://transparenciainternacional.org.br/ipc/. Acessado em: 28.01.2023.

UNITED KINGDOM. *Bribery Act 2010*. Disponível em: http://www.legislation.gov.uk/ukpga/2010/23/contents. Acessado em: 28.01.2023.

UNITED NATIONS. *UN Treaty Body Database*. CCPR/C/134/D/2841/2016. Disponível em: https://tbinternet.ohchr.org/_layouts/15/treatybodyexternal/Download.aspx?symbolno=CCPR%2FC%2F134%2FD%2F2841%2F2016&Lang=en. Acessado em: 28.01.2023.

UNITED STATES. "Declaration of Independence: a Transcription". *Congress*, 4 jul. 1776. Disponível em: https://www.archives.gov/founding-docs/declaration-transcript. Acessado em: 28.01.2023.

_____. U.S. Department of Justice. *Foreign Corrupt Practices Act of 1977*. Disponível em: http://www.justice.gov/criminal/fraud/fcpa/statutes/regulations.html. Acessado em: 28.01.2023.

_____. U.S. Department of Justice. Office of the Deputy Attorney General. *Memorandum*. Disponível em: https://www.justice.gov/sites/default/files/dag/legacy/2007/07/05/mcnulty_memo.pdf. Acessado em: 28.01.2023.

_____. *Sentencing Commission*. Disponível em: http://www.ussc.gov/Guidelines/2011_Guidelines/Manual_HTML/8b2_1.htm. Acessado em: 28.01.2023.

VALIM, Rafael. *Estado de exceção*: a forma jurídica do neoliberalismo. São Paulo: Contracorrente, 2017.

VAROL, Ozan O. "Stealth Authoritarianism". *Iowa Law Review*, 2014. Disponível em: https://papers.ssrn.com/sol3/papers.cfm?abstract_id=2428965. Acessado em: 28.01.2023.

VIEHWEG, Theodor. *Tópica e jurisprudência*. Trad. Tércio Sampaio Ferraz Jr. Brasília: Imprensa Nacional, 1979.

WARDE, Walfrido. *O espetáculo da corrupção*. Rio de Janeiro: Leya, 2018.

REFERÊNCIAS BIBLIOGRÁFICAS

YAROCHEWSKY, Leonardo Issac. "O estado de exceção e o aniquilamento do inimigo na obra de Pedro Serrano". *In*: MAGANE, Renata Possi *et al. Democracia e crise*: um olhar interdisciplinar na construção de perspectivas para o Estado brasileiro. São Paulo: Autonomia Literária, 2020.

ZAFFARONI, Eugenio Raúl. *O inimigo no Direito Penal.* 2ª ed. Rio de Janeiro: Revan, 2007.

ZAGARIS, Bruce. "Transnational corruption in Brazil: the relevance of the U.S. experience with the Foreign Corrupt Practices Act". *In*: DEBBIO, Alessandra Del; MAEDA, Bruno Carneiro; AYRES, Carlos Henrique da Silva (Coord.). *Temas de anticorrupção e compliance.* Rio de Janeiro: Elsevier, 2013.

ZOCKUN, Maurício. "Comentários ao art. 1°". *In*: DI PIETRO, Maria Sylvia Zanella; MARRARA, Thiago (Coord.). *Lei Anticorrupção Comentada.* 2ª ed. Belo Horizonte: Fórum, 2018.

A Editora Contracorrente se preocupa com todos os detalhes de suas obras! Aos curiosos, informamos que este livro foi impresso no mês de fevereiro de 2024, em papel Pólen Bold 90g.